教育部人文社会科学重点研究基地成果
中国语言文学国家"双一流"建设学科成果

汉语方言语法研究丛书

顾问　邢福义　张振兴

主编　汪国胜

祁门方言语法研究

陈　瑶◎著

中国社会科学出版社

图书在版编目（CIP）数据

祁门方言语法研究 / 陈瑶著. -- 北京：中国社会科学出版社, 2025.6. -- （汉语方言语法研究丛书）. ISBN 978-7-5227-5103-0

Ⅰ. H172.4

中国国家版本馆 CIP 数据核字第 2025BY5920 号

出 版 人	赵剑英
责任编辑	张　林
特约编辑	田　静
责任校对	罗婉珑
责任印制	戴　宽

出　　版	中国社会科学出版社
社　　址	北京鼓楼西大街甲 158 号
邮　　编	100720
网　　址	http：//www.csspw.cn
发 行 部	010-84083685
门 市 部	010-84029450
经　　销	新华书店及其他书店

印刷装订	北京君升印刷有限公司
版　　次	2025 年 6 月第 1 版
印　　次	2025 年 6 月第 1 次印刷

开　　本	710×1000　1/16
印　　张	18.75
字　　数	298 千字
定　　价	116.00 元

凡购买中国社会科学出版社图书，如有质量问题请与本社营销中心联系调换
电话：010-84083683
版权所有　侵权必究

总　　序

  20 世纪 80 年代以来，随着汉语方言研究的拓展和深化，方言语法的研究越来越受到学界的关注和重视。这一方面是方言语法客观上存在着不同程度的不容小视的差异，另一方面是共同语（普通话）语法和历史语法的深入研究需要方言语法研究的支持。

  过去人们一般认为，跟方言语音和词汇比较而言，方言语法的差异很小。这是一种误解，它让人忽略了对方言语法事实的细致观察。实际上，在南方方言，语法上的差异还是不小的，至少不像过去人们想象的那么小。当然，这些差异大多是表现在一些细节上，但就是这样一些细节，从一个侧面鲜明地映射出方言的特点和个性。比如，湖北大冶方言的情意变调，[①] 青海西宁方言的左向否定，[②] 南方方言的是非型正反问句，[③] 等等，这些方言语法的特异表现，既显示出汉语方言语法的丰富性和复杂性，也可以提升我们对整体汉语语法的全面认识。

  共同语语法和方言语法都是对历史语法的继承和发展，它们密切联系，又相互区别。作为整体汉语语法的一个方面，无论是共同语语法还是历史语法，有的问题光从本身来看，可能看不清楚，如果能将视线投向方言，则可从方言中获得启发，找到问题解决的线索和证据。朱德熙和邢福义等先生关于汉语方言语法的许多研究就是明证。[④] 由此可见方言语法对于共同语语法和历史语法研究的重要价值。

[①] 汪国胜：《湖北大冶话的情意变调》，《中国语文》1996 年第 5 期。
[②] 汪国胜：《从语法研究角度看〈现代汉语方言大词典〉（综合本）》，《方言》2003 年第 4 期。
[③] 汪国胜、李曌：《汉语方言的是非型正反问句》，《方言》2019 年第 1 期。
[④] 朱德熙：《从方言和历史看状态形容词的名词化》，《方言》1993 年第 2 期；邢福义：《"起去"的普方古检视》，《方言》2002 年第 2 期。

本《丛书》由教育部人文社会科学重点研究基地华中师范大学"语言与语言教育研究中心"筹划实施并组织编纂，主要收录两方面的成果：一是单点方言语法的专题研究（甲类），如《武汉方言语法研究》；二是方言语法的专题比较研究（乙类），如《汉语方言疑问范畴比较研究》。其中有的是国家或教育部社科基金项目的结项成果，有的是作者多年潜心研究的学术结晶，有的是博士学位论文。就两类成果而言，应该说，当前更需要的是甲类成果。只有把单点方言语法研究的工作做扎实了，调查的方言点足够多了，考察足够深了，有了更多的甲类成果的积累，才能更好地开展广泛的方言语法的比较研究，才能逐步揭示汉语方言语法及整体汉语语法的基本面貌。

出版本《丛书》，一方面是想较为集中地反映汉语方言语法的研究成果，助推方言语法研究；另一方面，是想为将来汉语方言语法的系统描写做点基础性的工作。《丛书》能够顺利面世，得力于中国社会科学出版社张林编辑的全心支持，在此表示衷心的感谢。《丛书》难免存在这样或那样的问题，盼能得到读者朋友的批评指正。

汪国胜

2021 年 5 月 1 日

目 录

第1章 绪论 ·· (1)
  1.1 祁门概况 ·· (1)
    1.1.1 地理人口 ·· (1)
    1.1.2 历史沿革 ·· (2)
    1.1.3 行政区划 ·· (4)
  1.2 祁门方言概况 ·· (4)
    1.2.1 祁门方言区划及分布 ·· (4)
    1.2.2 祁门方言语音系统 ··· (5)
  1.3 语料来源和体例说明 ··· (7)
    1.3.1 语料来源 ·· (7)
    1.3.2 体例说明 ·· (8)

第2章 词缀 ·· (9)
  2.1 名词词缀 ·· (9)
    2.1.1 指人名词词缀 ·· (9)
    2.1.2 其他名词词缀 ·· (12)
  2.2 人称代词词缀 ·· (19)
    2.2.1 单数人称代词词缀"是" ··································· (20)
    2.2.2 复数人称代词词缀"旺儿""大家" ······················ (21)
  2.3 形容词词缀 ·· (24)
    2.3.1 状态形容词后缀"个" ····································· (24)
    2.3.2 生理、心理感觉类形容词后缀"人家" ················· (27)

第3章 重叠 ·· (28)
  3.1 形容词重叠 ·· (28)

    3.1.1 单音节形容词重叠 ………………………………… (28)
    3.1.2 多音节形容词重叠 ………………………………… (29)
  3.2 动词重叠 ………………………………………………… (33)
    3.2.1 单音节动词重叠 …………………………………… (33)
    3.2.2 双音节动词重叠 …………………………………… (35)
  3.3 方位词重叠 ……………………………………………… (36)
  3.4 其他词重叠 ……………………………………………… (37)

第 4 章 数量 …………………………………………………… (38)
  4.1 数词 ……………………………………………………… (38)
    4.1.1 基数词、序数词以及序数的表达 ………………… (38)
    4.1.2 确数词、概数词以及概数的表达 ………………… (42)
  4.2 量词 ……………………………………………………… (50)
    4.2.1 量词类别 …………………………………………… (50)
    4.2.2 "形量"结构 ……………………………………… (53)

第 5 章 指代 …………………………………………………… (56)
  5.1 人称代词 ………………………………………………… (56)
  5.2 指示代词 ………………………………………………… (59)
    5.2.1 指示事物、人物的形式 …………………………… (60)
    5.2.2 指示处所的形式 …………………………………… (61)
    5.2.3 指示时间的形式 …………………………………… (62)
    5.2.4 指示性状方式的形式 ……………………………… (63)
    5.2.5 指示数量的形式 …………………………………… (64)
    5.2.6 指示程度的形式 …………………………………… (65)
  5.3 疑问代词 ………………………………………………… (66)
    5.3.1 由"何"构成的疑问代词 ………………………… (68)
    5.3.2 由"什物"构成的疑问代词 ……………………… (76)
    5.3.3 由"几"构成的疑问代词 ………………………… (77)

第 6 章 程度 …………………………………………………… (79)
  6.1 表达程度的状态形容词 ………………………………… (79)
  6.2 程度副词 ………………………………………………… (82)
    6.2.1 充当状语的程度副词 ……………………………… (82)

6.2.2 充当补语的程度副词 .... (87)

第7章 介词 .... (91)

7.1 介引时间处所的介词 .... (92)
- 7.1.1 在 .... (93)
- 7.1.2 着 .... (95)
- 7.1.3 望 .... (98)
- 7.1.4 跟着、挨着 .... (101)

7.2 介引施事、受事的介词 .... (101)
- 7.2.1 分 .... (102)
- 7.2.2 驮 .... (107)

7.3 引出与事、表示关涉的介词 .... (108)
- 7.3.1 表示伴随、协同、对象、关联的介词"跟" .... (109)
- 7.3.2 表示对象的介词"捉" .... (110)
- 7.3.3 表示对象、关涉的介词"问"和"找" .... (111)
- 7.3.4 表示受益、受损的介词"分" .... (112)
- 7.3.5 表示比较的介词"比"和"似" .... (113)
- 7.3.6 表示除外的介词"除着"和"除失" .... (115)
- 7.3.7 表示包括、强调的介词"连""和""搭" .... (116)

7.4 引出工具、方式的介词 .... (119)
- 7.4.1 材料用具类介词 .... (119)
- 7.4.2 依据任由类介词 .... (120)

7.5 引出原因、目的的介词 .... (121)

第8章 体貌 .... (123)

8.1 完成体和已然体 .... (124)
- 8.1.1 "L_1"的形式和用法 .... (125)
- 8.1.2 "L_2"的形式和用法 .... (132)

8.2 持续体 .... (135)
8.3 进行体 .... (137)
8.4 经历体 .... (138)
8.5 起始体 .... (141)
8.6 短时貌 .... (142)

8.7 尝试貌 ……………………………………………… (144)
8.8 反复貌 ……………………………………………… (144)

第9章 语气 ………………………………………………… (147)
9.1 语气副词 …………………………………………… (147)
  9.1.1 表示肯定、强调语气的副词 ………………… (147)
  9.1.2 表示不定、推测语气的副词 ………………… (153)
  9.1.3 表示疑问、反诘语气的副词 ………………… (156)
  9.1.4 表示祈使、决断语气的副词 ………………… (157)
  9.1.5 表示委婉语气的副词 ………………………… (159)
  9.1.6 其他语气副词 ………………………………… (160)
9.2 语气助词 …………………………………………… (163)
  9.2.1 句末语气助词 ………………………………… (164)
  9.2.2 句中语气助词 ………………………………… (174)

第10章 否定 ……………………………………………… (178)
10.1 表示单纯否定的副词 ……………………………… (178)
10.2 表示对已然否定的副词 …………………………… (179)
10.3 表示禁止的副词 …………………………………… (182)
  10.3.1 不要、覅 …………………………………… (182)
  10.3.2 不得 ………………………………………… (183)

第11章 范围副词 ………………………………………… (185)
11.1 总括副词 …………………………………………… (185)
  11.1.1 一起儿 ……………………………………… (185)
  11.1.2 一下 ………………………………………… (189)
  11.1.3 一色 ………………………………………… (191)
11.2 限定副词 …………………………………………… (192)
  11.2.1 净 …………………………………………… (192)
  11.2.2 就、只、就只 ……………………………… (194)
  11.2.3 物、物事儿 ………………………………… (197)

第12章 情状、方式副词 ………………………………… (200)
12.1 意志类副词 ………………………………………… (200)
  12.1.1 专门、专为 ………………………………… (201)

| 12.1.2　下恶心 …………………………………………………（202）
| 12.2　时机类副词 ……………………………………………………（202）
| 12.2.1　就着 …………………………………………………（202）
| 12.2.2　接手 …………………………………………………（203）
| 12.2.3　无事无膀、好膀膀儿 ………………………………（204）
| 12.3　同独类副词 ……………………………………………………（205）
| 12.3.1　一堆儿 ………………………………………………（205）
| 12.3.2　一路儿 ………………………………………………（206）
| 12.4　状态类副词 ……………………………………………………（207）
| 12.4.1　苦 ……………………………………………………（207）
| 12.4.2　无捺儿、乱儿式 ……………………………………（208）
| 12.5　方式类副词 ……………………………………………………（209）
| 12.5.1　一下头儿 ……………………………………………（209）
| 12.5.2　白白儿 ………………………………………………（210）
| 12.5.3　尽 ……………………………………………………（211）
| 12.5.4　一径 …………………………………………………（212）
| 12.5.5　连……实 ……………………………………………（213）

第13章　结构助词 …………………………………………………（215）
  13.1　"个₁"和"家" …………………………………………………（215）
    13.1.1　定语标记"个₁"和"家" ………………………………（215）
    13.1.2　转指标记"个₁" ………………………………………（217）
    13.1.3　状语标记"个₁" ………………………………………（218）
  13.2　补语标记"着""得""来" ……………………………………（219）
    13.2.1　可能补语标记"得"和"来" ……………………………（220）
    13.2.2　状态补语标记"着" ……………………………………（221）
    13.2.3　程度补语标记"着" ……………………………………（223）
    13.2.4　趋向补语标记"着" ……………………………………（225）

第14章　处置句 ……………………………………………………（227）
  14.1　介词型处置句 …………………………………………………（228）
  14.2　介词和复指代词共现型处置句 ………………………………（230）
  14.3　其他处置句 ……………………………………………………（233）

14.3.1 命名型处置句……………………………………………（234）
14.3.2 对待型处置句……………………………………………（235）

第15章 被动句……………………………………………………（236）

15.1 有标被动句的结构类型……………………………………（237）
 15.1.1 "NP$_1$+分/驮+NP$_2$+VP"………………………（237）
 15.1.2 "分/驮+NP$_2$+VP"…………………………………（237）
 15.1.3 "（NP$_1$）+V+都+分/驮+NP$_2$+VP"…………（237）
 15.1.4 "NP$_1$+驮+NP$_2$+分+NP$_3$+VP"……………（238）
15.2 有标被动句的构成成分……………………………………（239）
 15.2.1 NP$_1$ 的构成及语义特征…………………………（239）
 15.2.2 NP$_2$ 的构成及语义特征…………………………（240）
 15.2.3 VP 的构成及语义特征……………………………（241）

第16章 比较句……………………………………………………（244）

16.1 单标记比较句和双标记比较句……………………………（244）
 16.1.1 单标记比较句………………………………………（245）
 16.1.2 双标记比较句………………………………………（245）
16.2 比较句的语义类型…………………………………………（247）
 16.2.1 差比句…………………………………………………（247）
 16.2.2 极比句…………………………………………………（250）
 16.2.3 递比句…………………………………………………（253）
 16.2.4 等比句…………………………………………………（255）

第17章 否定句……………………………………………………（257）

17.1 对存在的否定………………………………………………（257）
17.2 对动作行为的否定…………………………………………（258）
17.3 对意志、是非判断的否定…………………………………（260）
17.4 对动作状态或动作施行可能性的否定……………………（261）
 17.4.1 对动作状态的否定…………………………………（261）
 17.4.2 对动作施行可能性的否定…………………………（263）

第18章 祈使句和感叹句…………………………………………（266）

18.1 祈使句………………………………………………………（266）
 18.1.1 无标记祈使句………………………………………（266）

18.1.2　有标记祈使句 …………………………………（267）
　18.2　感叹句 …………………………………………………（275）
　　18.2.1　真、太 ………………………………………………（276）
　　18.2.2　几、晓得几、蛮几 …………………………………（277）
　　18.2.3　一、那 ………………………………………………（278）
参考文献 …………………………………………………………（279）
后　记 ……………………………………………………………（284）

第1章 绪论

1.1 祁门概况

1.1.1 地理人口

祁门县位于安徽省南端、黄山市西部，是安徽的南大门。地处北纬29°35′~30°08′，东经117°12′~117°57′。东北与黟县接壤，东南与休宁县为邻，西北接石台、东至县，西南与江西省浮梁县接壤。东起楠木岭，西至红旗岭，东西长74.8千米，南北宽59.9千米，呈枫叶形状，总面积2257平方千米。县人民政府驻地祁山镇，距黄山市人民政府所在地屯溪69千米，距安徽省省会合肥396千米。

（祁门县）境内山峦起伏，清溪纵横，地势北高南低，地貌以山地丘陵为主，呈中山、低山、丘陵、山间盆地和狭窄的河谷平畈相交织的特征。宋人顾士龙诗云："三十六溪清浅水，二十四重高上山。"黄山西延之余脉，横亘于县境北部，主峰牯牛降海拔1727.6米。东南诸山为五龙山之余脉，自休宁西北入境，呈带状分布于县境南部，与牯牛大岗一南一北，成为祁门的天然屏障。①

祁门县地处皖南山地多雨区，属亚热带湿润季风气候。其主要特征是：春暖、夏热、秋凉、冬寒。总体气候温和，日照较少，雨水充沛，

---

① 祁门县地方志编纂委员会：《祁门县志》（上册），黄山书社2008年版，第1页。

四季分明。

祁门县是以林、茶生产为主的山区县。属亚热带常绿阔叶林地带，树种资源丰富，植被类型繁多。境内森林覆盖率高达88.64%，居全省首位；森林活立木蓄积量为1250万立方米，是安徽省重点林业大县。截至2023年，全县林地面积305万亩。祁门曾荣获"全国造林绿化先进县"的称号。祁门茶叶生产历史悠久，早在唐代就有十分繁盛的茶市，是"中国红茶之乡"。1987年，祁门红茶荣获第26届世界优质食品评选会金质金奖。不过，后来红茶因受国际市场价格制约，价格低于绿茶，茶农随之调整茶类结构，改"红"为"绿"，"黄山毛峰"便是其中的一种名优绿茶。

祁门县境内主要有四条水系分布：阊江水系、新安江水系、秋浦河水系、青弋江水系，其中阊江水系流域面积最广，占全县总面积的82.1%。

祁门自建县以来，人口密度随人口的增加而增大。因祁门地居万山之中，交通不便，宋代以前人口少有流动。明清时期，因人口增长，祁门境内山多地少，粮食等物产不足以自足，因此祁门人多外出经商。与此同时，安庆地区大批农民先后涌入徽州各县开山种植玉米等农作物，他们多搭棚而居，俗称"棚民"，当地人戏称他们为"山棚佬"（这个词后来用来泛称乡下人）。祁门邻近安庆，所以，安庆棚民人数曾居徽州各县之首。而徽商外出，棚民进山，便形成近代人口流动的高潮。

截至2023年，祁门县总人口182831人。其中男性944995人，女性88336人。总人口中，城镇人口59761人，农村人口123070人。祁门县人口以汉族为主，也有少量的少数民族如回族、侗族等分布。

1.1.2　历史沿革

祁门建县于唐永泰二年（766），原为歙州黟县和饶州浮梁二县地，乃取城东祁山、城南阊门首尾二字而名。

永乐《祁阊志》卷第一《始建》：

> 唐永泰元年，土人方清作乱，屯石埭县。镇人吴仁欢伪置阊门县以守之。贼众寇县，仁欢率众破之……明年，平方清，因其垒，析黟

县之西,浮梁之东,置以为县,合祁山阊门而名之,曰"祁门"。

祁门自建县至1955年,境域一直未变。但祁门的隶属关系却随歙州变更而变动。

唐贞元三年(787),歙州隶宣歙道,元和六年(811)隶宣歙观察使,大顺元年(890)隶宁国军节度使,天复三年(903)复隶宣歙观察使,天祐二年(905)隶歙婺衢睦四州观察使,天祐四年隶吴宁国军节度使,升元元年(937)隶南唐建威军,北宋开宝元年(968)隶江南……宣和三年(1121),改歙州为徽州,祁门属徽州,升为第三县……德祐二年(1276)属江淮行省,翌年升徽州为徽州路,祁门随属徽州路,降为第四县……至正十七年(1357)改徽州路为兴安府,祁门为第四县中。二十四年复改兴安府为徽州府……永乐元年(1403)改隶南京,旋改南直隶……清顺治二年(1645),改南直隶省为江南省,徽州府属之,祁门为第四县。十八年属江南左布政使。康熙六年(1667)设安徽省,祁门随徽州府属之。①

中华民国元年(1912)元月,裁府留县,祁门县属省直辖……民国20年,实行首县制,徽州首席县长驻歙县,兼辖祁门。②

1949年4月26日,祁门解放。5月13日,属皖南区人民行政公署徽州专区。1952年8月7日,撤署存区,属徽州专区。1956年1月12日,撤销徽州专区,并入芜湖专区。1959年4月13日,徽、芜分社,属徽州专区。1971年3月,改专区为地区,属徽州地区。1987年11月27日,撤销徽州地区,成立黄山市,隶属黄山市。③

---

① 祁门县地方志编纂委员会:《祁门县志》(上册),黄山书社2008年版,第3—4页。
② 祁门县地方志编纂委员会:《祁门县志》(上册),黄山书社2008年版,第4页。
③ 祁门县地方志编纂委员会:《祁门县志》(上册),黄山书社2008年版,第5页。

1.1.3 行政区划

截至 2023 年，祁门县辖 10 镇 8 乡、111 个村委会、1036 个村民组。

祁门县所辖 10 个镇是：祁山镇、小路口镇、金字牌镇、平里镇、历口镇、闪里镇、安凌镇、凫峰镇、塔坊镇、新安镇。

其中祁山镇位于祁门县境中部偏东，是祁门县政治、经济、文化和交通中心。祁山镇东西长 14.9 千米，南北宽 31.3 千米，面积 230.12 平方千米。祁门县自唐永泰年间建县至今，皆以本镇为县治。祁山镇古为黟县赤山镇，因汉初名将梅鋗封侯后在镇西建城，故也别称梅城。清代咸丰二年（1852），以城东祁山更名为祁山镇。祁山镇是皖赣边界的重要门户。

祁门县所辖 8 个乡是：大坦乡、柏溪乡、祁红乡、溶口乡、芦溪乡、渚口乡、古溪乡、箬坑乡。

其中大坦乡位于县境东北，距县城 10.5 千米。"境北大洪岭，乃阊江发源地。旧有大洪古道，为徽州通往省会安庆的官道，有'省会通衢'之称。"① 1983 年撤社建乡，称大坦乡至今。截至 2023 年，大坦乡辖 4 个行政村：大中村、光华村、复兴村、联枫村。乡人民政府驻大中村。

本书是以祁门县大坦乡联枫村民利组（原大坦乡大洪村民利组）作为考察的代表点。该地区为笔者的出生地及成长地。

1.2 祁门方言概况

1.2.1 祁门方言区划及分布

根据《中国语言地图集》（第 2 版）（中国社会科学院语言研究所、中国社会科学院民族学与人类研究所、香港城市大学语言资讯科学研究中心 2012），祁门方言分属徽语祁婺片、休黟片、旌占片。

祁门县内主要通行的是以县城祁山镇为主的"祁门本地话"，祁门本地话属于徽语祁婺片，它在全县覆盖面积最广、使用人口最多。祁门本

---

① 祁门县地方志编纂委员会：《祁门县志》（下册），黄山书社 2008 年版，第 1039 页。

地话内部存在一定差异，可细分为城区话、西路话、南路话三个小片。

城区话一般以城关居民使用的语言为代表，它包括祁山镇及环绕城关的灯塔、小路口、塔坊、平里、乔山、洪村、横联、柏溪、胥岭、大坦和祁红乡北片的话。从地理位置上看，这一带均属于阊江的上游流域。城区话内部也存在口音上的细微差别，主要表现在个别韵母上（如"茶"，城关人读"tʂʰɯːɐ⁵⁵"，祁门北路如大坦等地则读为"tʂʰa⁵⁵"），但总体上仍是统一的。

西路话包括历口、渚口、古溪、彭龙、箬坑、新安等地的土话在内。这一片基本属于沥水河与文闪河流域。西路话的内部差异程度明显大于城区话，尤其是其中的闪里话，其韵母的音值和声调的调值与其他西路话差别都比较大。

南路话以溶口居民使用的方言为代表，它包括溶口、芦溪及平里、祁红的西南部方言在内。这一地域属于阊江的中游流域。此片方言声调与城区话相同，声母、韵母部分与城区话相同，部分则与西路话相近，所以听起来既像城区话，又像西路话。

除了祁婺片，祁门境内还有部分地区的方言属于休黟片徽语和旌占片徽语。其中祁门的东南乡凫峰一带的方言属于休黟片徽语，北乡安凌镇的一些村所说的"民话"则属于旌占片徽语，安凌镇还有一些村如芦荔村、星星村、赤岭村等说"军话"（北方官话方言岛）。

前文提及，本书是以大坦乡联枫村民利组作为考察的代表点。大坦乡联枫村民利组所说的话属于祁婺片的祁门城区话，下文如无特别说明均用"祁门话"或"祁门方言"来指代。

1.2.2 祁门方言语音系统

1.2.2.1 声母系统

祁门方言声母22个，包括零声母在内。

p 杯饱变百	pʰ 胚普胖薄	m 梅蚊~虫米木	f 飞粉凤富
t 兜倒店搭	tʰ 涛图痛读	n 年农两烂	l 来尼女漏
ts 资姐酱足	tsʰ 粗慈抢席		s 西小送萨
tʂ 招指涨摘	tʂʰ 车潮铲直		ʂ 烧少床刷
tɕ 浇煮建急	tɕʰ 厨舅欠共		ɕ 书时扇吸

k 街搞贡格　　kʰ 开苦看磕　　ŋ 鸦鹅矮硬　　　　x 鞋虎汉黑
Ø 乌牛染样

说明：

① [n] 和 [l] 基本上不对立：[n] 出现在鼻尾韵和鼻化韵前，[l] 出现在非鼻尾韵和非鼻化韵前（这种互补分布局势只适用于语素层面，当语素构词时韵母因儿化而带上 [n] 尾的不作为鼻韵母看，[l] 声母不会变读为 [n]。例如："女"单念为 [ly⁴²]，在表示"女儿"义时，读为 [lyn⁴²]）。

② [ts tsʰ s] 可与四呼韵母相配（单韵母 i 除外）。

③ [tʂ tʂʰ] 可与开口呼、合口呼、齐齿呼韵母相配。

④ [ʂ] 与 [ɕ] 不对立，在开口呼和合口呼韵母前读 [ʂ]，在齐齿呼和撮口呼韵母前读 [ɕ]。[ʂ] 与 [ɕ] 声母所辖的字有小部分可以自由变读。如：梳馊收 [ʂe¹¹/ɕie¹¹] ｜ 喉猴 [ʂe⁵⁵/ɕie⁵⁵] ｜ 所厚手首后守 [ʂe⁴²/ɕie⁴²] ｜ 兽瘦 [ʂe²¹³/ɕie²¹³] ｜ 候寿熟 [ʂe³³/ɕie³³] ｜ 束 [ʂe³⁵/ɕie³⁵] ｜ 深身升 [ʂæn¹¹/ɕiæn¹¹] ｜ 神辰 [ʂæn⁵⁵/ɕiæn⁵⁵] ｜ 兴高~ [ʂæn²¹³/ɕiæn²¹³] ｜ 成 [ʂæ̃⁵⁵/ɕiæ̃⁵⁵]。

⑤当零声母与齐齿呼、撮口呼的鼻尾韵或鼻化韵相拼时，舌尖接近下齿龈，但没有相抵，舌面也没有抵住硬腭，但很接近，所以听感上接近于 [ȵ]，但不是真正的 [ȵ]，因此本书处理为零声母。

1.2.1.2　韵母系统

祁门方言韵母 33 个，包括自成音节的韵母在内。

ɿ 资慈四子　　　i 披祁尾日　　　u 初炉布哭　　　y 书跪嘴玉
ɚ 儿二耳
a 招陪假白　　　ia 焦条翘料　　　ua 开回爱国
　　　　　　　　aːi 低蛇野铁　　　aːu 巴火课夺　　　yːe 胎雷罪出
　　　　　　　　　　　　　　　　　ui 归围尾卫
e 修头丑六　　　ie 扣狗有菊
o 高劳剁学　　　io 吆脚浴洗~约
ã 三哽更~好硬　　iã 两
æ̃ 灯门本定　　　iæ̃ 成胜盛姓~　　uæ̃ 跟横滚问
õ 当南讲账　　　iõ 秧娘犟让

ĩːɐ 边形演扇　　ũːɐ 干~湿短半壮　　ỹːɐ 村元转嫩
æn 心层很进　　iæn 金兴肯认　　　　　　yæn 春准兄闰
əŋ 风从肿痛　　iəŋ 弓雄勇共
m̩ 母鸡~ □婶婶
n̩ 尔你

说明：

① [a] 比标准元音偏后，实际读音近于 [ɑ]。

② [o] 比标准元音略低、略开，实际读音介于 [o] 和 [ɔ] 之间。

③ 长音符号"ː"前面的 [i u y] 是主要元音而非介音，读得长而强，音色清晰；后面的 [ɐ] 读得短而弱，音色模糊，可以看成衍音。

④ [ĩːɐ ũːɐ ỹːɐ] 这三个鼻化韵中，鼻化色彩虽然只标注在长音韵腹上，但衍音 [ɐ] 也有一定的鼻化色彩，只是鼻化程度不如韵腹，所以不另标鼻化符号。

1.2.1.3　声调系统

祁门方言单字调六个，不包括轻声。

阴平　11　巴刀分清工　　　　阳平　55　爬桃坟情红
上声　42　马讨是静孔
阴去　213　怕到粪姓贡　　　　阳去　33　白盗份昨共
入声　35　百托福锡哭

说明：

①阴平起调实际上比 [11] 略高，有微降趋势，近于 [21]。
②阴入 [35] 上升趋势较急，较短促。

1.3　语料来源和体例说明

1.3.1　语料来源

本书有关祁门方言的语料主要来自笔者的田野调查和自省所得。笔者系祁门县大坦乡联枫村民利组人，18 岁考入大学之前从未离开过祁门县，可以说地道的祁门话。

本书大部分例句由笔者自拟，这些例句大多得到笔者的母亲许好花女士核实，小部分例句取自笔者录下的长篇对话和独白，主要发音人有：①陈子彬，男，1949 年生，初中文化，大坦乡联枫村民利组人；②许好花，女，1949 年生，小学文化，大坦乡联枫村民利组人。

1.3.2 体例说明

本书标音一律采用国际音标，行文中在音标外加上方括号"[ ]"。

非轻声音节的调值用数字标在音节的右上方。如"物[mæ^{33}]"。轻声音节的调值标为"0"，也标在音节的右上方。如修饰语标记"个[ko^0]"。

方言语料中本字不明或考不出本字的用同音字替代，并且在同音字的右上角用"＝"标示。例如，祁门方言人称代词复数标记用旺$^=$来表示。无同音字可写时用"□"并后加国际音标表示。如：祁门方言与普通话中"无"相对应的是"无□[xã^{213}]"。

合音词一般用"[ ]"标示。如"两人"在祁门方言中经常会采用合音形式"[两人]"。

祁门方言中存在非常丰富的儿化现象，从读音上说，儿化形式是一个不能自成音节的"n"，这个"n"尾附着在前一音节后面。本书中凡这种儿化形式的均用下标的"儿"表示。如祁门方言的"一尐$_儿$一点儿"。

"/"表示互相替代的成分。如祁门方言中的"渠要比尔长一大些/许多他要比你高很多"，其中"一大些"和"许多"可以互相替代。

与方言词语和例句相对应的普通话意思，在词语和例句后用小号字给予解释。如祁门方言"同尔旺$_儿$咱们""我去分一两本书个钱付失渠我去给这两本书的钱付掉"。

不合语法的句子用"＊"标在例句前面。如祁门方言"＊年数多很着，我记渠个样$_儿$不起来着"。

第 2 章　词缀

汉语中最主要的构词手段是复合法，除此之外，也有派生法，而派生法中最主要的构词手段是附加词缀法。董秀芳（2005）归纳了汉语词缀五个方面的特点：（一）一个成为词缀的成分仍可能是多义的；（二）一些派生词缀所构成的词在词性上不稳定，有跨词类倾向；（三）汉语派生结构的类型以表达性派生为主；（四）派生结构很容易发生进一步词汇化；（五）汉语的词缀与词根在语音形式上没有显著差异。① 以上这些特点同样适用于祁门方言，祁门方言的词缀主要有前缀"老、初、第"，后缀"家、子、儿、头、佬、鬼、旺儿、大家、个、人家"等。这些词缀中，"初、第、子"的用法与普通话基本相同，"老"的用法除了可以加在姓或名字的前面用来称呼人之外，其他用法也与普通话无异，这些词缀不须讨论。其他词缀按照以派生构词法所构成新词的词性可以分为名词词缀、人称代词词缀、形容词词缀。

2.1　名词词缀

祁门方言中，相较于其他两类词缀，名词词缀最为丰富。按照所构成的词意义类别可以将祁门方言的名词词缀分为指人的名词词缀和其他名词词缀。

2.1.1　指人名词词缀

祁门方言中的指人名词词缀主要有"家、佬、鬼"等。从所附加

---

① 董秀芳：《汉语词缀的性质与汉语词法特点》，《汉语学习》2005 年第 6 期，第 14—17 页。

的感情色彩来说,"家"属于中性的指人名词后缀;而"佬"和"鬼"则略带贬义色彩。

2.1.1.1 指人名词词缀"家"

作为指人的名词后缀,"家[ka¹¹]"的构词能力较弱,只用在几个与性别、年龄义素相关的名词性成分后面,大致相当于普通话中的"人"。例如:

A 老儿家老人　醒儿家孩子　因儿家婴儿

B 男儿家男人　妇儿家妇女

这些词基本构成相对的语义场。如 A 组的"老儿家"和"因儿家/醒儿家"在年龄上构成相对的语义场;B 组的"男儿家"和"妇儿家"在性别上构成相对的语义场。

作为指人名词后缀,"家"主要表示属于某一类人,所以,"X 家"多用作集合概念,谓语部分主要是反映"X"所在的那个集体所具备的一般性特征,这种语境下,"X 家"前面一般不能用数量词来限制。例如:

(1) 老儿家有时候就跟囝儿家一样个老人有时候就跟小孩一样的。

(2) 大旺儿都喜欢听讲个醒儿家大人都喜欢听话的孩子。

(3) 修路要男儿家,覅妇儿家修路要男人,不要女人。

"X 家"偶尔也可以当非集合概念使用,这种语境下的"X 家"前面可以使用表示个体的数量词或其他成分。例如:

(4) 家里有两个老儿家要服侍,有三个醒儿家要读书家里有两个老人要照顾,有三个孩子要上学。

(5) 我还是囝儿家个时候儿,渠就分人家着我还是婴儿的时候,她就嫁人了。

(6) 尔一个大男儿家还跑不过渠一个妇儿家啊你一个大男人还跑不过她一个女人啊?

祁门方言的"家"作为词缀,其运用范围比较狭窄,无法类推。

2.1.1.2 指人名词词缀"佬"

作为指人的名词后缀,"佬[lo⁴²]"多带有贬义或戏谑的意味。从"佬"所附着成分的词义来看,大致可以分为几类:

"佬"附在地名或表示地理环境的名词后面。例如:

A 外国佬　美国佬　日本佬　江北佬　江西佬　浙江佬　山东佬　黟县佬　歙县佬

B 山棚佬 乡下人

"X佬"可以指称从事某种职业的人，一般带有轻蔑的感情色彩。例如：

杀猪佬　打铁佬

"X佬"可以指称具有某种缺陷的人，这时候的"佬"是比较典型的贬义后缀，一般带有轻蔑的感情色彩或戏谑、嘲讽的意味。例如：

驼背佬儿

除此，"X佬"还可以指称其他类人，这部分"X佬"词有时不带有轻蔑的感情色彩。例如：

丈人佬儿 岳父，背称　　同年佬 年纪相同的人

菩萨佬儿 年画中的老人；戏称呆若木鸡的人

胡子佬儿 白发苍苍的老人，大人多用"胡子佬儿"来吓唬孩子

从以上词例来看，祁门方言的"佬"作为指人后缀，构词时出现了不带"儿"尾（即 –n 尾，下文将详加讨论）和带"儿"尾两种情况。需要后附"儿"尾的只有四个词：丈人佬儿，驼背佬儿，菩萨佬儿，胡子佬儿。从语感上说，带不带"儿"尾，主要在于词语的常用度，越是常用的越可能需要后附"儿"尾。

2.1.1.3 指人名词词缀"鬼"

"鬼[kui^{42}]"是一个带有贬义的名词后缀。例如：

阴司鬼儿 阴险的人　烧事鬼儿 爱挑拨离间的人　臭劲鬼儿 爱显摆的人

花头鬼儿 心眼多嘴巴甜的人　好哭鬼儿 好哭的人，多指孩子

好吃鬼儿 贪吃的人，多指孩子　枪毙鬼儿 该死的，咒骂用辞

孬子鬼儿 傻子　小鬼儿 孩子　老鬼 戏称老年人

从以上词例可以看到，绝大多数"X鬼"后需要附"儿"尾，但"老鬼 戏称老年人"不能后附"儿"尾，应该是因为"老鬼 戏称老年人"与"儿"尾最基本的指小功能相矛盾。

从"鬼"所附词语的词性来看，有名词，如"孬子鬼儿"；也有形容词，如"臭劲鬼儿""小鬼儿""老鬼"；还有动词，如"枪毙鬼儿"。

"鬼"虽然是一个带贬义的名词后缀，但有时候"X鬼"也可以转为亲昵的爱称，多用于长辈昵称晚辈。例如：

（7）我家孬子鬼儿考上大学着 我家傻小子考上大学了。

（8）好吃鬼儿来着，快心儿分糖子儿担出来贪吃鬼来了，快点儿把糖果拿出来。

（9）一个花头鬼儿又分晓买衣裳着这个小滑头又给我买衣服了！

2.1.2 其他名词词缀

祁门方言中，除了以上几个专指人的名词词缀外，还有其他一些非专用的名词后缀如"儿""呐""头"等，其中最常用的就是"儿"。

2.1.2.1 儿

词缀"儿"在祁门方言中的语音形式为［-n］，这个［-n］不是音素，而是一种黏着语素，不独立成音节，它和前一语素共存于一个音节之中，构成丰富的 n 尾韵。

［-n］虽然属于语法层面的构词成分，但与前音节组合时会受到一定语音条件的限制。据陈瑶（2020），祁门方言33个韵母中，五个鼻尾韵母 æn、iæn、yæn、əŋ、ieŋ 和两个声化韵母 m̩、n̩没有相应的 n 尾韵。［-n］和前一语素共存于一个音节中，有时还会带来词根音节的韵母变化。主要表现在，当前一音节是由长元音和衍音组合而成的韵母如"iːɐ、aːɐ、yːɐ、ĩːɐ、ũːɐ、ỹːɐ"，加［-n］尾后，长元音变短，衍音开口度变小。添加的"n"尾除了可能对原韵母的元音产生影响外，少数词根语素添加"n"尾后还会发生变调，变调的规律是：无论原词根语素什么声调，添加"n"尾后一概变为高升调35调，读同系统中的入声调。例如：

本音	变韵	变韵+变调
眼 ŋo⁴² ~睛	眼儿 ŋõn⁴² 小洞	眼儿 ŋõn³⁵ 肛门：屁股~
奶 na⁴² ~粉		奶儿 nan³⁵ 乳房、乳汁
朵 to⁴² 量词		（耳）朵儿 ton³⁵
娘 iõ⁵⁵ 老子~父母；新~	娘儿 iõn⁵⁵ 北瓜 一种小虫子	娘儿 iõn³⁵ 姑姑
猫（无）	猫儿 mon¹¹ 熊~	猫儿 mon³⁵ 猫
因（无）		因儿 ĩən³⁵ 对孩子的爱称

祁门方言中，词缀"儿"功能丰富多样，主要起构词、小称、名物化标志、区别背称与面称、生动形式标志等作用，大致相当于普通话中词缀"儿"和"子"的功能之和。具体可以分为以下几个方面：

第一，口语中部分不成词的语素附加"n"尾后成为词。如"芽、燕、袖、雀、疤、格、辫、圈、竹、帽、兔"等词在口语中只有"n"尾韵的读法，没有人读"本音"。

这些带上"n"尾的词可以单用，也可以与其他语素或词组合成短语，"n"尾一般置于最后一个音节的末尾，但也有落在前面音节的现象，这些带"n"尾的词大多是口语中常用的且组合能力强的词。例如：

雀儿 $tsʰion^{35}$ 鸟　　眉雀儿 $mi^{55}tsʰion^{35}$ 麻雀　　雀儿窠儿 鸟窝 $tsʰion^{35}kʰuən^{11}$

歌儿 kon^{11}　　唱歌儿 $tʂʰõ^{213}kon^{11}$　　歌儿曲 $kon^{11}tɕʰien^{35}$

兔儿 $tʰun^{213}$　　白兔儿 $pʰa^{33}tʰun^{213}$　　兔儿毛 $tʰun^{213}mo^{55}$

以上所举的均是"n"尾附在实语素上构词的用例，"n"尾还可以附在"子"这样的虚语素上构词。例如：

筷子儿 $kʰuã^{213}tsʅn^{42}$　　石头子儿 石子 $ʂa^{33}tʰe^{55}tsʅn^{42}$

拳头子儿 拳头 $tɕʰỹ:ɐ^{55}tʰe^{55}tsʅn^{42}$

第二，有些词附加"n"尾后改变意义，构成新词。具体可以分为以下几种情况：

（一）特指对照组中之小者，或者专指一类事物中之小者，原词与新词一般表现为统称和小称之别。例如：

原词	带"n"尾的词
袋 $tʰy:ɐ^{33}$ 袋子，一般指大的麻布袋	袋儿 $tʰyən^{33}$ 小袋子，一般指塑料袋、小布袋等
刀 to^{11} 一般指菜刀、镰刀、柴刀等大的刀子	刀儿 ton^{11} 一般指削铅笔、水果等的小刀子
球 $tɕʰie^{55}$ 一般指篮球、足球、排球等大球	球儿 $tɕʰien^{55}$ 一般指乒乓球、羽毛球等小球；小卷儿
索 so^{35} 一般指粗的绳子	索儿 son^{35} 一般指细小的绳子
带 ta^{213} 一般指较宽、较长的带子，例如皮带、背带等	带儿 tan^{213} 一般指细小的带子，例如鞋带、松紧带等
瓢 $pʰia^{55}$ 一般指舀水或粪便的大瓢	瓢儿 $pʰian^{55}$ 一般指汤勺、小瓢羹等
包 po^{11} 一般指行李包或身体上长出来的包块	包儿 pon^{11} 食用的包子

与这种指小称功能相关的是祁门方言的"n"尾还可以指"少"，经常与范围副词"只"等配合使用。例如：

（10）我只去过两三回儿[xuan⁵⁵]，渠去过许多回[xua⁵⁵] 我只去过两三次，他去过很多次。

(11) 一许多本［pæ̃⁴²］渠就只看过两三本儿［pæ̃n⁴²］这么多他只看过两三本。

(12) 人家有钱［tsʰĩːɐ⁵⁵］，尔家两个钱儿［tsʰĩən⁵⁵］驮不住尔败 人家有钱，你家一点钱架不住你败。

(二)"n"尾改变原词意义，但未改变词性，构成新词的词义是原词词义的引申。

原词	带"n"尾的词
枪 tsʰiõ¹¹ 武器名	枪儿 tsʰiõn¹¹ 野猪、刺猬等动物身上的刺
脚 tɕio³⁵ 足	脚儿 tɕion³⁵ 器具的下端；残渣、剩尾
嘴 tsy⁴² 口	嘴儿 tsyn⁴² 状如口形的通道，如"茶壶嘴儿"
客 kʰa³⁵ 客人	客儿 kʰan³⁵ 过路生人，一般借以吓唬哭闹的孩子
秧 iõ¹¹ 秧苗	秧儿 iõn¹¹ 可移植的菜苗
角 ko³⁵ 牛、羊、鹿等的角	角儿 kon³⁵ 隅、角落
线 sĩːɐ²¹³ 缝衣线	线儿 sĩən²¹³ 细长如线样的东西，如电线
后门 ʂe⁴²mæ̃⁵⁵ 与前门相对	后门儿 ʂe⁴²mæ̃n⁵⁵ 比喻通融、舞弊的途径

(三) 改变原词意义，且构成的新词与原词词性不同。

原词	带"n"尾的词
夹 ka³⁵ 动词，~心	夹儿 kan³⁵ 名词，夹子
盖 kua²¹³ 动词，遮盖	盖儿 kuan²¹³ 名词，盖子
铲 tʂʰõ⁴² 动词，削平	铲儿 tʂʰõn⁴² 名词，铲子
弯 ũːɐ¹¹ 形容词，不直	弯儿 ũən¹¹ 名词，转~
香 ʂõ¹¹ 形容词，喷~	香儿 ʂõn¹¹ 名词，护肤霜
圆 ỹːɐ⁵⁵ 形容词，~桌	圆儿 ỹən⁵⁵ 名词，圆圈
条 tʰia⁵⁵ 量词	条儿 tʰian⁵⁵ 名词，纸~
样 iõ³³ 量词	样儿 iõn³³ 名词，样子
盒 xa³³ 量词	盒儿 xan³³ 名词，盒子

从以上用例可以看到，原词为动词、形容词、量词，附加"n"尾后构成的均为名词。"n"本身没有实际意义，主要功能是充当名物化标志。

第三，部分亲属称谓词或人名附加"n"尾后可以区别面称和背称，而附在亲属称谓词或人名后的"n"尾并不包含指小、喜爱、亲切之类的附加意义。但限于背称，面称则不能加"n"尾。例如：

亲属称谓词的面称	亲属称谓词的背称	人名的面称	人名的背称
老 lo^{42} 爷爷	老儿 lon^{42} 爷爷	强 tɕʰiõ^{55}	强儿 tɕʰiõn^{55}
外 ŋa^{33} 外婆	外儿 ŋan^{33} 外婆	花 xuɐ^{11}	花儿 xuɐn^{11}
爸 pa^{11}	爸儿 pan^{11}	英 ĩːɐ^{11}	英儿 ĩɐn^{11}
姨 i^{55}	姨儿 in^{55}	飞 fi^{11}	飞儿 fin^{11}

第四，"n"尾可以附着在部分动词或形容词性成分的重叠式结构后面，构成 VVn 或者 AAn、AABBn 格式，"n"尾主要充当生动形式标记。具体来看，动词的重叠式一般表示动作的试验性质，含有时量短、动量少等语义，而"n"尾可以凸显轻快、随意的语气。例如：

（13）尔日子好过哦，每日到处儿走走、嬉嬉儿_{你日子好过啊，每天到处走走，玩玩。}

（14）我身体儿好得很，跳跳儿、蹦蹦儿老牌子照_{我身体好得很，跳跳蹦蹦没问题。}

（15）渠只用手托托儿就连上去着_{他只用手托了托就连上去了。}

形容词的生动形式表示的是性状程度的加深或适中，而"n"尾可以增强形容词的生动性。例如：

（16）尔要轻轻儿个进去_{你要轻轻地进去。}

（17）渠面嘴长长儿个$_2$个$_1$_{他脸长长的。}

（18）我今日就跟尔分着干干脆脆儿个$_2$个$_1$_{我今天就跟你分得干干脆脆的。}

附在动词、形容词重叠式结构后的"n"尾本身没有任何意义，也不能改变原词的意义，但能突出动词、形容词的生动性，因此，我们把附在动词、形容词重叠式结构后的"n"尾视为一种生动形式标记。

由前面分析可知，祁门方言的"n"尾是一个语法层面的成分，来源于"儿"。"儿"，支韵日母字，在不同的方言里读音形式各异。作为一种语法手段，不同方言里的"儿"化表现形式也不一致。据陈瑶（2020），普通话中的儿化韵是"儿"不独立成音节的卷舌韵尾型。而在南方方言中，有"儿"独立成音节的儿缀型，有"儿"不独立成音节的鼻尾型，有基本音节的主要元音变为鼻化音的鼻化型。祁门方言的"儿"化形式属于不独立成音节的鼻尾型。

"儿"原本是实词,义为"婴孩、子女"。在历史演变过程中,它逐渐虚化为一个小称后缀。祁门方言的"儿"与普通话的"儿"一样,在语义、语法上也经历了一个由实及虚的发展过程。从语义上说,"儿"虚化的开端应该是小称功能,最初主要限于名物类的词。作为一种小称形式,在长期的高频率的使用过程中往往会产生功能"磨损"现象。语义上,小称意义逐渐淡化。渐渐地,"n"尾由指称小、少的事物,逐渐发展为指别不同的事物。

从上文所列举"n"尾的功能可以看到,一般不加"n"尾的是统称、泛称,而加"n"尾的除了小称还有一些是原词词义的引申。如"脚"本义是"足",引申出"器具的下端"再到"残渣、剩尾",这些原本只是属于词义增加和分化的范畴,逐渐发展到词语形式上也做出相应的区分,"n"尾便发展为区别词义的一种手段。随着语义的进一步虚化,小称范畴不断向其他词类扩散,诸如量词、形容词、动词等。"n"尾不但可以区分词义,还可以区别词性,逐渐发展成为名物化的标志。区别词义、词性都是"n"尾构词功能的表现,带上"n"尾的词一般都是口语中极为常用的词,在长期的高频率的使用过程中,当原词与带上"n"尾的词在词义上不再有明显的区别后,带"n"尾的词逐渐淘汰掉原词。例如"芽、燕、袖、雀、疤、格、辫、圈、竹、帽、兔"等词在口语中一般只有"n"尾韵的读法,没有人读"本音"。这是"n"尾构词功能最为成熟的表现。

随着"n"尾区别词义功能的磨损和向其他词类的进一步渗透,"n"尾渐渐虚化为一个生动形式标记,附在动词、形容词的重叠式结构后,与重叠手段搭配使用,凸显重叠手段的语法功能。至此,"n"尾已经由一个派生后缀语法化为一个屈折后缀,这是"n"尾词小称意义磨损的必然结果,而前文提及的"n"尾词发生的变调现象应该就是"n"尾小称功能磨损后的一种补偿手段。

2.1.2.2 呐

祁门方言中,"n"尾的部分功能被"呐 $[la^0]$"所分担,主要表现在部分亲属称谓词和名词后面。现将带"呐"的词穷尽性列举如下:

A 弟呐　妹呐　侄呐

B 猪呐　狗呐　牛呐　马呐　鸡呐　鸭呐　鹅呐　蜂呐野蜂子　虾

呐　麂呐麂子
C　桃呐　梨呐　栗呐栗子　茄呐　瓠呐

A组是亲属称谓词，加"呐"的这三个亲属称谓词所指称的或者是同辈中的年少者，例如"弟呐弟弟，背称""妹呐妹妹，背称"；或者是晚辈，例如"侄呐侄子，背称"。而和这三个亲属称谓词意义相对的几个词所附着的成分都是"儿[-n]"，例如"哥儿""姐儿""叔儿"。从这一点来看，词缀"呐"像是一个小称后缀。B组是指称家禽畜类的常用词和指称小动物的词；C组是指称瓜果蔬菜的词。这些词所指称的事物大多与人们日常生活密切相关，或者形体较小，隐含"亲切、喜爱"的附加色彩。这与"儿[-n]"的小称功能很相似。但与"儿[-n]"相比，"呐"的搭配面很窄，不可类推。例如称呼晚辈中的"孙子、孙女、外甥、侄女"等就不能加"呐"，只能加"儿[-n]"。而且原本可以加"呐"的词在进入高一级的语法单位与"小"组合时便不能再带"呐"，"儿[-n]"则可以。如：

＊小猪呐　　＊小鸡呐　　＊小狗呐　　＊小鸭呐
小猪儿　　　小鸡儿　　　小狗儿　　　小鸭儿

从分布上看，"呐"与"儿[-n]"呈互补分布格局，"呐"分担了"儿[-n]"部分"指小、表爱"的功能，但没有构成新词的能力，不是一个成熟的小称后缀，不过"呐"目前也没有显现出萎缩消亡的趋势。

2.1.2.3　头

祁门方言中，"头[tʰe⁵⁵]"作为后缀构词时有两种表现：一种是"X头"后不加"儿[-n]"，另一种是"X头"后要加"儿[-n]"，构成"X头儿"。从"X"的性质来看，不加"儿[-n]"的"X头"类词主要有以下几类：

第一类"X"是表示具体事物的名词性成分，这类"X头"所表示的也是具体事物。例如：

石头　锄头　斧头　芋头　罐头　锅头灶台

第二类"X"主要是方位词，这一类"X头"词主要表示空间方位或人体的部位。例如：

上头　下头　里头　外头　前头　后头　高头　拳头　脚膝头膝盖

第三类"X"是表示时间的名词性成分，这类"X 头"词中的"头"主要表示一个时间段的开始部分。例如：

正月头正月前期　新年头新年　春头早春　秋头早秋

前两类词中的"头"与空间范畴有关，第三类词中的"头"与时间范畴有关，这三类词中的"头"意义都还比较实在。

加"儿［-n］"的"X 头"类词主要有以下两类：

第一类中的"X"是动词性或形容词性语素，构成的"X 头儿"是抽象名词。例如：

看头儿值得看的地方　　吃头儿值得吃的地方　　寻头儿值得寻找的地方

讲头儿值得说的地方　　争头儿值得争吵、争夺的地方　　做头儿值得做的地方

买头儿值得买的地方　　去头儿值得去的地方　　来头儿值得来的地方

着头儿值得穿的地方　　难过头儿值得难过的地方　　焦头儿值得难过的地方

这一类"X 头儿"通常放在否定动词"无"后面，表示"不值得做某事"；或者放在疑问代词"什物"类词后面，表示反问，言下之意也是"不值得做某事"。例如：

（19）滚锅儿都是一个味道，无吃头儿火锅都是一个味道，没什么值得吃的。

（20）一家人有什物争头儿呐一家人有什么值得吵的呢？

（21）自家生个，无焦头儿/难过头儿着自己生的，没什么值得难过的。

这一类"X 头儿"一般不用于肯定句，如果要用肯定形式表达"值得做某事"，祁门方言会用"V 得"。

第二类"X 头儿"中的"X"是数量词，表示前面的数量是一个整体，这种"X 头"通常用于对钱币面值的说明；或者"X"是"一+动量词"结构，这个时候的"X 头"表示的是短暂时间内的一个完整性、一次性的动作。例如：

五块头儿　十块头儿　一百块头儿　一下头儿

具体用例如下：

（22）我身着都是一百块头儿个，找不开我身上都是一百元整的，找不开。

（23）渠没倚着，一下头儿□[xua³⁵]着地里去着他没站稳，一下子摔到地上去了。

（24）尔真有钱，一下头儿就付清着你真有钱，一口气就把钱付清了。

2.2 人称代词词缀

从数范畴内部标记形式看，单数人称代词通常是无标记的，如普通话中的单数人称代词有"我、你、他"；复数人称代词通常是有标记的，如"们"在普通话中可以表示人称代词和人物名词的复数。与普通话不同的是，祁门方言中存在单数人称代词添加词缀的现象，复数人称代词添加的词缀也与普通话不同。具体如表2-1所示：

表2-1　　　　　　　　　祁门方言人称代词系统

第一人称	单数	我_{非宾格} [a⁴²] 　　[是我]_{宾格} [ʂa⁴²]		
	复数	排除式	我旺ㄦ [a⁴²ũən³³]	我大家 [a⁴²tʰa³³ka¹¹] 我[大家] [a⁴²tʰa³¹]
		包括式	同尔 [tʰəŋ⁵⁵n¹¹]　　同尔旺ㄦ [tʰəŋ⁵⁵n¹¹ũən³³]	同尔大家 [tʰəŋ⁵⁵n¹¹tʰa³³ka¹¹] 同尔[大家] [tʰəŋ⁵⁵n¹¹tʰa³¹]
第二人称	单数	尔 [n¹¹]　　是尔 [ɕi⁴²n¹¹]		
	复数	尔旺ㄦ [n¹¹ũən³³]	尔大家 [n¹¹tʰa³³ka¹¹] 尔[大家] [n¹¹tʰa³¹]	
第三人称	单数	渠 [tɕi⁵⁵]		
	复数	渠旺ㄦ [tɕi⁵⁵uən³³]	渠大家 [tɕi⁵⁵tʰa³³ka¹¹] 渠[大家] [tɕi⁵⁵tʰa³¹]	
反身代词	自家 [sʅ³³ka¹¹]			
旁指代词	人家 [iæn⁵⁵ka¹¹]　　别ㄦ家 [pʰiən³³ka¹¹]　　别ㄦ旺ㄦ [pʰiən³³ũən³³]			
统称代词	大家 [tʰa³³ka¹¹]　　[大家] [tʰa³¹]			
遍称代词	各人 [kʰo³⁵iæn⁵⁵]			

从表2-1可以看到，祁门方言的单数人称代词的词缀是"是"，复数人称代词词缀有"旺ㄦ"和"大家/[大家]"。同时也看到这些词缀在构词时存在不平衡性：部分词出现加词缀和不加词缀两种形式并存的现象；也有部分词可以加不同形式的词缀。这些并存的形式是否构成对立，如果构成对立，是语义层面还是语法层面或是语用层面的不同？下面就将祁门方言的人称代词词缀分为单数人称代词词缀和复数人称代

词词缀来分别讨论。

2.2.1　单数人称代词词缀"是"

从表 2-1 可见，祁门方言中，只有单数第一、二人称代词前可以加词缀"是［çi⁴²］"，而单数第三人称代词没有前加词缀"是"的形式。其中，第一人称单数形式所添加的前缀"是［çi⁴²］"没有独立存在的音节形式，而是与后面的零声母音节"我［a⁴²］"合音为"［是我］［ʂa⁴²］"。祁门方言中，单数第一人称有带前缀"是"和不带"是"两种形式，"［是我］［ʂa⁴²］"（一般用"晓"来记录这个合音形式）和"我［a⁴²］"入句时基本呈现互补分布格局："［是我］［ʂa⁴²］"一般出现在宾语位置，类似于格范畴中的宾格；"我［a⁴²］"一般出现在主语、定语位置，类似于格范畴中的主格和领格。例如：

（25）我不想吃，尔总不能逼［是我］吃哇_{我不想吃，你总不能逼我吃吧}？

（26）我个物还园着渠那儿，尔分［是我］带来照不照_{我的东西还放在他那儿，你给我带来行不行}？

（27）尔请［是我］去我都不去_{你请我去我都不去}。

例（25）第一个分句中的"我"出现在主语位置，例（26）第一个分句中的"我"出现在定语位置，这些句子中的"我"前面都不能加词缀"是"。例（25）和例（27）中的"［是我］"均出现在动词后宾语的位置，例（26）中的"［是我］"出现在介宾短语的宾语位置。这些句子中的"［是我］"在年轻人口语中可以用"我"来替换，但以"［是我］"为常。

祁门方言中，单数第二人称代词虽然也有加词缀"是"和不加"是"两种形式，但是加不加词缀的区别意义不同于单数第一人称代词。而且，单数第二人称代词中的前缀"是"没有和"尔"合为一个音节。未合音的原因有两种可能：一种是单数第二人称代词以不加前缀"是"为常，加前缀的形式很不常用，所以未发生合音；另一种可能是前缀"是"和"尔"不同调（而前缀"是"和"我"均为上声 42 调，而"尔"为阴平调），所以不容易合为一个音节。与单数第一人称加不加词缀取决于入句时所处的句法位置不同的是，单数第二人称代词"是尔［ɕi⁴²n¹¹］"与"尔［n¹¹］"的区别主要体现在语用层面,"是尔［ɕi⁴²n¹¹］"一般带有戏谑、逗笑的意味,听话者多为孩子。不过,"是尔［ɕi⁴²n¹¹］"只出现在主语位置上,不出现在其他位置上。例如:

（28）尔家老儿要买好物儿分尔吃,是尔/尔高不高兴呐你爷爷要买好东西给你吃,你高不高兴啊?

（29）因儿哪,是尔/尔覅哭着,我等下儿带尔去孩子啊,你别哭了,我等会儿带你去。

（30）我分尔五块钱,是尔/尔自家去买嚧我给你五块钱,你自己去买吧。

以上例（28）、（29）、（30）三句的第二个分句主语位置上都可以交替使用"是尔"和"尔",加词缀"是"会增加那种对孩子的逗趣、宠溺的意味。例（28）第一分句定语位置和"分"后宾语位置上、例（29）中第三分句和例（30）中第一分句动词后宾语位置上只能用"尔",不能前加词缀"是"。

2.2.2　复数人称代词词缀"旺儿""大家"

祁门方言代词系统中,人称代词复数标记"旺儿［ũən³³］""大家［tʰa³³ka¹¹］"基本呈平行分布格局,第一、二、三单数人称代词后均可以带"旺儿［ũən³³］"或者"大家［tʰa³³ka¹¹］",从而构成第一、二、三人称代词复数形式。最为特殊的是第一人称代词的排除式,一共有三种形式:同尔［tʰəŋ⁵⁵n¹¹］、同尔旺儿［tʰəŋ⁵⁵n¹¹ũən³³］、同尔大家［tʰəŋ⁵⁵n¹¹tʰa³³ka¹¹］。"同尔"是基本形式,字面解释是"和你"。"同尔"本身就是排除式第一人称复数代词,其后还可以叠加复数标记"旺儿"或"大家"并且不改变语义,这是一种叠床架屋的现象,"同尔""同尔旺儿""同尔大家"均对应于普通话中的"咱们"。

作为复数标记,"旺儿"和"大家"在功能上有很多共性,也存在差异。具体来看:

2.2.2.1　复数标记"旺儿"和"大家"的共性

大多数情况下,这两个复数标记的功能和分布以及使用频率上均没有分别,它们可以出现在相同的语言环境中表达相同的语义（以下复数标记"大家"都可以用合音形式替换,为了节约篇幅,下文用例中仅出现原形式）：

第一，"旺⁼ₙ"与"大家"都可放在三身人称代词后构造复数意义。如：

（31）我旺⁼ₙ/我大家无时间ₙ，尔问渠旺⁼ₙ/渠大家看看我们没时间，你问他们看看。

（32）同尔/同尔旺⁼ₙ/同尔大家一心都是想着小鬼ₙ咱们一心想着都是孩子。

（33）尔旺⁼ₙ/尔大家想不想吃牛肉唉你们想不想吃牛肉啊？

第二，"旺⁼"与"大家"用在指人的专有名词后，表示该人所在的一群人或一类人。如：

（34）我去看看校长旺⁼ₙ/大家来没来我去看看校长他们来没来。

（35）要不是毛泽东旺⁼ₙ/大家，同尔老百姓也无一好日子过要不是毛泽东他们，咱老百姓也没这好日子过。

以上格式中的"旺⁼"和"大家"表达的其实是一个连类复数的概念，侧重点并不在于突出单数和复数对立，而重在说明类别群体的意义。

第三，"旺⁼"与"大家"可用在亲属称谓名词后，表示该人所在的那一家人或那群亲戚。比如：

（36）哥哥旺⁼ₙ/大家现在到何ₙ着哥哥他们现在到哪儿了？

（37）老ₙ旺⁼ₙ/大家都到路口着，姨旺⁼ₙ/大家还没讲起爷爷他们都到路口了，阿姨他们还早着呢。

以上格式中"旺⁼"与"大家"的用法跟上面第二种相同，都是表达一个连类复数而不是一个真正复数的概念。

第四，"旺⁼"与"大家"可用在指人的普通名词后，表示该人身处的一类人。如：

（38）老百姓旺⁼ₙ/大家个眼睛亮得很老百姓们的眼睛亮得很。

（39）骗子旺⁼ₙ/大家就喜欢骗老ₙ家骗子们就喜欢骗老人。

从以上例句可以看出，"……旺⁼/大家"可作主语，也可作宾语和定语，但不能作呼语，一般也不能受领属性定语修饰，却常常可以用作领属性定语修饰其他名词。除此，由旺⁼ₙ与"大家"构造而成的复数代词还有同位指称的用法。

（40）尔旺儿/大家老师儿根本不晓得我旺儿/我大家农民个苦_{你们老师根本不知道我们农民的苦。}

（41）渠旺儿/渠大家年轻人不喜欢跟同尔/同尔旺儿/同尔大家老家住一起儿_{他们年轻人不喜欢跟我们老人住一起。}

2.2.2.2　复数标记"旺儿"和"大家"的功能差异

祁门方言中，"旺儿"与"大家"虽然都是复数标记，但它们的用法不尽相同，具体来看：

第一，"旺儿"与"大家"在复数语义蕴含上存在差别。

"旺儿"附在三身人称代词和指人名词后面构成的复数，既可以指两个人，也可以指两个以上的人；而"大家"附在三身人称代词和指人名词后面构成的复数，则至少指三人。所以，表示双数的"［两人］"可以和"旺儿"共现，例如，可以说"我旺儿［两人］、尔旺儿［两人］、渠旺儿［两人］"。而表示双数的"［两人］"却不能和"大家"共现，即不能说"我大家［两人］、尔大家［两人］、渠大家［两人］"。以上格式中的"［两人］"结构上类似于一个复指成分，是蕴含在复数中用来突出双数的一种语用标记，"［两人］"之所以不跟"大家"共现，就是因为"大家"是多数标记，不蕴含双数，而"旺儿"是普通的复数标记，蕴含"双数"。

第二，"旺儿"与"大家"在功能扩展上存在差异。

与复数标记"大家"不同，由"旺儿"构成的第一人称复数代词在指称上存在一定程度的变异，具体来看有两种情况：一是复数代词的单数用法，二是包括式代词的单向用法。例如：

（42）渠不高不兴个₂个₁，我旺儿下回再都不来着_{他一副不高兴的样子，我下次再也不来了。}

（43）妇儿家都是一样儿，同尔旺儿覅跟渠旺儿一样个_{妇道人家都这样，你别跟他们一般见识。}

例（42）中的复数代词"我旺儿"表面上看是"我们"，实际上指说话人自己，如果将旺儿换成"大家"，那构造而成的就是普通的复数代词了，即"我大家"就是指说话人所在的一群人。例（43）中的包括式复数代词"同尔旺儿"实指听话人，如果将"旺儿"换成"大家"，那构造而成的就是一个真正意义上的包括式代词了，即不但包括听话人，还包括说话者自己。

第三，"大家"与"旺ⁿ"在能否单说、单用方面存在差异。

祁门方言中，"大家"本来就是一个表示集合意义的人称代词，所以用来构造人称代词的复数形式很自然，而且构造复数意义后还保留其词汇意义。虽然经常附着在单数人称代词和表人的名词后表示复数的语法意义，但其代词功能并未受影响，脱离人称代词、指人名词的固定组合之后，依然能独立运用。例如：

（44）大家都不容易，尔大家要想开心ⁿ大家都不容易，你们要想开点儿。

例（44）第一个分句中的"大家"是"众人"的意思，代指一定范围内所有的人，第二个分句中的"大家"则是一个复数标记，这种复数标记可以看成一种词汇标记。而复数标记"旺ⁿ"脱离人称代词或指人名词后就不能单独运用，意义空灵虚泛，是一个严格意义上的语法词，可以看成一个复数标记。

2.3　形容词词缀

汉语里的形容词词缀非常丰富，特别是形容词的生动形式很多都会带上一些固定的词缀，但很多词缀与书写形式所代表的语素本义之间毫无联系，多数只是韵律结构中的一个成分。如普通话"酸不拉几""甜不拉几"中的"不拉几"，"黑不溜秋"中的"不溜秋"，"酸不溜丢"中的"不溜丢"，"土里土气""怪里怪气"中的"里"等。本书要讨论的不是这样一些纯属韵律成分性质的词缀，而是那些由实词虚化而来表示某类意义的词缀。祁门方言中，这类由实词虚化而来的形容词词缀主要有"个［ka⁰］"和"人家［iæn⁵⁵ka⁰］"。"个［ka⁰］"是状态形容词后缀，"人家"是心理、生理感觉类形容词后缀。

2.3.1　状态形容词后缀"个"①

朱德熙（1956）把现代汉语的形容词分为简单形式和复杂形式，

---

① 本节部分内容曾以单篇论文《安徽祁门方言的后附性成分"个［·ko/·ka］"》刊发在《方言》2021年第2期上，此处有修改。

其中复杂形式的形容词就是状态形容词，包括单音节形容词的重叠形式、带后附成分的形容词、能以 xyxy 形容词重叠的双音节形容词和以形容词为中心构成的词组。① 这一类形容词主要描绘事物性质的状况或动作的状态。状态形容词可以充当定语、状语、补语、谓语，当状态形容词进入句子时通常需要带后附成分。状态形容词的后缀形式多种多样，普通话中状态形容词的后缀从形式上看和结构助词没什么不同，而部分方言中，状态形容词的后缀与结构助词或者存在读音上的细微差别，或者使用不同词源的形式来表达。

祁门方言中，跟在状态形容词后面的虚成分有"个$_2$ [ka^0]""个$_1$ [ko^0]""个$_2$个$_1$ [ka^{0}ko^0]"。"个$_1$ [ko^0]"一般充当定语、状语、转指标记，大致相当于普通话的"的/地"；"个$_2$"一般只出现在重叠式状态形容词、叠音副词以及两个同类的词组成的"并立结构"后面。从音节组合关系看，个$_2$能分布的格式有"AA 个$_2$""ABB 个$_2$""AABB 个$_2$""A 里 AB 个$_2$""ABAB 个$_2$"等。例如：

AA 个$_2$：圆圆儿个$_2$个$_1$面嘴圆圆的脸　轻轻儿个$_2$走轻轻地走　个子长长儿个$_2$个$_1$个子高高的

ABB 个$_2$：慢拖拖儿个$_2$进去慢吞吞地进去　困着昏隆隆个$_2$个$_1$睡得昏昏沉沉的

AABB 个$_2$：笔笔直直个$_2$个$_1$路笔直的路　噼噼啪啪个$_2$响噼噼啪啪地响

A 里 AB 个$_2$：干里干净个$_2$个$_1$厨下干干净净的厨房　慌里慌张个$_2$跑过去慌慌张张地跑过去

ABAB 个 2：一脚一脚个$_2$移一步一步地移　爬着嘿子嘿子个$_2$个$_1$爬得气喘吁吁的

其他：无事无膀个$_2$骂无缘无故地骂　打着青红紫绿个$_2$个$_1$打得青一块紫一块的

从句子成分来看，一般在重叠式或"并立结构"式状语后面，"个$_2$"可以与"个$_1$"相互替代，但以单用"个$_2$"形式最为自然；而在重叠式或"并立结构"式定、谓、补语后面时，"个$_2$"一般不单独出现，常和"个$_1$"叠加成"个$_2$个$_1$"的形式，而"个$_1$"则可以单独出

---

① 朱德熙：《现代汉语形容词研究》，袁毓林、郭锐编选：《朱德熙文选》，北京大学出版社 2010 年版，第 1—2 页。

现。例如：

(45) 分那件红隆隆个₂个₁/个₁衣裳担来 把那件红红的衣服拿来。
(46) 渠面嘴圆圆儿个₂个₁/个₁她脸圆圆的。
(47) 渠分家里收着清清简简个₂个₁/个₁她给家里收拾得干干净净的。
(48) 外头车鸣子鸣子个₂/个₁叫着不歇 外面车呜呜地叫着不停。

从分布的位置来看，"个₂"与普通话的定语标记"的"或者状语标记"地"功能很接近。那"个₂"是不是定、状语标记呢？我们认为不是。理由有二：

其一，同为副词性或形容词性语法单位的后附成分，"个₁"对其所附的语法单位的形式没有任何限制，分布很自由，"个₁"无疑是一个成熟的定、状语标记；而"个₂"对其所附的句法成分形式上要求严格，限于重叠式词语或并立结构。其二，祁门方言中，重叠式或"并立结构"式状语后面，"个₂"可以与"个₁"相互替代，这样的"个₂"在普通话中所对应的一般可以是零形式，例如"好好地说""高高兴兴地出门""一口一口地喂"普通话中都可以说成"好好说""高高兴兴出门""一口一口喂"；而重叠式或"并立结构"式定、谓、补语后面，"个₂"不能单独出现，必须叠加助词"个₁"，相对应的普通话中的助词"的"一般是强制出现的，例如"圆圆的脸""个子高高的"中的"的"都不能省略。说明祁门方言中与普通话"的/地"对应的其实是"个₁"，而不是"个₂"，所以，"个₁"是定、状语标记，但"个₂"不是，那"个₂"是什么呢？

从语法意义来看，"个₂"所后附的词语呈现出一定的共性，即对情态的描写性、摹状性：或描绘事物性状程度的变化，如"长长""灰扑扑""干干净净"等；或描摹动作的具体状态或方式，如"慢慢""一嘴一嘴"等。从"个₂"所附成分在构词层面表现出来的特点来看，"个₂"不是句法层面的成分，而是一个属于词法层面的重叠式后缀，只不过这个重叠式后缀所占据的位置与普通话句法层面的助词"的/地"表面上相同而已。所以，"个₁"与"个₂"的相互替代其实不是句法层面对等的替代关系。当然，"个₂"与"个₁"是同源的，"个₂"由"个"的指示词用法发展而来。祁门方言中"个"发展出指示代词、助词的用法过程中出现了功能分化，重叠式后面的"个"其指示功能逐渐被标记描写的功能所取代，并渐渐得到固化，其他非叠式后面的"个"由指示词继续往前直至发展为一个成熟的结构助词。

综上，祁门方言的"个₂"是个状态形容词后缀。

2.3.2 生理、心理感觉类形容词后缀"人家"

祁门方言中，部分单音节动词和形容词后面可以加"人家"，构成"X人家"，义为"有点儿A"或"比较A"，表示使人产生"X"所表示的生理感觉或心理感觉，相当于形容词。例如：

笑人家可笑　灼人家烫人　□[kʰõ³³]人家硌人　乱人家扎人

吓人家吓人　晒人家晒人　焦人家气人　胀人家胀人　痒人家

辣人家　麻人家　冷人家　热人家　痛人家　饿人家

渴人家　苦人家

祁门方言中的"X人家"虽说相当于形容词，但其实在句中不能充当定语，一般充当的是谓语和补语，或者放在动词"觉着觉得"后面充当宾语。例如：

（49）赤脚走一种个路几□[kʰõ³³]人家唉赤脚走这样的路多硌人啊。

（50）渠个话我听着夒几焦人家他的话我听得真气。

（51）今日天有心儿冷人家，尔要多着心儿衣裳啊今天有点儿冷，你要多穿点衣服啊。

（52）老儿家着红衣裳儿，我觉着有心儿笑人家老人家穿红衣服，我觉得有些不好意思。

虽说"X人家"表示的是轻微的程度，但还可以受高程度副词"几""夒几"修饰，如例（49）、（50）。

虽说"X人家"表示的是"有点儿A"或"比较A"之意，但同时还可以再受"有心儿有点儿"修饰，如例（51）、（52）。

从上面的词例来看，"X人家"一般表示的是消极的意义，所产生的生理或心理感觉基本都是让人不舒适的。

第 3 章 重叠

重叠是一种语法手段,这种语法手段作用于某种语言成分并给这种语言成分添加一定的语法意义或改变这种语言成分的语法功能。祁门方言中,可重叠的词类有形容词、动词、方位词、数量词以及少数亲属称谓儿语词,其中,重叠形式最为丰富的是形容词。

3.1　形容词重叠

按照重叠前基式的音节数量或者重叠手段的不同,本章把祁门方言形容词重叠形式分为两种情况:

3.1.1　单音节形容词重叠

祁门方言中,单音节形容词的重叠形式是"AA$_儿$",这里的"儿"是我们第 2 章里提到的词缀"-n",是一种儿化形式。这个[-n]不独立成音节,它和前一个语素共存于一个音节之中,本书一概用下标形式来表示。例如:

长长$_儿$　短短$_儿$　圆圆$_儿$　方方$_儿$　滴滴$_儿$/心心$_儿$　小小　轻轻$_儿$
重重　滚滚$_儿$热热　胖胖$_儿$　粗粗　酸酸$_儿$　清清$_儿$清静　弯弯$_儿$
红红　嫩嫩$_儿$　平平　乖乖

基式"A"是性质形容词,重叠式"AA$_儿$"是状态形容词,相较于基式,重叠式描摹性增强,可以充当定语、状语、补语、谓语。"AA$_儿$"进入句子时必须带后附成分,可以带的后附成分有三种形式:"个$_2$[ka⁰]""个$_1$[ko⁰]""个$_2$个$_1$[ka⁰ko⁰]"。当"AA$_儿$"充当状语时,后附成分"个$_2$"可以与"个$_1$"相互替代,但以单用"个$_2$"形式最为自然；而当"AA儿"充当定、谓、补语时，后附成分"个₂"一般不单独出现，常和"个₁"叠加成"个₂个₁"的形式，而"个₁"则可以单独出现。重叠式"AA儿"的语义程度会随着语境或增强或减弱。例如：

（1）尔分那个圆圆儿个₂个₁/个₁盒儿接分晓你把那个圆圆的盒子递给我。

（2）我轻轻儿个₂/个₁进去，不得分渠晓得个我轻轻地进去，不会被他知道的。

（3）先分锅烧着滚滚儿个₂个₁/个₁，再倒油下去煎先把锅烧得热热的，再倒油下去煎。

（4）渠面嘴长长儿个₂个₁/个₁，身材圆圆儿个₂个₁/个₁他脸长长的，身材圆圆的。

3.1.2 多音节形容词重叠

祁门方言中，多音节形容词的重叠形式有五种：Abb₍儿₎、AABB₍儿₎、bAbA、AA儿AA儿、A 里 AB₍儿₎。

3.1.2.1 "Abb₍儿₎"式

"Abb₍儿₎"式的"A"是词根，"bb"是叠音后缀，这个后缀没有实义，本字大多不明，本书尽量用同音字来表示。这个结构存在变调现象，变调后的调值不固定，但高低模式较为固定，除了少数结构不变调外（例如"黄潮潮黄黄的""老巴巴""热混混""痴哇哇"等）基本可以归纳为：本调+高调+低调。"Abb₍儿₎"式表示一种轻微的程度，义为"有点儿 A"，相较于基式"A"，"Abb₍儿₎"式描写性增强。例如：

绿哇哇	红隆隆	红兮兮	乌隆隆黑乎乎
乌滋滋黑乎乎	白喇喇儿	白蒿蒿	白夜夜
白兮兮	黄哄哄	黄潮潮	
老巴巴蔬菜老、食物过了火候、人的脸看起来苍老		稀石石儿稀稀拉拉	
兜虚虚儿傻乎乎	孬虚虚儿傻乎乎	木呆呆	痴哇哇傻乎乎
热混混有点儿热	滚呜呜温乎乎	冷蒿蒿	酸贡贡酸酸的
酸鱼鱼儿酸酸的	甜咪咪儿	苦芹芹	辣蒿蒿
臭哄哄	慢拖拖儿	瘦急急儿	滚辘辘儿胖乎乎
好膀膀好端端	急蒿蒿急吼吼	鬼蔫蔫装腔作势	吓兮兮有点害怕

风溜溜凉风习习　凉飕飕　　　凉秋秋凉飕飕　模糊糊蒙蒙亮
阴司司阴恻恻　阴拱拱阴恻恻

从以上词例可以看到,"Abb"式形容词后面有的加"儿[-n]"缀,有的不加。"Abb$_{(儿)}$"式形容词所描写的对象主要有颜色、味觉、温度、心智、体型等,在句中大多充当定语、谓语、补语,少数词如"慢拖拖$_儿$"以及形容心智的几个词如"兜虚虚$_儿$""木呆呆"等可以充当状语。"Abb$_{(儿)}$"式进入句子时一般需要加后附成分,可以带的后附成分和"AA$_儿$"式一样有三种形式:"个$_2$[ka⁰]""个$_1$[ko⁰]""个$_2$个$_1$[ka⁰ko⁰]",这三种形式出现的条件同"AA$_儿$"式。例如:

(5) 我喜欢那件红隆隆个$_2$个$_1$/个$_1$衣裳我喜欢那件红红的衣服。

(6) 尔覅看渠瘦急急$_儿$个$_2$个$_1$/个$_1$,吃起饭来厉害得很你别看他瘦瘦的,吃起饭来很厉害。

(7) 小鬼$_儿$驮渠教着木呆呆个$_2$个$_1$/个$_1$孩子被他教得傻乎乎的。

(8) 渠孬虚虚$_儿$个$_2$/个$_1$倚着那$_儿$一动都不动他傻傻地站在那儿一动都不动。

3.1.2.2　"AABB$_{(儿)}$"式

祁门方言中,"AABB"式形容词大多是以"AB"式为基式扩展而成的。例如:

清清简简整洁干净　温温柔柔　　小小只只小巧　　细细条条苗条
欢欢喜喜　　　　高高兴兴　　　条条直直笔直、整齐的样子
笔笔直直　　　　笔笔正正端端正正　君君子子规规矩矩　规规矩矩
高高低低　　　　多多少少　　　干干净净　　　　斯斯文文
老老实实$_儿$　　　弯弯曲曲$_儿$　　　四四方方$_儿$

少数"AABB"式形容词没有相应的基式"AB"。例如:

密密麻麻　稀稀单单稀拉拉的样子　慢慢拖拖$_儿$慢吞吞　偷偷摸摸$_儿$
红红绿绿$_儿$

从以上词例可见,"AABB"式形容词后面大部分不加"儿[n]"缀,可以充当定语、状语、补语、谓语。与"AA$_儿$""Abb$_{(儿)}$"式一样,"AABB$_{(儿)}$"式形容词进入句子时必须带后附成分"个$_2$[ka⁰]"或"个$_1$[ko⁰]"或"个$_2$个$_1$[ka⁰ko⁰]"。例如:

(9) 我最喜欢那个温温柔柔个$_2$个$_1$/个$_1$老师$_儿$我最喜欢那个温温柔柔的老师。

（10）今日大家要欢欢喜喜个₂/个₁过个年今天大家要欢欢喜喜地过个年。

（11）尔分晓倚着笔笔正正个₂个₁/个₁，不准动你给我站得笔笔直直的，不许动。

（12）女小鬼ₙ小小只只个₂个₁/个₁，好着很女孩子小巧玲珑，挺好的。

"AABB₍ₙ₎"式结构除了"弯弯曲曲ₙ[ũːɐ¹¹ũːɐ¹¹tɕʰie³⁵⁻⁵⁵tɕʰien³⁵]"和"偷偷摸摸ₙ[tʰe¹¹tʰe¹¹mo³⁵⁻⁵⁵mon³⁵]"等少数词的第三个音节变读高调外，其他词一般不发生变调。

3.1.2.3 "bAbA"式

祁门方言中，"bAbA"式形容词均由基式"bA"式扩展而来，这里的"bA"式形容词本身是一个偏正式状态形容词，"A"是形容词词根。"b"有的是本字，但部分词义已经虚化，部分"b"还有实义；而有的"b"不一定是本字。基于"b"位置上固定，能增强"A"的程度，且部分"b"搭配面广，我们可以把"b"看成一个类似前缀的成分。由"bA"式扩展而来的"bAbA"式形容词有：

老早老早　　　老晏老晏很迟很迟　　老远老远　　　老粗老粗
老长老长　　　老短老短　　　　　老厚老厚　　　生臭生臭
生咸生咸　　　生酸生酸　　　　　生馊生馊　　　生瘦生瘦
透肥透肥　　　透精透精很瘦　　　稀酸稀酸　　　稀苦稀苦
稀辣稀辣　　　稀胖稀胖　　　　　稀壮稀壮很胖　冰淡冰淡
冰冷冰冷　　　飞灼飞灼/飞烫飞烫很烫　　　　　飞滚飞滚很热
拍饱拍饱　　　拍满拍满　　　　　被薄被薄/被沙被沙很薄
屁轻屁轻　　　漆乌漆乌漆黑　　　心甜心甜　　　丫苦丫苦
睛圆睛圆　　　叭扁叭扁　　　　　蒙滴蒙滴ₙ很小

"bAbA"式形容词后面大多不加"儿[-n]"缀，主要充当谓语，偶尔也可以充当定语、补语、状语，"bAbA"式形容词充当谓语、定语、补语时与"AAₙ""Abb₍ₙ₎""AABB₍ₙ₎"式形容词一样，必须带后附成分"个₂[ka⁰]"或"个₁[ko⁰]"或"个₂个₁[ka⁰ko⁰]"，但充当状语时偶尔不带后附成分。例如：

（13）一回腌个萝卜干ₙ生咸生咸个₂个₁/个₁，不能吃这次腌的萝卜干很咸很咸，没法吃。

(14) 我不喜欢吃那种心甜心甜个₂个₁/个₁物我不喜欢吃那种很甜很甜的东西。

(15) 渠分米糖节ⱼ拉着老长老长个₂个₁/个₁他把麦芽糖抻得很长很长的。

(16) 渠老远老远看见晓就吆起来着他很远很远看见我就叫起来了。

"bAbA"式形容词不发生变调现象，但会改变轻重模式。"bA"式形容词的音节组合轻重模式一般是前轻后重，而"bAbA"式形容词的音节组合轻重模式则是"重+轻—重+轻"。

与"bAbA"式相对的是"AbAb"式，不过，祁门方言中"AbAb"式仅有一个词，即"大老大老很大很大"，"大老大老"的基式是"大老很大"。

3.1.2.4 "AAⱼAAⱼ"式

祁门方言中，重叠式"AAⱼAAⱼ"式的基式是"AAⱼ"式，前文所列举的"AAⱼ"式词语都可以扩展为"AAⱼAAⱼ"式。前文曾提及，"AAⱼ"式语义程度会随着语境或增强或减弱，而"AAⱼAAⱼ"式则大大加深了"A"的语义程度。与"AAⱼ"式形容词一样，"AAⱼAAⱼ"式可以充当定语、状语、补语、谓语，后面也必须带上后附成分"个₂ [ka⁰]"或"个₁ [ko⁰]"或"个₂个₁ [ka⁰ko⁰]"。例如：

(17) 尔分那长长ⱼ长长ⱼ个₂个₁/个₁盘ⱼ担过来分晓你把那很长很长的盘子拿过来给我。

(18) 尔要轻轻ⱼ轻轻ⱼ个₂/个₁进去，覅分渠晓得着你要很轻很轻地进去，不要被他发现了。

(19) 渠分囝ⱼ养着胖胖ⱼ胖胖ⱼ个₂个₁/个₁他把孩子养得胖嘟嘟的。

(20) 退休之后，我天光到暗都清清ⱼ清清ⱼ个₂个₁/个₁退休之后，我整天都清净悠闲。

"AAⱼAAⱼ"式形容词不变调，但会改变音节组合的轻重模式。"AAⱼ"式形容词前后两个音节组合模式是"前轻后重"，而"AAⱼAAⱼ"式形容词音节组合模式则是"重+轻—重+轻"，四叠式中间有短暂的停顿。整个结构带有一定的夸张意味。

3.1.2.5 "A 里 AB₍ⱼ₎"式

祁门方言中，"A 里 AB₍ⱼ₎"式中的"AB"是一个双音节性质形容词，"里"是中缀。与普通话中的"土里土气"之类的词大多表示轻视厌恶意味不同的是，祁门方言中的"A 里 AB(儿)"式既有贬义的，也有褒义和中性的。不过，这类形容词在祁门方言中并不多见，主要有：

高里高兴	温里温柔	老里老实	快里快旦_{很迅速}
干里干净	简里简单	色里色隔_{儿很突兀}	
糊里糊涂	古里古怪_儿	邋里邋遢	慌里慌张
老里老气			

祁门方言中的"A 里 AB(儿)"式形容词在句子中以充当谓语为常，偶尔也可以充当补语、状语和定语。"A 里 AB(儿)"式形容词进入句子中时必须带后附成分"个$_2$ [ka^0]"或"个$_1$ [ko^0]"或"个$_2$个$_1$ [ka^{0}ko^0]"等。例如：

(21) 渠性格真好，老里老实个$_2$个$_1$/个$_1$他性格真好，老老实实的。

(22) 那邋里邋遢个$_2$个$_1$/个$_1$房间就是渠住个$_1$那脏兮兮的房间就是他住的。

(23) 尔慌里慌张个$_2$/个$_1$跑过来做物事唉你慌里慌张地跑过来干什么呢？

(24) 我都驮渠骂着糊里糊涂个$_2$个$_1$/个$_1$着我都被他骂得稀里糊涂的了。

祁门方言中，单字"里"读为 [li^{42}]，而"A 里 AB"式结构中的"里"读的是高调 [li^{55}]，第一个音节"A"一般不变调，"AB"基本按照本方言内部二字组连读变调规律组合。

3.2 动词重叠

祁门方言中，与形容词重叠基本属于构词重叠不同的是，动词重叠大多属于构形重叠。从重叠前基式的音节数量来看，动词重叠主要有以下两种情况。

3.2.1 单音节动词重叠

祁门方言单音节动词重叠的方式有以下几种：VV、VV 看、V 一 V。其中"VV 看"和"V 一 V"主要表示尝试，这和普通话的用法是相同的，因此不予讨论。这里主要讨论 VV 式。

"VV"动词重叠式最基本的语法意义是表示动作的时量短或动量小。例如：

(25) 尔随便儿跟渠讲讲就照着，嫑尽讲你随便跟他说一下就可以了，不要一直说。

(26) 尔去听听，看渠何令=讲个你去听一下，看他怎么说的。

(27) 我自家两边儿走走，尔大家不用得跟着晓我自己到处走走，你们不用跟着我。

"AA"式动词后面还可以加宾语或补语。例如：

(28) 尔就只晓得一儿嚼嚼蛆，那儿烧烧事你就只知道这里说说废话，那里挑挑是非。

(29) 渠每日在家里带带囝儿、撸撸饭就照着她每天在家里带带孩子、做做饭就可以了。

(30) 尔分自家个事管管好就是着你把自己的事管好就行了。

动词重叠式"VV"给基式增添了"量"的意义，这是和普通话相同的地方。除此，祁门方言中，动词重叠式"VV"还可以表示经历体意义，不过，当"VV"式充当谓语时，这种体意义还需要表示确认的语气词"个"的共现。例如：

(31) 一个物渠吃吃个，嫑算数这个东西是他吃过的，不要算了。

(32) 我家囝儿着着个衣裳还跟新个一样儿个我孩子穿过的衣服还和新的一样。

(33) 别旺儿用用个包尔要不要唉别人用过的包你要不要啊？

例（31）中的动词重叠式"吃吃"充当的是谓语；例（32）中的"着着"和例（33）中的"用用"充当的是定语。以上三例中的"VV"还可以后附"过"来增强经历义。如，例（31）可以变换为：

(31′) 一个物渠吃吃过个，嫑算数这个东西是他吃过的，不要算了。

表示动作时量短或动量小的动词重叠式"VV"还可以进行再次重叠，不过，再次重叠后的"VVVV"式不像"VV"式那样给基式增加的是"量"的意义，而是表示动作的伴随，即第一个动词所表示的动作正在进行时出现了第二个动作，结构式一般为"$V_1 V_1 V_1 V_1$ 就 V_2"。例如：

(34) 一小鬼儿讲讲讲讲就哭起来着这孩子说着说着就哭起来了。

(35) 渠看电视看看看看就困着着他看电视看着看着就睡着了。

(36) 一［两人］谈谈谈谈就没音信着这两人谈着谈着就没影了。

这种四音节重叠式在韵律上表现为"VV+VV"，其中第二个"V"

和第四个"V"都读为轻声。

3.2.2 双音节动词重叠

祁门方言中的双音节动词重叠形式有：ABAB、V下儿V下儿、AAB。其中"ABAB"重叠式的基式是"AB"，与"VV"式最基本的语法意义相同，主要表示动作的时量短、动量小，带有一定的尝试义。例如：

商量商量　　　准备准备　　　打扫打扫　　　收拾收拾
划算划算 计划计划　打听打听　　检查检查

祁门方言中，"V下儿V下儿"的基式是"V下儿"，"V下儿"主要表示短时、小量义，而"V下儿V下儿"除了保留"V下儿"的短时、小量义，还表示动作不止一次地反复进行，不过，这些反复进行的动作中间有短暂的停歇。能进入"V下儿V下儿"的动词都是有[+持续义]特征的单音节动作动词。如"徛站、讲、笑、哭、踢、抻、打、蹦"等。瞬间动词和非动作动词一般不能进入"V下儿V下儿"格式。如："死、活、生、想、困"等。"V下儿V下儿"进入句子主要充当谓语，一般要带后附成分"个₂[ka⁰]"或"个₁[ko⁰]"或"个₂个₁[ka⁰ko⁰]"。例如：

（37）我旺儿在一儿开会，尔要跑下儿跑下儿个₂个₁我们在这里开会，你别跑来跑去的。

（38）尔手机亮下儿亮下儿个₂个₁，有电话进来你手机一闪一闪的，有电话进来。

（39）我看见渠都戳眼睛子，无事就脚抖下儿抖下儿个₂个₁我看他都讨厌，没事脚就抖来抖去的。

从表义角度来看，祁门方言的"V下儿V下儿"相当于普通话中的"一V一V"，但比"一V一V"更强调动作反复进行的意味。

祁门方言中"AAB"的基式是"AB"，这个"AB"是一个动词，内部凝固性很强，如"锻炼""劳动""学习""动员"等，这应该是仿照"VV+宾语"（如"读读书""谈谈闻"）或者"VV+补语"（"做做好""算算清"）的结果。不过，祁门方言中的这种"AAB"式动词很少，且这些词大多是非口语词。例如：

（40）学生儿个任务就是每日学学习、读读书学生的任务就是每天学习学习、读读书。

（41）渠舒服哦，一日锻锻炼、买买菜就照着他舒服呢，每天锻炼锻炼，买买菜就可以了。

（42）村长儿要去动动员，做做大家个思想工作村长要去动员动员，做做大家的思想工作。

这种"AAB"式和前文提到的"VV+宾语/补语"结构很像，但构成方式是不同的。

3.3　方位词重叠

祁门方言的方位词主要有：

A组：前流　后流　上流　下流　高流　里流/里头　外流　边着　边上　中间

B组：中间心最中间　顺手边儿左边　反手边儿右边　东边　西边　南边　北边

A组方位词可以重叠，B组不可以。A组方位词的重叠式是ABAB。例如：

前流前流　后流后流　上流上流　下流下流　高流高流　外流外流　里头里头/里流里流　边着边着　中间中间

祁门方言的方位词从"AB"式到"ABAB"式，音节组合轻重模式发生了改变。"AB"式的末音节是轻声，而"ABAB"式中的第二个音节和第四个音节都加重且拖长，重叠式以两个音节为一个韵律小单元，中间有短暂的停顿，整个结构带有一定的夸张意味。例如：

前流 [ts^{h}ĩ:ɐ^{55}le^0]　　前流前流 [ts^{h}ĩ:ɐ^{55}le^{55}ts^{h}ĩ:ɐ^{55}le^{55}]

从语义上看，重叠后的形式表示程度加深至极限，相当于"最+AB"或"更+AB"。和前面形容词、动词重叠式一样，一般需要带上后附成分"个$_2$[ka^0]"或"个$_1$[ko^0]"或"个$_2$个$_1$[ka^{0}ko^0]"。例如：

（43）前流那个屋是渠家个$_1$，前流前流个$_2$/个$_2$个$_1$那个屋是我家个$_1$前面那个房子是他家的，更前面的那个房子是我家的。

（44）学堂在那个村里头里头/里流里流个$_2$个$_1$学校在那个村子最里面。

（45）分一本书囥着高流高流个$_2$去把这本书拿到最高处去。

3.4 其他词重叠

祁门方言中，除了形容词、动词和方位词可以重叠，还有量词/数量结构、亲属称谓儿语词也可以重叠。量词/数量结构重叠的用法和普通话大致相同，量词重叠表示"每一"；数量结构重叠形式有"一AA"式和"一A一A"式两种，其中，"一AA"式和量词重叠一样表示"每一"，"一A一A"重叠式表示"逐一"。例如：

(46) 蛮日日就想着嬉，要分心思囥着书高流来_{不要天天就想着玩，要把心思放到书本上来}。

(47) 一个个都跟蛮钱一样_儿个₁望家里搬_{一个个都跟不要钱似的往家里搬}。

(48) 饭要一嘴一嘴个₂吃，事要一样一样个₂做_{饭要一口一口地吃，事情要一件一件地做}。

祁门方言中，名词很少重叠，连普通话中的亲属称谓词"爷爷、奶奶、爸爸、妈妈、叔叔、姑姑、哥哥、姐姐、弟弟、妹妹"在祁门方言口语中或者用"单音节词+n"或者"单音节词+呐"来表示：①

老_儿爷爷　妪_儿奶奶　爸_儿妈　叔_儿　孃_儿姑姑

哥_儿　姐_儿　弟呐　妹呐

而在小孩子的话语系统中，有些亲属称谓词会用叠音形式，例如：

爸爸 [pa^{11}pa$^{11-35}$]　妈妈 [ma^{11}ma$^{11-35}$]　哥哥 [ko^{11}ko$^{11-35}$]

姐姐 [tsiːɐ^{42}tsiːɐ$^{42-35}$]

大人在对小孩说话时，也会跟着小孩子使用这些亲属称谓儿语词。例如：

(49) 尔家爸爸还没来家啊_{你爸爸还没回家呀}？

(50) 尔要跟尔家哥哥学学_{你要和你哥哥学学}。

(51) 我跟尔家妈妈辛辛苦苦打工分尔读书，还不好好个₂读_{我和你妈妈辛辛苦苦打工给你读书，还不好好读}。

---

① 这里说的祁门方言是指城区的"县里话"和北路乡下的"北路话"，"北路话"和"县里话"除了一个韵母不同外，其他都相同。祁门西路话中是有重叠式亲属称谓词的，例如西路箬坑中就有"太太_{爷爷}、大大 [ta^{11}ta^{11}]_{爸爸}、伯伯、叔叔、姑姑、哥哥、姐姐"这样的重叠式亲属称谓词。

第4章 数量

数量是对事物量的抽象,使用数词和量词便是事物量表达的重要手段。现代汉语中,数词通常和量词组合使用,共同表达数量范畴。祁门方言中,大多数情况下,数词同样需要和量词组合才能充当句法成分,祁门方言的数词系统和量词系统与普通话相比都有一定程度的差异。以下我们对祁门方言的数量词进行分类考察,尤其关注数词系统和量词系统中那些异于普通话的成员。

4.1 数词

数词是表示数目或次序的词。数词有不同的分类体系,如可以把数词分为基数词和序数词,也可以分为个位数词和段位数词或者简单数词和复合数词,还可以分为确数词和概数词。祁门方言中,较为特殊的是序数和概数的表达,这是不同分类体系下的两个概念和范畴,下面依次进行讨论。

4.1.1 基数词、序数词以及序数的表达

基数词是表示数目的多少;序数词是表示次序的前后。这个分类体系下,首先值得关注的是"二"和"两"的使用情况。

4.1.1.1 "二"和"两"

连续数数时,"二"和"两"可以混用。例如:一、二/两、三、四、五……除此,"二"和"两"基本呈互补分布。

一般来说,除了"二两"不说"两两"外,与量词组合表示数量而不表示顺序的基本都用"两",不用"二"。例如:

两只猪　　　两斤茶叶　　　两条烟　　　两里路

两米长　　　两重屋 两栋房子　两层纱布　　两担米

*二只猪　　*二斤茶叶　　*二条烟　　*二里路

*二米长　　*二重屋　　　*二层纱布　*二担米

而复合的多位自然数中，"两"不用于末位，这时候用的是"二"。数词连用表示约数时，除了"一二十""二三十"可以用"二"外，其余一律用"两"。例如：

一两（个）　　两三（个）　　一两十（个）　两三十（个）

一两百（个）　两三百（个）　一两千（个）　两三千（个）

一两万（个）　两三万（个）　*一二（个）　　*二三（个）

一二十（个）　二三十（个）　*一二百（个）　*二三百（个）

*一二千（个）*二三千（个）*一二万（个）　*二三万（个）

除此，集合亲属称谓连用只能用"两"，不用"二"，这时候"两"直接置于亲属称谓词前，中间不需要加量词，主要用来表示两者之间的亲属关系。例如：

两夫妻　　　两老表　　　两姨夫 连襟　　两姊妹 姐妹俩

两兄弟　　　两叔伯姆 妯娌俩

"两"和"人"可以组合起来放在表示统称的亲属称谓词后面，用来指称具有这样亲属关系的两个人，"二"没有这样的用法。祁门方言的"两[liã⁴²]人[iæn⁵⁵]"通常合音为"[两人][niãn⁵⁵]"。例如：

夫妻［两人］　　父子［两人］　　娘母［两人］母女或母子俩

姑嫂［两人］　　兄弟［两人］

和普通话一样，当表示时间或事物、关系等的次第顺序时用"二"，不用"两"；而在表示座位、楼层、亲属排行、月份日期时可以直接用"二"，前面不需要加表序的标记。例如：

二排 第二排　　二楼　　二月　　二号　　二级　　二伏　　二哥儿

4.1.1.2　序数的表达

祁门方言中，除了在排序座位、楼层、亲属排行时可以直接用数词表序外，一般情况下，序数往往会和表序助词配合使用。表序助词和普通话差不多，大致有"第、初、老、头"。这几个助词共同的语义特征就是表示顺序或者排序。其中，"第、初"的用法和普通话大致相同，这里不予讨论。"老"的用法与普通话相比有细微的差异，而"头"的用法则较为特殊，下面分别讨论。

祁门方言中，"头"用法非常活跃，有"最先的、最前的"和表示"时间在先的"意思，前一种就是"第一"的意思，大致相当于英语中的"first"。例如：

头胎　　　　头伏　　　　头名儿　　　　头婚
头交 第一次，多用于第一批茶叶，如"头交茶叶"　　　头排
头层　　　　头等

以上例词中"头胎""头伏""头婚""头交"等是基于时间维度的，表序助词"头"表示的就是"最先的"意思；"头排""头层""头等"等是基于空间维度的，这时候"头"表示的就是"最前的"意思。其他像"头名""头号"可以看成空间域的引申和扩展。

表示"时间在先"义的"头"大致相当于英语中的"last"。这种义项的"头"后面常跟着的是时间名词，或者和量词组合成"头+量词"。

"头"在没有具体语境限制时，有时候会产生歧义。既可以理解为"第一"，也可以理解为"次序在前的"，相当于"上一（个）"。例如：

头日 第一天；上一天或昨天　　头年 第一年；去年或上一年　　头回 第一回；上一回

具体例句如下：

（1a）我头日去，第二日就来家着 我第一天去，第二天就回来了。

（1b）我记得尔头日讲要来个，今日何令＝不来着 我记得你上一天说要来的，今天怎么不来了？

（2a）渠一贯来脾气好，今日是头回跟人家打架 他一直以来脾气好，今天是第一次和人打架。

（2b）尔头回讲要问晓借钱，想借几多呢 你上次说要问我借钱，想借多少呢？

表示序数的"头"参与组合的数量结构，当表示顺序递增时，有的可以直接用"二"来表示排序在后的，有时候需要加"第"来表示排序。例如：与"头回 第一次"相对的有"二回 第二次"；与"头交"相对的有"二交 第二轮茶叶"；与"头胎"相对的有"二胎"；与"头婚"相对的有"二婚"。

祁门方言中，与"头"兼表"第一"和"上一（个）"类似的是，有时候"二"也兼表"第二"和"下一（个）"。下面以"头回"和"二回"为例：

（3）我头回也搞不清楚何令⁼开一个门，二回就晓得着 我第一次也搞不清楚怎么开这个门，第二次就知道了。

（4）尔头回来走错着，不讲二回来就不得着 你上一次走错了，不过下次/第二次来就不会了。

（5）二回覅跟一种个人嬉 下次别跟这种人玩。

祁门方言中还有一个表序助词"老"，和普通话相同的是，"老"一般附在系数词"一"到"九"或者"大""小"的前面，表示同一家庭或家族的兄弟姊妹的排行。例如：

（6）我家老大那个人呐，太忠厚着 我家老大那个人啊，太老实了。

（7）一般老二个在家里都无□[xã²¹³]老大跟老小得人爱ᵣ 一般老二在家里都不如老大和老小受宠。

需要注意的是，"老大"中的"大"音[tʰa³³]，但在表示排行时音[tʰo³³]，例如"大[tʰo³³]伯ᵣ、大[tʰo³³]姨ᵣ、大[tʰo³³]哥ᵣ"。

普通话中，"老+系数词"后面一般不直接跟亲属称谓名词，例如，一般不说"老三儿子""老二叔叔""老小女儿"。或者即使勉强能说，"老+系数词"和其后的名词之间更像是领属关系。而祁门方言中，"老+系数词"可以直接跟名词组合，"老+系数词"和后面的名词像是同位关系。例如祁门方言可以说"老二女ᵣ排行第二的女儿""老三儿子排行第三的儿子""老三新妇排行第三的媳妇""老三女婿排行第三的女婿"等。

值得注意的是，在祁门西路箬坑话中，"老"可以和单音节人名组合用来表示昵称，这个单音节人名一般取姓名中间的那个字。如箬坑低岭村叶姓一家，排行第三的女儿叫"叶冬梅"，家里长辈就称呼她为"老冬"；排行第四的女儿叫"叶贵梅"，家里长辈就称呼她为"老贵"；家里最小的儿子叫"叶建强"，家里就称呼他"老建"，但家里的老大和老二没有这样的昵称。这些结构中的"老"显然增添了亲近、喜爱等附加的感情色彩，这也说明"老"有所虚化。

4.1.2 确数词、概数词以及概数的表达

确数词是表示准确数目的数词，如祁门方言中的"一""三股（之）二ₙ三分之二""零点三ₙ"，等等。概数表示对客观事物的大概数目的估测，不同的语言或方言对于概数的表达采用的方式可能不同。祁门方言中，概数大致有三种表现形式：一种是直接用概数词表示，如"几""好几""一些""一大些""一尐ₙ一点儿""一尐尐ₙ一点点""许多"等；一种是通过相邻基数词的连用来表示概数，如"两三（个）""七八（个）""七八九十（个）"等；还有一种方法是后加概数助词来表示概数，概数助词如"拉、多、把、上、几、好几、上下"等。下面将讨论祁门方言中几种较为特殊的数词表达方式。

4.1.2.1 分数的表达

分数有两种意义：一是表示一个数量，如"二分之一（米）"；二是表示两个数之间的关系，如"（优秀率）百分之百"。与普通话一样，祁门方言中的分数也有以上两种意义。祁门方言分数的表达有两种，一种是"分母+股+（之）+分子"。例如：

两股（之）一ₙ二分之一　十股（之）一ₙ十分之一

三股（之）二ₙ三分之二

从以上词例可以看到，"分母+股+（之）+分子"的表达式中，"之"可以省略，准确地说是以省略为常。另外，这个结构中，表示"分子"的数目后一般需要加儿化词尾"–n"。例如：

（8）一个村三股（之）一ₙ个人都姓陈这个村子三分之一的人都姓陈。

（9）尔旺ₙ村里来没来着十股（之）一ₙ呐你们村来了十分之一有没有啊？

祁门方言还有一种分数表达方式和普通话相同，即用百分比来表示，如"百分之五十""百分之七十"等，不过，在表示"百分之百"时经常省略其中的"之"。例如：

（10）我觉得渠一回百分百赢我觉得他这一次百分之百赢。

（11）一个班百分之九十个人都考上大学着这个班百分之九十的人都考上大学了。

4.1.2.2 概数的表达

上文提及，祁门方言中概数的表达主要有三种方式，这里主要讨论

这些表达形式中几个特别的概数词和概数助词。

4.1.2.2.1 概数词

祁门方言的概数词中,"几""好几""一些"和普通话的用法大致相同。"一尐儿 [i$^{35-55}$tsʅn^{55}]"大致相当于普通话的"一点儿","一尐尐儿 [i$^{35-55}$tsʅ^{55}tsʅn^{55}]"与普通话的"一点点"大致对应。例如:

(12) 买一重一大老个屋,一尐儿钱何令⁼照啊买一栋这么大的房子,一点儿钱哪里行啊?

(13) 尔再分晓一尐尐儿就够着你再给我一点点就够了。

(14) 渠比尔要长一尐儿他比你要高一点儿。

"一尐儿"表示很少的不定数量,包括数量、质量、大小等,"一尐尐儿"比"一尐儿"所表示的量更少。这两个概数词可以修饰名词,如例(12);表面上看,也可以用作宾语,不过其实是省略了中心语,如例(13);还可以用作形容词、动词的后续句子成分,如例(14),整个句子含有一定程度的比较,这里的"一尐儿"包含了量的概念。

"一尐儿"后面还可以带"一物儿 [i$^{35-213}$mæ̃n^{33}]","一尐儿一物儿"义为"这么一点儿",类似于情状指示代词,不能修饰名词。例如:

(15) 渠只分晓一尐儿一物儿,同尔[两人]分不着他只给我这么一点儿,咱们两个不够分。

(16) 一个月工资一尐儿一物儿,何令⁼去法儿哝一个月这么一点儿工资,怎么办啊?

(17) 我就只比尔长一尐儿一物儿我就只比你高这么一点儿。

祁门方言中,与"一尐儿""一尐尐儿"意义相对的是"一大些""许多"。这两个词表示的都是"很多、许多"的意思,可以充当定语来修饰名词。普通话中的"很多"和"许多"可以充当定语,当中心语为单音节名词时,后面以不带定语标志"的"为常,例如一般不说"许多的人""很多的人"。祁门方言"一大些""许多"修饰名词时,无论中心语是单音节还是多音节形式,修饰语和中心语之间可以加定语标志"个",也可以不加。"一大些""许多"还可以用作形容词、动词的后续成分,使得整个句子带有一定程度的比较。例如:

(18) 我今日买着一大些/许多(个)书我今天买了很多书。

(19) 店里一下儿来着一大些/许多(个)人,倚都无步着儿倚着店内一下子来了很多人,站都没地方站了。

(20) 渠要比尔长一大些/许多他要比你高很多。

祁门方言中,"许多"还可以重叠。例如:

(21) 一心ⱼ不照,我要许多许多一点儿不行,我要很多很多。

(22) 许多许多(个)乡下人都望城里跑很多很多乡下人都往城里跑。

(23) 现在一个工作那要比老早个好许多许多现在这个工作要比之前的好很多很多。

"许多"还可以和代词"一这""那"组合起来构成"一许多这么多""那许多那么多"。例如:

(24) 我来一许多日,都不看见渠人我来这么多天,都没看见他人。

(25) 尔要那许多,我一下ⱼ担不出来你要那么多,我一下子拿不出来。

(26) 尔比晓大一许多,还要跟晓争心ⱼ一物ⱼ你比我大这么多,还要和我争这点儿东西?

4.1.2.2.2 概数助词

概数助词就是位于数词、量词或数量短语后具有概数意义的助词,是汉语中用来协助数词或数量短语表示对客观事物数目进行大概估测的一种虚词。祁门方言中的概数助词主要有"拉、多、把、上、几、好几、上下ⱼ、来去"等。从各概数助词与数词和量词组合的位置来看,祁门方言中的概数助词可以分为居中型和居尾型。"拉""多""几""好几"等属于居中型,"上下ⱼ""来去"等属于居尾型。祁门方言的"多""上下ⱼ"等词和普通话的用法大致相同,这里主要讨论几个和普通话用法不完全相同的概数助词的句法分布和表义特点,同时也关注不见于普通话中的概数助词的用法。

(一) 概数助词"把"

概数助词"把"可以紧邻数词,"把"所附的数词限于"百""千""万";也可以紧邻量词。所构成的格式通常有以下几种:"数词+把ⱼ",如"百把ⱼ"。"数词+把+数词",这种结构包括两种情况,一种情况是前后数字相同,即"把"加在"百……百""千……千""万……万"中间,如"千把千";另一种情况是后一数字是前一数词的两倍,如"百把两百""千把两千""万把两万"。"数词+把+量词",如"百把斤";"量词+把ⱼ",如"斤把ⱼ";"量词+把+量词",如"个把个";"量词+把+两+量词",如"斤把两斤";"量词+把儿+形容词",如"斤把儿重"等。

以上这些结构,从表义上看有一定程度的区别。"数词+把儿""数词+把+数词"(前后数词相同)"数词+把+量词""量词+把儿""量词+把+量词"等结构中的"把"都表示"左右"的意思,这些结构所概括的数值范围略不足于参考数值或略多于参考数值。而"数词+把+两倍数词""量词+把+两+量词"所概括的数值范围略多于参考数值。不过需要特别说明的是,当"量词+把"或"量词+把+量词"所概括的事物只能以整数来计数,不能用小数或分数来计数时,这个结构所概括的数值范围不能小于"一",实际上表示的数值就是"一"。如"个把人"实际上就是一个人;同理,这种情况下,"量词+把+两+量词"所概括的数值范围其实是"一"或"二",如"个把两个人"实际上就是一个或两个人。

从语用上看,这些结构中,"数词+把儿""数词+把+量词""量词+把儿""量词+把+形容词"主要是言其少;"数词+把+数词""量词+把+量词"主要是言其多。例如:

(27)今日只来着百把儿人今天只来了百来个人。

(28)一心儿一物儿就要百把百啊这么点儿就要一百多块钱?

(29)斤把儿物尔都挈不起一斤来重的东西你都提不动?

(30)我钓着一只大鱼,斤把斤嘞我钓到一条大鱼,一斤左右呢。

(31)我看无几心儿物儿,斤把两斤个样子我看没多少东西,一两斤的样子。

(32)尔分晓搞一只斤把儿重个鱼哇你给我弄一条一斤左右重的鱼吧。

"把"所构成的语义表达类型呈多样化,可以表示物量范围(如"百把百人""斤把儿茶叶")、空间度量范围(例如"里把儿路""尺把两尺长")。除此,"把"所参与构成的数量表达式还可以表示时间度量范围。时间度量范围的参照可以包括时间段,也可以包括时间点。"把"所参与构成的数量表达式表示时间段的如"分把钟一分钟左右""个把个钟头个把小时""昼把昼半天左右""日把日一天左右""日把两日一两天""月把儿一个月左右""年把年一年左右"。表示时间点的比较少,大概只有"点把儿钟一点左右""点把两点钟一两点"。表示时间段的表达式中,

"时间量词+把儿"和"时间量词+把+时间量词"语义上区别甚微,语用上则存在一定程度的差异,"时间量词+把"言其少,"时间量词+把+时间量词"言其多。例如:

（33）我日把两日就到尔那儿去看看<small>我一两天就去你那里看看</small>。

（34）个把儿钟头就讲好着<small>个把小时就谈妥了?</small>

（35）一时候儿再来,我都等尔昼把昼着<small>这时候才来,我都等你半天了</small>。

（36）渠男儿家年把两年都没来家着<small>她丈夫一两年都没回来了</small>。

（37）渠可能要点把儿钟来家<small>他可能要一点左右回来</small>。

（二）概数助词"拉"

祁门方言中,"拉"的用法和普通话中的"来"大致相同,表示概数时是一个黏附的助词,可直接用在段位数词或者度量衡单位量词的后边。作为概数助词,"拉"前面的数词不能是单纯的个位数词,即出现在"拉"前面的数词要么是一个段位数词,如"十拉（个）",要么是复合的"个位数词+段位数词",如"二十拉（个）""一百拉（个）""三千拉（个）"。和普通话的"来"不同的是,祁门方言的"拉"在和段位数词组合时限于"十"。而普通话的"来"则不限于此,例如,普通话可以说"百来（个）""千来（个）""万来（个）"。转引邢福义（2011）用例如下:[①]

（38）这一石破天惊的举动,把个千来号人的莲井村闹了个沸沸扬扬。（《人民日报》1988年10月11日）

（39）消费税调整后,差的那万来块钱是一笔不小的数目。（《人民日报》2006年3月27日）

以上普通话中"来"构成的概数意义,祁门方言都要用"个位数+段位数词"来表达,如例（38）中的"千来号人",祁门方言说"一千拉个人";例（39）中的"万来块钱",祁门方言要说成"一万拉块钱"。除了搭配上不完全相同外,语用上也有差别。普通话中的概数助词"来"一般表示概数,义为"左右",语用上没有往小里说或往大里说的特别用意,但人们的语用心理可能更倾向于"略多"。而祁门

[①] 邢福义:《事实终判:"来"字概数结构形义辨证》,《语言研究》2011年第1期,第1—2页。

方言的"拉"语义上也是"左右"的意思,但语用上通常有往小里说的用意,即略低于说话人的心里预期数值。例如:

(40) 那个村堂不大,两百拉个人个样儿子_{那个村子不大,两百个人左右的样子。}

(41) 那个屋里人太多着,差不多有二十多个_{那个屋子里的人太多了,差不多有二十来个。}

例(40)前一分句的"不大"和第二分句中往小里说的概数助词"拉"语用上相谐;而例(41)因为前一分句已经奠下偏多的语义基础,后一分句一般排斥概数助词"拉"的进入。

祁门方言的概数助词"拉"还可以出现在"半"的后面,不过"半拉"后面一般是表示度量衡的单位。例如"半拉斤""半拉里""半拉亩""半拉米";也有表示时间的词语,例如"半拉日_{半天左右}""半拉年_{半年左右}"。这也是和普通话的概数助词"来"同中有异的地方。普通话的"来"也可以和"半"组合,搭配的也是表示度量衡的单位,但普通话的"来"和"半"的组合顺序通常是"半+度量衡单位+来",例如"半米来(高)""半尺来(宽)""半斤来(重)"。祁门方言的"拉"和普通话的"来"入句条件也不相同。普通话的"半+度量衡单位+来"一般不能单说,后面一般要跟"高""宽""重"等有度量程度差异的强态义形容词或者名词,即要搭配跟度量衡单位所关联的度量有关的形容词或者"X来"所修饰的名词。而祁门方言的"拉"可以单说,也可以后跟"高""阔_宽""重"等和度量衡单位所关联的度量有关的形容词或者所修饰的名词。例如:

(42) 从一儿到学堂里要半拉里(远)哇_{从这里到学校要半里来远吧。}

(43) 一餐吃个半拉斤个样儿子_{每顿喝个半斤左右的样子。}

(44) 我家只半拉亩地,每年粮食都不够吃_{我家只有半亩来地,每年粮食都不够吃。}

除了出现在数词之后,"拉"和普通话的概数助词"来"一样也可以出现在部分数量词之后。这个数量词中的量词一般指度量衡单位量词如"里、尺、丈、米、亩、斤"等。例如:

(45) 我每日跑个五里拉路_{我每天跑个五里来路。}

(46) 尔分晓裁一块两尺拉长个布下来_{你给我裁一块两尺来长的布下来。}

(47) 我家一起ㄦ有三亩拉地，粮食差不多ㄦ够吃着我家一共有三亩来地，粮食差不多够吃了。

祁门方言的"拉"还可以出现在表示时间度量范围的数量词中间。例如："十拉日十来天""二十拉分钟二十来分钟""半拉个钟头半个小时左右""两个拉月两个来月"。具体例句如：

(48) 一出去就是十拉日，家里个事问都不问一下一出去就是十来天，家里的事问都不问一下。

(49) 还有一个拉月就开学着还有一个来月就开学了。

(50) 铰个头发排队都要半拉个钟头剪个头发排队都要半个小时左右。

(三) 概数助词"几""好几"

普通话中，数词"几"可以表示不定数目，"所指的数限于二至九，但可以用在'十、百、千、万、亿'等之前和'十'之后。"[①] 祁门方言中的"几"也有这个用法。除此，祁门方言中的"几"还可以和"好"组合成"好几"。前文曾提及，"几"和"好几"在祁门方言中有概数词的用法，如"几（人）""好几（个）"等。除此，"几"和"好几"还可以充当概数助词。例如"十几（个）""一百二十几（个）""三十好几（岁）""一百五十好几（个）"等。从语义上来看，"几"相当于普通话中的"多"，而祁门方言中，"多"本身也是一个概数助词，但祁门方言中的"多"和普通话中的"多"用法不完全一样。如，普通话可以说"十多（个）"，祁门方言不能这么表达，同样的意思一般用"几"来表达，即可以说"十几（个）"。从语义取值来说，祁门方言的概数助词"多"和"几"的语义取值是它前面位数词的10%—50%，例如，说"二十多/几"，意思就是"21~25"，"一百一十多/几"一般指的就是"111~115"。如果是超出了前面位数词的10%—50%，一般会用"好几……"，例如，对"16~19"这个范围的数值进行概括一般会说"十几好几"或"十好几"；如果对"26~29"这个范围的数值进行概括的话，一般会说"二十好几"；如果对"126—129"这个范围的数值进行概括的话，一般会说"一百二十好几"。"好几"可以放在"十几""二十""三十""四十"……"九

---

① 吕叔湘主编：《现代汉语八百词》（增订本），商务印书馆1999年版，第290页。

十"等数词后面,以次类推,"好几十"可以放在"一百""两百""三百"……"九百"等数词后面;"好几百"可以放在"一千""两千""三千"……"九千"等数词后面,"好几"主要强调数量大。例如:

(51) 今年班里考取十几好几/十好几个重点ᵣ 今年班里考取了十几个重点。

(52) 一袋米一百二十好几斤,渠何令⁼背得起唉 一袋米一百二十多斤,他怎么背得动啊?

(53) 一个败家子,随便ᵣ买双鞋都要一千好几百 这个败家子,随便买双鞋都要一千好几百。

例(52)中的"一百二十好几"也可以换成"一百二十多/几",但换成"多/几"后,表义上就会发生取值范围的变化(即由"126~129"变为"121~125")。

(四) 概数助词"上"

前文曾提及,祁门方言中存在以相邻两个数来表示约数的表达式,例如"两三(个)""七八(个)""十八九(个)""一二十(个)""七八万",等等。除此,还可以在相邻三个数字之间再加"上",这个"上"通常加在第二个数词之后,表示接近第三个数值,构成"数词₁数词₂+上+数词₃"这样的一种以数字递增模式来表示约数的结构组织模式。这个结构中的"数词₃"是位数词,主要有"十、百、千、万、亿"。例如"八九上十个""七八上十个""九十上百""八九百上千""八九千上万"。"上"参与构成的数量结构比单纯用两个相邻数词表示约数的结构所概括的范围更广,表数值的模糊性更大,也多了强调数量多的语用义。例如:

(54) 渠旺ᵣ班今年七八上十个考取重点ᵣ 他们班今年有七八上十个考取重点的。

(55) 现在到县里买套百把ᵣ平米个屋都要八九十上百万欵 现在到县城里买套百把平方米的房子都要八九十上百万呢。

(56) 渠快活哦,退休金一个月都有八九千上万块 他日子好过啊,退休金一个月都有八九千上万块。

从韵律上来说,"数词₁数词₂+上+数词₃"这样的表示概数的结构式中,"上"是和其后的"数词$_3$"构成一个音步的,"数词$_1$"和"数词$_2$"构成一个音步。

以上所提到的"把""拉""几/好几""上"都是居中型的概数助词,祁门方言还有居尾型的概数助词,如"上下$_儿$""来去"。这些概数助词均表示略微不足或略微超出参考数值。例如:

(57) 我看尔应该是五十岁上下$_儿$/来去 我看你应该是五十岁左右。

(58) 我只能分尔一斤三十块上下$_儿$/来去 我只能给你一斤三十块左右。

(59) 从我家到乡里十五里上下$_儿$/来去 从我家到乡政府所在地十五里左右。

"上下$_儿$"和"来去"在分布、意义上都没什么不同,只在使用群体的倾向性上存在一定程度的不同,老派倾向于使用"来去",新派倾向于使用"上下$_儿$"甚至是"左右"。

4.2 量词

量词是表示事物或动作的计量单位。祁门方言中的量词不如普通话数量多,语法功能上也存在一定程度的不同。下面主要讨论其中一些颇有方言特色的量词以及具有形容词性质的"形量"结构。

4.2.1 量词类别

我们参考黄伯荣、廖序东《现代汉语》量词分类体系,将祁门方言的量词也分为名量词和动量词两大类。这里不区分是专用量词还是借用量词,也不讨论度量衡量词。其中名量词又可以细分为个体量词和集体量词。

祁门方言的个体量词大致有:

个　只　把　张　支　块　条　间　件　样　层　节　片　棵
笔　面　封　匹　门　粒　丘　枚　顶　床　幅　筒　贴　句　滴
根　场　盏　口　首　滴　句　撮　朵一~(花)/(苞芦玉米)/云
嘴口(饭、粥、茶、水、酒)　　重栋　　牙间(房)、片(西瓜)
□[nã^{35}]畦(地)　　溏泡(尿、屎)　　□[pa^{11}]坨(屎)
沰坨(黏糊状物体,如掺了水的面粉、糊在一起的面条或年糕等)　　皮片(叶$_儿$)

集体量词大致有：

双　股　阵　副　堆　排　对　刀　串　担　帮　套　身　丛
析⁼抱（柴）　谢⁼阵（风、雨）　　排拉整排　　　子⁼绺（头发、线）

个体量词中使用频率最高的量词有"个""只""把"。其中"只"和"把"在祁门方言中的使用范围比普通话要广得多。

"只"几乎可以和所有指称动物类的名词搭配，例如：一只猪呐、一只狗呐、一只鸡呐、一只鸭呐、一只鹅呐、一只马呐、一只老虎、一只猫ᵣ、一只老鼠、一只鱼、一只虾、一只蚊虫、一只□□ᵣ〔kʰa⁵⁵ tçyn³⁵〕蚯蚓等；也可以和指称人或动物身体部位的名词搭配，例如：一只手、一只脚、一只眼睛、一只耳朵ᵣ、一只鼻孔、一只指头ᵣ、一只脚膝头膝盖、一只翅扇ᵣ翅膀、一只角、一只尾巴等；还可以和指称家庭用具的名词搭配，例如：一只冰箱ᵣ、一只箱、一只篮ᵣ、一只箩、一只袋（ᵣ）、一只桶、一只水缸、一只瓮ᵣ坛子、一只尿桶等。

"把"可以和下列几类名词搭配。和带柄的物品名词搭配，如：一把刀、一把剑、一把斧头、一把耙ᵣ、一把枪、一把伞、一把扫条扫帚、一把芒花帚芒花编织成的扫帚、一把扇、一把梳头ᵣ梳子、一把锄头、一把抓ᵣ小锄头等；和长条状物品名词搭配，如：一把椅、一把长凳、一把秤、一把锯、一把尺、一把锉ᵣ、一把剪刀、一把箭、一把弓等；和各种车类名词搭配，如：一把脚拉车ᵣ自行车、一把摩托车ᵣ、一把电瓶车、一把拖拉机、一把三轮车、一把汽车、一把电车、一把货车、一把板车等；和其他类物品名词搭配，如：一把锁、一把锁匙、一把手铐等。

集体量词中比较特殊的是"排拉"，可以和"排拉"搭配的名词都是具体、可数、有形的名词，例如：一排拉树、一排拉屋、一排拉人、一排拉碗、一排拉桌、一排拉车等。这些词也都可以和"排"搭配，但"排拉"比"排"多了"包含的成员多而且整齐有序"的义素，带有一定的夸张意味。具体例句如下：

（60）乖乖，渠家门口ᵣ停着一排拉好车唉天啦，他家门口停着一整排的豪车啊。

（61）一个村一几年ᵣ搞发着，一排拉新屋ᵣ竖着那ᵣ这个村子这几年兴旺起来了，一整排的新房竖着。

（62）一排拉学生儿倚着那儿等着老师儿来发书─整排学生站在那儿等着老师来发书。

以上这些例句中的"一排拉"可以换成"一大排"来表达。

祁门方言的动量词中部分是用来表示动作次数的，例如：回、下、遍、场、交、餐顿等。这些量词中比较特殊的有"交"和"餐顿"。

作为量词，"交"字面解释是"遍"，但比"遍"多了"凸显施事发出的动作遍及各处"这样的附加语义。经常与"交"搭配的动词有"寻、问、跑、借"等。例如：

（63）我学堂里寻一交，都没寻着─我在学校里找了个遍，都没找到。

（64）我问一交都没问着明日何旺儿下县─我问了个遍都没问到明天有谁去县城。

（65）渠到村里借一交，总算凑着一万块钱着─他在村子里借了个遍，总算凑够一万块钱了。

祁门方言中，"餐"既是名量词，表示饮食的顿数，如"一餐饭""一餐酒"；也是指言说、责打的动量词，相当于"顿"，用于斥责、哭骂、劝说等动作，经常搭配的动词有：骂、哭、讲、批。例如：

（66）渠讲一餐，我还是搞不清楚渠什物意思儿─他说了好一会儿，我还是不明白他什么意思。

（67）尔一句都不听人家讲，一来就分渠骂一餐─你一句都不听别人说，一来就给他骂一顿。

（68）一小鬼儿在那儿哭一餐着，还无人来驮渠─这小孩在那里哭了好一顿，还没人来抱他。

当"餐"充当动量词时，前面还可以加形容词"长"或者"大"，构成"V+一+长/大+餐"，强调动作发生的时间长、强度大。例如：

（69）我跟尔讲一长/大餐，尔还在床板壁─我跟你说了好大一会儿，你还什么都不知道。

（70）渠哭一长/大餐，渠男儿家觑都不觑渠一下─她哭了好大一会儿，她男人看都不看她一眼。

（71）尔骂一长/大餐，一心儿用都无─你骂了一好大一会儿，一点用也没有。

"餐"的动量词用法应该是从名量词用法发展而来的，这是其使用域由具体到抽象的一种扩展。

祁门方言的动量词中也有表示动作时量的，例如"年""日""钟头""分钟"等，这些词的用法和普通话中的"年""天""小时""分钟"的用法基本相同，因此不予讨论。

4.2.2 "形量"结构

祁门方言中的量词和普通话中的量词语法功能大致相同，例如，和数词组合成的数量短语可以充当定语、状语、补语和宾语；单音量词大多可以重叠等。除此，祁门方言中还存在与量词相关的"形+量"结构，这种结构使用频率颇高，有的已经凝固成词，有的还保留量词的语义特征和基本的语法功能。祁门方言的"形+量"结构包含两种性质各不相同的语言成分：一种是在数词之后的"形+量"结构，如"（一）整个""（一）大块""（一）大粒"等；另一种是不出现在数词之后的"形+量"结构，如"大只形体大、健硕""小只娇小""细条苗条""大样儿大气、拿得出手"等。两种"形+量"结构中的"量"指的是名量词或者名量词性语素。

4.2.2.1 数词之后的"形+量"结构

可出现在数词之后的"形+量"结构实际上是一种名词性的偏正短语，意义的重心在"量"上，前面的"形"主要修饰后面的"量"，这种"形+量"结构一定要和数词组合，数词一般是十位数以下，最经常搭配的数词是"一"。例如：

(72) 一下没知环⁼，狗呐就驮着一大块肉去 一个没注意，狗就叼走了一大块肉。

(73) 一大碗就只要十块钱，几便宜唉 一大碗就只要十块钱，多便宜啊。

(74) 尔抓一大把去哇，我家里还有许多 你抓一大把去吧，我家里还有很多。

(75) 衣裳一大箱，尔夔分晓买着 衣服一大箱，你不要给我买了。

(76) 尔何令⁼一整个吞进去着，嚼都不嚼一下 你怎么一整个吞进去了，嚼都不嚼一下？

从以上例句可以看到，整个"形+量"结构基本上保留单个量词的语法功能，只是语义上比单个量词多了对"数量、力量、强度、体积、面积"等方面的大小或强弱的形容。"形+量"结构和数词组合，所构成的"数+形+量"结构可以充当定语，直接修饰名词，例（72）

中的"一大块"修饰"肉"。也可以单独充当句法成分，如例（73）中的"一大碗"单独作主语；例（74）中的"一大把"充当"抓"的宾语；例（75）中的"一大箱"充当谓语；例（76）中的"一整个"充当状语。

数词之后的"形量"结构内部比较松散，"形"和"量"组合前后词义上没什么变化。

4.2.2.2 不出现在数词之后的"形+量"结构

和数词之后的"形+量"结构表义重心在"量"上不同的是，不出现在数词之后的"形+量"结构表义重心在前面的"形"上，后面的"量"是对前面"形"的补充，这种结构中的"量"已丧失称量的作用，整个"形+量"组合凝固化，语义特征和语法功能接近性质形容词，少数更是引申出专门的意义。这样的组合有：

大只　小只　大个　小个　大根　小根　大粒　小粒　大张　小张
大样儿　细条

这类"形+量"结构的语法功能接近性质形容词，前面可以受程度副词修饰，后面可以加表示微量程度的概数词"尐儿"或者高程度副词"很"。例如：

（77）一几只鸡公真大只，一只恐怕有四五斤重这几只公鸡个头真大，一只可能有四五斤重。

（78）渠比渠家姐儿要小只尐儿她比她姐姐要小巧一些。

（79）就送几斤好茶叶，大样得很，不用得送别个着就送几斤好茶叶，大气的很，不用送别的了。

这类"形+量"结构加上定语标记"个"可以修饰名词。例如：

（80）尔去分那大根个柴驮过来你去把那根大的柴火扛过来。

（81）小粒个梦＝蕨儿味道更好一些颗粒小的蕨味道更好一些。

（82）大张个饼是分尔家爸儿吃个，尔吃小张个大饼是给你爸爸吃的，你吃小的。

这类"形+量"结构还可以充当补语。例如：

（83）尔嫑看渠长着大只，实际还只十五岁物你别看他长得健硕高大，实际上还只有十五岁。

少数"形量"结构还可以重叠为 AABB 式。例如：

（84）女醒儿细细条条个₂个₁几好唉_{女孩子瘦瘦的多好啊}。

（85）渠家女儿小小只只个₂个₁身材，性格温温柔柔个₂个₁_{他女儿身材小巧，性格温柔}。

以上诸如"大样儿_{大气、拿得出手}""小只_{娇小}""细条_{苗条}"这样的"形量"结构已经有了专门的意义，凭组合成分的词汇义或者是组合的语法义是无法类推出来的，这类"形量"结构已经发生了词汇化，最后凝固成了合成词。与其他"形量"组合大多有语义相对的形式不同的是，"大样儿"和"细条"，没有与之相对的"小样儿"和"粗条"，这也进一步说明"大样儿"和"细条"已经是成熟的合成词了。

综上，祁门方言中的量词不如普通话数量多，部分量词搭配习惯不同于普通话，部分量词搭配范围非常广，使用频率很高。除此，祁门方言中还存在不同性质的"形＋量"结构，少数"形＋量"结构已经发展为性质形容词。

第 5 章　指代

指代，是用抽象概念指示或标识人或事物。这里说的抽象概念表现在语言上就是指代词。吕叔湘提出："指代词包括指别词（作用类似形容词）和称代词（作用类似名词）两类。因为有很多词兼属于这两类，也可以把这两类合成一类。"① 本书所讨论的指代词主要指的是代词，祁门方言的代词系统由人称代词、指示代词和疑问代词三个类别构成。下面将对祁门方言的这三类代词分别进行讨论。

5.1　人称代词

祁门方言的人称代词系统见表 5–1：

表 5–1　　　　　　　祁门方言人称代词系统

第一人称	单数	我_{非宾格}[a⁴²]　　[是我]_{宾格}[ʂa⁴²]		
	复数	排除式	我旺儿[a⁴² ũən³³]	我大家[a⁴² tʰa³³ ka¹¹] 我［大家］[a⁴² tʰa³¹]
		包括式	同尔[tʰəŋ⁵⁵ n¹¹]	同尔旺儿 [tʰəŋ⁵⁵ n¹¹ ũən³³]	同尔大家[tʰəŋ⁵⁵ n¹¹ tʰa³³ ka¹¹] 同尔［大家］[tʰəŋ⁵⁵ n¹¹ tʰa³¹]
第二人称	单数	尔[n¹¹]　　是尔[ɕi⁴² n¹¹]		
	复数	尔旺儿[n¹¹ ũən³³]	尔大家[n¹¹ tʰa³³ ka¹¹] 尔［大家］[n¹¹ tʰa³¹]	

---

① 吕叔湘主编：《现代汉语八百词》（增订本），商务印书馆 1999 年版，第 15 页。

续表

第三人称	单数	渠 [tɕi⁵⁵]	
	复数	渠旺ᵉ [tɕi⁵⁵ uən³³]	渠大家 [tɕi⁵⁵ tʰa³³ ka¹¹] 渠［大家］[tɕi⁵⁵ tʰa³¹]
反身代词		自家 [sʅ³³ ka¹¹]	
旁指代词		人家 [iæn⁵⁵ ka¹¹]　别ᵉ家 [pʰiən³³ ka¹¹]　别ᵉ旺ᵉ [pʰiən³³ ũən³³]	
统称代词		大家 [tʰa³³ ka¹¹]　　［大家］[tʰa³¹]	
遍称代词		各人 [kʰo³⁵ iæn⁵⁵]	

祁门方言的三身代词系统有如下特点：

第一，三身代词单数的基本形式是"我 [a⁴²]""尔 [n¹¹]""渠 [tɕi⁵⁵]"，第一人称代词"我"和第二人称代词"尔"都是古次浊上声字，按祁门方言的古今对应规律，都应该读上声"42"调，但"尔"却读入阴平调，祁门方言语音系统中没有次浊上声读阴平的其他用例，我们认为，这是从声调上加强话语的参与者角色和立场的区别度。

第二，单数第一、二人称代词均有加前缀和不加前缀"是"的两种形式，单数第三人称代词没有加前缀的形式。单数第一人称代词所添加的前缀"是 [ɕi⁴²]"没有独立存在的音节形式，而是与后面的零声母音节"我 [a⁴²]"合音为"［是我］[ʂa⁴²]"，这个合音形式本书通常用"晓"来代替。"晓 [ʂa⁴²]"一般出现在宾语位置，类似于格范畴中的宾格；"我 [a⁴²]"一般出现在主语、定语位置，类似于格范畴中的主格和领格。单数第二人称"是尔 [ɕi⁴² n¹¹]"与"尔 [n¹¹]"的区别主要体现在语用层面上，"是尔 [ɕi⁴² n¹¹]"一般带有戏谑、逗笑的意味，听话者多为孩子。不过，"是尔 [ɕi⁴² n¹¹]"只出现在主语位置上，不出现在其他位置上。另外，单数第二人称代词中的前缀"是"没有和"尔"合为一个音节。例如：

（1）我搭渠明日分晓买个吹风机来家_{我托他明天给我买个吹风机回来。}

（2）尔何令⁼都不吆晓一堆ᵉ去唉_{你怎么都不喊我一起去呢？}

（3）因ᵉ哪因ᵉ，是尔/尔今日覅去家着哇_{宝贝啊宝贝，你今天不要回家好不好？}

（4）因ᵉ哪，尔家姐姐讲带尔出去嬉欸_{宝贝啊，你姐姐说要带你出去玩呢。}

以上例句中，例（1）主语位置上用了"我"，宾语位置上用了合音形式"晓"，例（2）的宾语位置上用的也是"晓"。不过，这种格范畴的区别大多出现在老派口音中，新派无论是主语位置还是宾语位置都可以用"我"。例（3）主语位置上可以交替使用"是尔"和"尔"，加词缀"是"会增加对孩子的逗趣、宠溺的意味。例（2）因为话语对象不是孩子，所以主语位置上不用"是尔"，例（4）话语对象虽说是孩子，但第二个分句中的"尔"一个出现在定语位置上一个出现在宾语位置上，所以都不能加前缀"是"。

第三，第一、二、三人称代词复数形式是在单数形式后加人称代词复数标记"旺ⁿ儿 [ũən³³]"或者"大家 [tʰa³³ka¹¹]"。其中，"大家"通常会合音为"[大家] [tʰa³¹]"。大多数情况下，"旺ⁿ儿 [ũən³³]"和"大家 [tʰa³³ka¹¹]"的功能和分布以及使用频率上均没有分别，它们可以出现在相同的语言环境中表达相同的语义。不过，这两个复数标记在复数语义蕴含、功能扩展以及能否单说、单用方面存在细微的差异。具体分析参见"2.2.2.2 复数标记"旺ⁿ儿"和"大家"的功能差异"。例如：

（5）尔旺ⁿ儿/大家不想去就算着，我旺ⁿ儿/大家自家去_{你们不想去就算了，我们自己去}。

（6）分渠旺ⁿ儿/大家个物先担去家再来当尔旺ⁿ儿/大家个_{给他们的东西先拿回去再来拿你们的}。

（7）下回记得带我旺ⁿ儿/大家去县里嬉嬉_{下次记得带我们去县里玩玩}。

从以上例句可见，祁门方言中，三身人称代词复数形式没有单数第一人称代词那样存在宾格和非宾格的对立。例（5）第二个分句主语位置和例（7）宾语位置上出现的第一人称复数形式都是"我旺ⁿ儿/大家"。

第四，第一人称代词复数形式可以区分为包括式和排除式。包括式有"同尔_{咱们} [tʰəŋ⁵⁵n¹¹]""同尔旺ⁿ儿_{咱们} [tʰəŋ⁵⁵n¹¹ũən³³]""同尔大家_{咱们} [tʰəŋ⁵⁵n¹¹tʰa³³ka¹¹]"，"同尔"和"同尔旺ⁿ儿"可以自由替换；"同尔大家"和前两者的不同主要表现在，"同尔大家"所包括的对象至少有三人，而"同尔"和"同尔旺ⁿ儿"所包括的对象可以是两人；当包括对象是三个或三个以上时，三种包括式可以自由替换。排除式有"我旺ⁿ儿 [a⁴²ũən³³] _{我们}"和"我大家 [a⁴²tʰa³³ka¹¹] _{我们}"，这两种形式的

区别主要体现在复数语义蕴含上,"我旺儿"所包括的对象是两个或两个以上,"我大家"所包括的对象是三个或三个以上。例如:

(8) 同尔/同尔旺儿[两人]暗时儿随便搞心儿什物吃都照_{咱俩晚上随便搞点什么东西吃都可以}。

(9) 同尔/同尔旺儿/同大家班里个人都要用心读书_{咱们班上的人都要用心读书}。

(10) 我旺儿[两人]自家都有工资,不想去跟儿子女儿_{我们俩自己都有工资,不想去跟儿子女儿}。

(11) 尔大家先走,我大家过下儿再去_{你们先走,我们过会儿再去}。

第五,和很多南方方言一样,祁门方言人称代词系统中不存在第二人称代词的敬称形式。

第六,旁指代词"人家[iæn⁵⁵ka¹¹]"有时候可以虚指说话人自己,这时候"人家"后还可以加上"我";旁指代词"人家"有时候可以和反身代词"自家[sʅ³³ka¹¹]"连用。例如:

(12) 人家我不想去,尔还非拉着人家去_{人家(我)不想去,你还非拉着人家(我)去}。

(13) 我懒得跟尔嚼死蛆,明之之是渠先打人家个_{我懒得跟你废话,明明是他先打人家(我)的}。

(14) 人家自家都没吱声,尔就等不及着_{人家自己都没做声,你就等不及了}?

5.2 指示代词

祁门方言的指示代词是二分的,近指用"一[i³⁵]/[i²¹³]/[i¹¹]",远指用"那[nõ³⁵]/[nõ²¹³]/[nõ¹¹]"。按照祁门方言古今语音对应规律,"一"是古清入字,在祁门方言中应该读入声35调;"那"是古次浊去声字,应该读入系统中的阳去33调。而作为指示代词,"一"和"那"都有三种不同调值的读音,而"一"和"那"这三种调值出现的场合完全对称,应该是语音上互相感染的结果。"一"和"那"三种读音分布的条件与单纯的连读音变没有关系,但与搭配的词语有关,目前暂不知这种关系的性质。祁门方言的指示代词系统见

表 5–2：

表 5–2　　　　　　　　　祁门方言指示代词系统

指代类型	近指	远指
基本指示语素	一 [i^{35}] / [i^{213}] / [i^{11}]	那 [nõ^{35}] / [nõ^{213}] / [nõ^{11}]
事物	一 [i^{213}] 一 [i^{35}] +个体量词/名词	那 [nõ^{213}] 那 [nõ^{35}] +个体量词/名词
人物	一 [i^{213}]　　一人 [i^{35} iæn^{55}] 一个人 [i^{35} ko$^{213-33}$ iæn^{55}]	那 [nõ^{213}]　　那人 [nõ^{35} iæn^{55}] 那个人 [nõ^{35} ko$^{213-33}$ iæn^{55}]
处所	一登= [i^{213} tæn^{11}] / [i^{11} tæn^{11}] 一儿 [in^{213}] / [in^{11}]	那登 [nõ^{213} tæn^{11}] / [nõ^{11} tæn^{11}] 那儿 [nõn^{213}] / [nõn^{11}]
时间	一隔儿 [i^{35} kan^{35}] 一时候儿 [i^{213} ɕi^{55} ɕien^{33}]	那隔儿 [nõ^{35} kan^{35}] 那时候儿 [nõ^{213} ɕi^{55} ɕien^{33}]
性状方式	一样儿 [i^{35} iõn^{33}] / [i^{213} iõn^{33}]（做） 一个样儿 [i^{35} ko^0 iõn^{33}]（做）	那样儿 [nõ^{35} iõn^{33}] / [nõ^{213} iõn^{33}]（做） 那个样儿 [nõ^{35} ko^0 iõn^{33}]（做）
数量	一尐儿 [i^{35} tsʅn^{55}] 一些 [i^{35} si:ɐ^{11}]	那尐儿 [nõ^{35} tsʅn^{55}] 那些 [nõ^{35} si:ɐ^{11}]
程度	一 [i^{213}]（长）	那 [nõ^{213}]（长）

5.2.1　指示事物、人物的形式

指代事物、人物时，基本指示词"一"和"那"在充当主语时可以像普通话中的"这"和"那"那样直接充当论元，后面不需要加量词或名词，这时候单个代词取的是阴去 213 调。除了主语位置，其他位置上的指示词"一"和"那"后面一般都需要跟量词或名词方可充当论元，这时候的"一"和"那"读的是入声 35 调。例如：

（15）一是尔个, 那是我个这是你的, 那是我的。

（16）一是渠家爸儿, 那是渠家妈这是他爸爸, 那是他妈妈。

（17）我喜欢一瓶, 不喜欢那瓶我喜欢这瓶, 不喜欢那瓶。

（18）一件个颜色儿我不大喜欢这件的颜色我不大喜欢。

（19）那人个物尔大家想都覅想那人的东西你们想都别想。

（20）尔分一衣裳园进去，分那衣裳担出来你把这衣服放进去，把那衣服拿出来。

指代事物、人物的基本指示词"一"和"那"除了可以直接修饰名词，还可以直接修饰"量+名"结构或"数+量+名"结构。例如：

（21）一样事尔要好好儿个做，覅胡差事这件事你要好好做，不要应付了事。

（22）尔分那支笔接分晓一下你把那支笔递给我一下。

（23）尔先分一三本书付失钱再讲你先把这三本书的钱付了再说。

例（21）中的"一"、例（22）中的"那"后面跟着的是"量+名"结构，例（23）中的"一"后面跟着的是"数+量+名"结构。除此，"量+名"结构或"数+量+名"结构中的"量"和"名"中间偶尔可以插入定语标记"个"。例如：

（24）我去分一两本个书个钱付失渠我去给这三本书的钱付掉。

（25）同尔来分一三年个账算一下咱们来给这三年的账目算一下。

5.2.2 指示处所的形式

祁门方言中，指示处所最主要的形式有两套：一套是基本指示词后加"登⁼[tæn¹¹]"，这个"登"是同音替代，"处"义，本字不明，"登⁼"也可以被"□□儿[pu⁵⁵ tʂon³⁵]"或"落处[lo³³ tɕʰy³⁵]"或"地方儿[tʰi³³ fũən¹¹]"替换。不过，"登⁼"不能单用，必须跟在指示代词"一/那"或疑问代词"何""何里哪里"后面，所以，我们把"一登⁼""那登⁼"视为合成词，而"□□儿[pu⁵⁵ tʂon³⁵]""落处""地方儿"都可以单用，基本指示词和这些词组合后的结构是短语，虽然可以替换"一登⁼"或者"那登⁼"，但不如"一登⁼"或者"那登⁼"常用。"一登⁼/那登⁼"和普通话中的"这里/那里"用法和意义相同。例如：

（26）一登⁼没什物嬉头儿，到处儿都是人这里没什么好玩的，到处都是人。

（27）尔在那登⁼何令⁼不吱声唉，到一登⁼再讲迟着你在那里怎么不做声，到这里再说晚了。

（28）那登⁼个物事ᵣ不好吃那里的东西不好吃。

以上三个例句，指代处所的成分在句子中分别充当的是主语、宾语和定语，作定语时，需要加定语标记"个"。

祁门方言还有一套指示处所的形式"一ᵣ/那ᵣ"，"一ᵣ/那ᵣ"是由基本指示词"一/那"加儿化标志"儿［–n］"尾构成。"一ᵣ/那ᵣ"和普通话中的"这儿/那儿"用法和意义相同，和"一登⁼/那登⁼"一样可以充当主语、宾语和定语。例如：

（29）那ᵣ无几家人家着，都搬出去着那儿没几户人家了，都搬出去了。

（30）尔吆晓来一ᵣ，又不讲做物事你叫我来这儿，又不说什么事。

（31）我觉得一ᵣ个人个性格都好得很，不跟晓那ᵣ个人一样ᵣ个ᵣ我觉得这儿的人性格都很好，不像我那儿的人一样。

祁门方言中，"一登⁼/那登⁼"和"一ᵣ/那ᵣ"意义和用法基本相同，可以相互替换。

5.2.3 指示时间的形式

祁门方言中，指示时间的形式有两套：一套由基本指示词"一/那"和"隔ᵣ［kan³⁵］"组合构成，"隔"是否为本字暂不可考。这里的"隔ᵣ"不能单用，只能作为构词语素存在。能和"隔ᵣ"组合成词的除了"一/那"还有疑问代词"何"。"一隔ᵣ/那隔ᵣ"大致相当于"这会儿/那会儿"，"何隔ᵣ"相当于"什么时候"。"那隔ᵣ"中间还可以插入"一"，义为"那一会儿"，"一隔ᵣ"中间则不能插入"一"。"一隔ᵣ/那（一）隔ᵣ"可以指代某一时间点，也可以指代某一时间段。例如：

（32）一隔ᵣ都八点钟着，还不走这会儿都八点钟了，还不走？

（33）一隔ᵣ个人不如似那隔ᵣ个人吃得苦现在的人不如过去的人能吃苦。

（34）尔到那（一）隔ᵣ都没讲要来，我何令⁼晓得唉你到那个时候都没说要来，我怎么知道啊？

（35）我等尔等着十二点钟那（一）隔ᵣ嘞我等你等到十二点钟那会儿呢。

"一隔ᵣ"除了指示近段时间或近来某个时间点，还发展出了专门的意义，相当于普通话中的"现在"；"那隔ᵣ"除了指示过去某个时间，也发展出了"过去"义。如例（33）。这时候，"一隔ᵣ/那隔ᵣ"指示时间的意味有所削弱。"过去"义的"那隔ᵣ"通常用于讲述或追忆过往事件,且通常出现在对举比较中。相比较而言,"过去"义的"那隔儿"不如"现在"义的"一隔儿"常用,"现在"义的"一隔儿"并不一定需要和"那隔儿"对举出现。祁门方言表示"过去"义常用的是"老早"。

祁门方言中指示时间的形式还有一套,是由基本指示词"一/那"和"时候"组合构成,"一/那时候儿"和普通话的"这/那时候"意义和用法相同。除了内部凝固性不如"一/那隔儿","一/那时候儿"和"一/那隔儿"用法和意义也基本相同。"一/那"和"时候儿"中间也可以插入量词"个"。例如:

(36) 一(个)时候儿过去肯定来不及着这时候过去肯定来不及了。

(37) 尔那(个)时候儿讲个话还算不算话你那时候说的话还算不算数?

(38) 那(个)时候儿不读书,一(个)时候儿再来后悔迟着那时候不读书,这个时候再来后悔晚了。

"一时候儿" [i²¹³ ɕi⁵⁵ ɕien³³] "那时候儿" [nõ²¹³ ɕi⁵⁵ ɕien³³] 快读时常合音为"一 [时候儿] [i²¹³ ɕien⁵³]""那 [时候儿] [nõ²¹³ ɕien⁵³]"。

5.2.4 指示性状方式的形式

祁门方言中,指示性状方式的形式是由基本指示语素"一/那"加"样儿 [iõn³³]"构成,"一/那"和"样儿"中间还可以加量词"个",不过,不加"个"的形式更为常用。有时候,"一/那样儿"前面还可以加"学","学一/那样儿"义为"像这/那样"。"一/那样儿"相当于普通话的"这/那样""这/那么",主要指代行事的方式。例如:

(39) 一样儿挖蛋挖着什物时候儿这样挖不知道挖到什么时候。

(40) 一个事要学一样儿做,不能那样儿做这件事要这样做,不能那样做。

(41) 一样儿讲也不是,那样儿讲也不是,尔到底要何样儿搞这样说也不对,那样说也不对,你到底要怎么搞?

(42) 渠那个样儿个哭,尔都不心痛她那样子哭,你都不心疼吗?

例(39)至例(41)中的"一/那(个)样儿"主要指代行事的方式;例(42)中的"那个样儿"指代的则是状态。相对而言,"一/那"和"样儿"中间加量词"个"后,前面的指示词会拖长加重语调,凸显了说话人较为强烈的主观情感,如例(42)暗含说话人对"渠"哭的样子的心疼和同情等。

祁门方言的"一/那样ₙ"还可以指代事物的样式和性状,"样ₙ"偶尔可以换成"种",即构成"一/那种"。"一/那种"和普通话的"这/那种"意义和用法大致相同。不过,祁门方言"一/那种"和所修饰的成分中间有时候可以加结构助词"个"。例如:

(43) 尔看晓现在穷着一(个)样ₙ,何里来个钱分尔 你看我现在穷成这个样子,哪里来的钱给你?

(44) 一种(个)手机我觑都没觑到过 这种手机我看都没看到过。

(45) 我看尔一种(个)焦,心里夓几难过 我看你这样气恼,心里很难受。

(46) 渠那(个)样ₙ就跟人家欠渠不少钱样ₙ个 他那个样子就像别人欠他很多钱似的。

例(43)和例(46)中,指示词和"样ₙ"中间可以加量词"个",加不加量词除了语用上有细微的差异外其他没什么不同。例(44)和例(45)中,指代性状样式的"一种"和所修饰的成分"手机"或"焦"中间可以加入修饰语标记"个",加不加修饰语标记没什么明显的不同。

5.2.5 指示数量的形式

祁门方言中,指示数量的形式有意义不同的两套,一套是由基本指示语素"一/那"和概数词"尐ₙ [tsʅn⁵⁵]"组合而成,这里的"尐ₙ"是"小、少"的意思,"尐ₙ"较少单用,一般需要和其他词语搭配使用。可以与"尐ₙ"搭配的词除了指示词"一/那"外还有数词"一",除此,"尐ₙ"通常还可以放在形容词或副词后表示程度。"一/那尐ₙ"相当于普通话中的"这/那点儿"。例如:

(47) 尔考一尐ₙ分,去家要驮骂个 你考这么点儿分,回家要挨骂的。

(48) 那尐ₙ何令⁼分得着,担心凑 那点儿哪里够分,再拿点儿。

(49) 尔就剩一尐ₙ下来,我吃什物唉 你就剩这点儿下来,我吃什么啊?

为了凸显说话者认知中的量少,"一/那尐ₙ"后面还可以加"物"或者"一/那物","一尐ₙ"和"一物ₙ"相配,"那尐ₙ"和"那物ₙ"相配。"物"在祁门方言中有"东西"义的实词用法,还有

第 5 章 指代

限量副词的用法。作为限量副词,"物"用在数量词、名词等词的后面,表示限制事物的数量或与动作有关的事物及其数量或限于某个范围,表达的是主观小量。"物"后也可以添加表示儿化的"–n"尾。例如:

(50) 那心ₙ物ₙ,还好意思请客_{就那么点儿,还好意思请客?}
(51) 一心ₙ一物ₙ尔都挈不起_{就这点儿你都提不动?}
(52) 渠一餐吃那心ₙ那物ₙ,何令⁼照呢_{他一顿就吃那一点儿,怎么行呢?}
(53) 尔一个月只分晓五百块,一心ₙ一物ₙ还想吃好个_{你一个月才给我五百块,这点儿还想吃好的?}

祁门方言中,指示数量的形式还有一套是由基本指示词"一/那"和"些"组合而成的。"一/那些"和普通话的"这/那些"意思和用法相同。其中,"那些"也可以用"那一些"来替换。例如:

(54) 那些是上个星期个,一些是一个星期要做个_{那些是上个星期的,这些是这个星期要做的。}
(55) 我看见一些人徛一ₙ昼_{把昼着我看见这些人站这里半天了。}
(56) 那(一)些个价钱就贵多着_{那些的价钱就高多了。}

"一/那些"单纯表示量不少,如果要强化量多,还可以在"些"前面加上表示程度的"大",构成"一/那大些",相当于普通话中的"这/那么多"。同样,"那大些"也可以用"那一大些"来替换。例如:

(57) 一大些我吃不下去_{这么多我吃不下。}
(58) 今日走着那大些个路,脚都要走断着_{今天走了那么多的路,脚都要断了。}
(59) 我分渠那一大些,渠还是不高不兴个₂个₁_{我给他那么多,他还是一副不高兴的样子。}

以上三例中的"一/那大些"对数量的指示作用已经弱化,而对程度的指示得到了凸显。

5.2.6 指示程度的形式

祁门方言中,基本指示词后面带上形容词或心理活动动词可以直接表示程度,这时候的"一/那"相当于普通话中的"这/那么"。例如:

(60) 渠成绩ₙ那好,何令⁼才后只考个二本_{他成绩那么好,怎么最后才考}

了个二本？

（61）一容易个题目儿考个一百分无话讲这么容易的题目考个一百分没问题。

（62）我看渠那瘦唉，去医院看看哇我看他那么瘦，去医院看看吧。

（63）尔一想要就去买哇你这么想要就去买吧。

指示程度的代词"一"和"那"近指和远指的区别虽然不像指示其他对象的形式那么明显，但在说话者心理感觉上还是略有不同的。如例（60），如果后半句陈述的是一个未发生的事件，那这里的指代词习惯于用"一"。例如：

（64）渠成绩儿一好，何令⁼不去报重点儿大学唉他成绩这么好，怎么不去报重点大学？

相反，例（61）如果陈述的是过去事件，那这里的指代词习惯于用"那"。例如：

（65）那容易个题目儿尔何令⁼都考不到一百分唉那么容易的题目你怎么都考不到一百分？

当然，除了与事件是已然事件还是未然事件有关外，选择"一"还是"那"来指示程度有时候与距离的远近虚实也是有关系的。如例（62），如果讨论对象"渠"在两人视线可见范围内，一般习惯于用"一"，如果"渠"不在两人视线范围内，或者说话人有意避开谈论对象"渠"，则习惯于用"那"来指示程度。

祁门方言中，表示程度的还有两个成对的固定搭配"一多"和"那多"，义为"这么多"和"那么多"，这两个程度代词可以充当主语、宾语和定语，和其他表示程度的形式不太一样的是，"一多"和"那多"兼表数量和程度。例如：

（66）一多肯定不够，再担心儿来凑这么多肯定不够，再拿点儿来。

（67）尔分渠那多尽够着你给他那么多完全够了。

（68）那多人倚着那儿做物事唉那么多人站在那里做什么啊？

5.3 疑问代词

"Comrie 和 Smith 的《Lingua 版语言描写性研究问卷》（刘丹青编著

2008：416）将疑问代词分为两大类：普通疑问词和选择性疑问词。"①祁门方言的疑问代词也可以分为这样的两类。祁门方言的疑问代词系统比较复杂，特别是普通疑问代词系统，最典型的特征就是一个词可以表达多种意义，一个意义可以用多种形式来表达。具体如表5－3所示：

表5－3　　　　　　　　祁门方言疑问代词系统

询问内容＼疑问代词	普通疑问词	选择性疑问词
问人	何旺儿 [xa⁵⁵ ũən³³]	何个 [xa⁵⁵ ko²¹³]
问事物	什物 [ɕi³³ mæ̃³³]	何些 [xa⁵⁵ siːɐ¹¹]
问处所	何儿 [xan⁵⁵] 何登= [xa⁵⁵ tæn¹¹] 何里 [xa⁵⁵ li¹¹] 何里登= [xa⁵⁵ li¹¹ tæn¹¹]	何个（地方儿） 何些（地方儿）
问时间	何隔儿 [xa⁵⁵ kan³⁵] 什物时候儿 [ɕi³³ mæ̃³³ ɕi⁵⁵ ɕien³³]	何个（时间儿） 何些（时间儿）
问性状方式	何令= [xa⁵⁵ næn³³] 何如 [xuːɐ⁵⁵ y⁵⁵] 何样儿 [xa⁵⁵ iõn³³] 什物样儿 [ɕi³³ mæ̃³³ iõn³³]	—
问原因	何令= [xa⁵⁵ næ̃n³³]	—
问目的	据物事儿 [tɕy²¹³⁻³³ mæ̃³³ ɕin³³]	—
问程度	几 [tɕi⁴²]	—
问数量	几 [tɕi⁴²] 几多 [tɕi⁴² tuːɐ¹¹]	—

需要说明的是，表5－3所列出来的形式中有的不是词，而是短语，例如"什物时候儿""什物样儿"等。为了方便比较，姑且将这些形式放在这里一并讨论。

---

① 盛益民：《吴语绍兴（柯桥）方言参考语法》，商务印书馆2021年版，第355页。

从表 5-3 可见，祁门方言疑问代词的基本形式有"何""什物""几"，其中"何"的适用面最广、语义功能最为丰富，普通话里"哪""谁""怎么"等疑问代词在祁门方言里的对应形式都是由"何"构成的。下面就按照疑问代词的基本形式分类讨论。

5.3.1 由"何"构成的疑问代词

祁门方言中，"何"构成的疑问代词有普通疑问词，也有选择性疑问词，疑问点有事物、人、处所、时间、性状方式、原因，等等。

5.3.1.1 由"何"构成的选择性疑问代词

祁门方言中，选择性疑问代词最常用的便是由"何［xa^{55}］"构成的"何个"，相当于普通话中的"哪个"；也可以在"个"前加数词"一"，构成"何一个"，相当于普通话中的"哪一个"。"何个"和"何一个"词义上没有区别，不过相比较而言，除非语气强烈的反问句倾向于用"何一个"，一般而言，"何一个"不如"何个"常用。"何个"或"何一个"问的对象有人物、事物、时间、处所。例如：

(69) 尔觉得渠［两人］何个要老实些唉你觉得他俩哪个要更老实些？

(70) 五种个颜色ル尔要何个五种颜色你要哪个？

以上例句中，例（69）中的"何个"单独充当主语，问的对象是人；例（70）的"何个"单独充当宾语，问的对象是事物。这两例说明，"何个"是可以单独问人、事物的。除此，"何个"还具有称代功能，不过，仅限于问人，不能问事物。例如：

(71) 何个吆尔去个唉谁叫你去的呢？

(72) 尔是何个哦你是谁啊？

例（71）和例（72）中的"何个"并不是"在一个上下文或共享信息提供的有定集合中进行选择"①的，而是在没有任何预设的情况下所进行的询问。

"何个"可以单独问人或事物，却不能单独问时间或处所，需要问时间或处所时必须带上表示时间和处所的词语。例如：

---

① 盛益民：《吴语绍兴（柯桥）方言参考语法》，商务印书馆 2021 年版，第 355 页。

（73）何个时间儿去好呢，上昼儿还是下昼儿哪个时间去比较好呢，上午还是下午？

（74）北京跟上海何个地方儿更好嬉儿呐北京和上海哪个地方更好玩？

由"何"构成的选择性疑问词除了"何个"，还有"何些"，与普通话的"哪些"意义和用法相同。"何些"可以单独问人、事物。"何些"中间也可以插入"一"，"何一些"和"何些"用法和意义相同。例如：

（75）何（一）些是男方客，何（一）些是女方客哪些是男方那边的客人，哪些是女方那边的客人？

（76）物都在一登⁼，尔要何（一）些东西都在这里，你要哪些？

和"何个"相同的是，"何些"可以和表示时间的词如"时间儿"或者处所的词如"地方儿"组合起来问时间或处所。例如：

（77）星期一儿到星期五儿，尔何（一）些时间儿值班唉周一到周五，你哪些时间值班呢？

（78）福建省内尔都去过何（一）些地方儿呢福建省内你都去过哪些地方呢？

选择性疑问代词"何个"除了用于发问，还有虚指或任指的用法。例如：

（79）肯定是何个跟渠讲什物着，不然个不得哭肯定是哪个跟她说什么了，不然不会哭。

（80）随尔要何个都照随你要哪个都可以。

（81）何个时候儿来都照哪个时间来都可以。

（82）何个地方儿都有好人哪里都有好人。

而"何些"没有任指和虚指的用法。

5.3.1.2 由"何"构成的普通疑问代词

祁门方言中，由"何"构成的普通疑问代词有问人的"何旺⁼儿[xa⁵⁵ũən³³]"，有问处所的"何儿[xan⁵⁵]""何登⁼[xa⁵⁵tæn¹¹]""何里[xa⁵⁵li¹¹]""何里登⁼[xa⁵⁵li¹¹tæn¹¹]"，有问时间的"何隔儿[xa⁵⁵kan³⁵]"，有问方式的"何样儿[xa⁵⁵iõn³³]"，有问原因的"何令⁼[xa⁵⁵næn³³]"。下面分别讨论：

5.3.1.2.1 问人的疑问代词"何旺⁼儿"

祁门方言中的"何旺⁼儿"相当于普通话的"谁"，其中的"旺⁼儿"

是人称代词复数后缀，相当于普通话的"们"，具体用法详见于"2.2.2 复数人称代词词缀'旺ⁿ''大家'"。虽说"旺ⁿ"本身是复数标记，但"何旺ⁿ"不区别单数和复数，可充当句子的主语、宾语、定语。例如：

（83）何旺ⁿ今日要去医院唉谁今天要去医院啊？

（84）尔一本书是送分何旺ⁿ个唉你这本书是送给谁的呢？

（85）一是何旺ⁿ个书包ⁿ呐这是谁的书包啊？

和普通话的"谁"一样，"何旺ⁿ"也有虚指或任指的用法。例如：

（86）渠肯定路着碰见何旺ⁿ谈闻ⁿ去着他肯定路上碰到谁聊天去了。

（87）正好何旺ⁿ个伞落着一ⁿ，我先担去驮个头正好谁的伞落在这儿，我先拿着挡挡雨。

（88）今日何旺ⁿ来讲都无益今天谁来说都没用。

5.3.1.2.2　问处所的疑问代词"何ⁿ""何登ⁿ""何里""何里登ⁿ"

祁门方言中，问处所的疑问代词最为丰富，除了由选择性疑问代词"何个"构成的"何个地方ⁿ"，还有由基本疑问词"何"构成的四个代词："何ⁿ［xan⁵⁵］""何登ⁿ［xa⁵⁵ tæn¹¹］""何里［xa⁵⁵ li¹¹］""何里登ⁿ［xa⁵⁵ li¹¹ tæn¹¹］"。"何ⁿ"是"何"的儿化形式，相当于普通话的"哪儿"；"何登ⁿ""何里""何里登ⁿ"相当于普通话的"哪里"，这三个词意义和用法没有区别。上文提及，"何登ⁿ"的"登ⁿ"表示处所，相当于"处"；"何里"的"里"表示方位；"何里登ⁿ"应该是由"何里"和"何登ⁿ"同义复合连用然后删略后一个"何"而成的。

"何ⁿ""何登ⁿ""何里""何里登ⁿ"这四个问方所的疑问代词都可以充当主语、宾语和定语，作为疑问代词，这四个词意义几乎没有区别，相对而言，"何里"较为不常用。另外，这四个词中只有"何里"的末音节不是鼻尾韵。祁门方言疑问语气词和前面音节的音值有关，所以，疑问代词后一旦需要跟疑问语气词，"何里"和其他三个词所搭配的疑问语气词有区别。例如：

（89）何ⁿ/何登ⁿ/何里/何里登ⁿ能买倒脚拉车ⁿ呐哪里能买到自行车呢？

（90a）尔家屋在何儿/何登⁼/何里登⁼呐你家房子在哪里啊？

（90b）尔家屋在何里唉你家房子在哪里啊？

（91）渠是何儿/何登⁼/何里/何里登⁼来个唉他是哪里来的？

（92）尔讲何儿/何登⁼/何里/何里登⁼个橘儿最好吃你说哪里的橘子最好吃？

"何儿""何登⁼""何里""何里登⁼"这四个词除了有疑问功能，还有非疑问用法，如都有虚指或任指的用法。除了"何里"不常用外，这四个词的虚指或任指用法基本相同。

（93）我打算放假之后去何儿/何登⁼/何里/何里登⁼嬉嬉我打算放假后去哪里玩玩。

（94）渠何儿/何登⁼/何里/何里登⁼闹热就望何儿/何登⁼/何里/何里登⁼钻他哪里热闹就往哪里钻。

（95）只要肯做，不问何儿/何登⁼/何里/何里登⁼个人都照只要勤劳，不管哪里的人都可以。

（96）何儿/何登⁼/何里/何里登⁼都无家里好哪里都没有家里好。

除了任指和虚指，"何儿"和"何里"有时候还可以用于反问句中，表示说话人不同意对方的观点并加以辩驳申诉，有时候也表达说话人的谦虚。这种用法的"何儿"和"何里"是不能用"何登⁼""何里登⁼"来替换的。相比较而言，"何里"也不如"何儿"常用。例如：

（97）何儿呐/何里唉，明之之是渠自家跌倒个哪里啊，明明是他自己跌倒的。

（98）何儿喏/何里哦，也就只考九十三分物哪里哦，也就才考九十三分。

（99）何儿/何里是晓不想去，是渠不让晓去哪里是我不想去，是他不让我去。

（100）尔何儿/何里做不来唉，是尔根本不想做你哪里是做不来，是你根本不想做。

5.3.1.2.3 问时间的疑问代词"何隔儿"

祁门方言中，问时间的疑问代词最常用的是"何隔儿 [xa⁵⁵ kan³⁵]"。前文曾提及"隔儿"不能单用，只能作为构词语素存在，大致相当于"会儿"，"何隔儿"义为"什么时候"，所提出的疑问对应的可以是一个时间点，也可以是时间段，在句中经常作状语，也可以作定语。例如：

（101）同尔何隔儿去学堂里唉_{咱们什么时候去学校啊？}

（102）一是尔何隔儿个相儿呐_{这是你什么时候的相片啊？}

（103）渠讲没讲何隔儿呐_{他有没有说什么时候啊？}

"何隔儿"中间还可以插入数词"一"，"何一隔儿"和"何隔儿"意义和用法相同。上面例（101）至例（103）三句中的"何隔儿"都可以自由替换为"何一隔儿"。

"何隔儿""何一隔儿"除了有疑问功能，还可以表示虚指或任指。例如：

（104）我记得渠何（一）隔儿讲过要来个_{我记得他什么时候说过要来的。}

（105）同尔何（一）隔儿也去看看哇_{咱们什么时候也去看看呗。}

（106）随尔何（一）隔儿来，我都在店里_{随便你什么时候来，我都在店里。}

祁门方言中，问时间除了用"何（一）隔儿"，还可以用问事物的"什物"或者用表数量的"几"与相关名词构成的短语，如"什物时候儿""几点钟"等。不过，这些形式都不如"何（一）隔儿"常用。

5.3.1.2.4 问性状方式的疑问代词

祁门方言中，问性状方式的疑问代词有四个："何令⁼［xa⁵⁵næn³³］""何如［xu:ɐ⁵⁵y⁵⁵］""何样儿［xa⁵⁵iõn³³］""什物样儿［ɕi³³mæ̃³³iõn³³］"。这四个词之间有一定的分工趋势，但在某些条件下部分词语之间又可以互相替换。总的来说："何令⁼"可以询问方式和状况；"何如"询问状况；"何样儿"询问性质、方式；"什物样儿"询问性质。具体用法讨论如下：

（一）何令⁼

"何令⁼［xa⁵⁵næn³³］"义为"怎么"，多询问方式，后面常跟动词，动词一般不用否定式。例如：

（107）一个事要何令⁼让渠同意呢_{这件事要怎么让他同意呢？}

（108）尔是何令⁼寻着渠家里［个唉_{你是怎么找到他家的呢？}

（109）渠三日两日跟晓争，我要何令⁼搞呢_{他三天两头和我吵架，我要怎么办呢？}

"何令⁼+动词"有时说成"何令⁼+动词+法儿"。例如：

（110）一个题目何令⁼做法儿呐这个题目怎么做啊？

（111）风分门吹关起来着，再何令⁼进去法儿哝风把门吹关起来了，再怎么进去啊？

（112）没车何令⁼去法儿呢没车子怎么去呢？

需要注意的是，以上例（112）中的"何令⁼去法儿"是"何令⁼"和"去"组合的意义，即义为"怎么去"。除此，"何令⁼去法儿"还发展出了"怎么办"的专门意义。例如：

（113）我另日要是不在着，尔何令⁼去法儿哝我以后要是不在了，你怎么办啊？

（114）渠在那儿哭个不歇，何令⁼去法儿哝他在那里哭个不停，怎么办啊？

（115）一个死小鬼儿真难剃头，尔讲何令⁼去法儿呢这个熊孩子真难弄，你说怎么办呢？

"何令⁼"除了询问方式，还可以询问状况，这时充当的是谓语。例如：

（116）渠何令⁼［着唉］他怎么了？

（117）我喉咙根何令⁼［着唉］，尽是痛我嗓子怎么了，老是痛？

（118）尔今日是何令⁼［着唉］，看尔都是笑你今天是怎么了，看你都在笑。

"何令⁼"除了有疑问功能，还可以用于虚指和任指。例如：

（119）一下没倚着，何令⁼就跌着地里着一下没站稳，怎么就跌到地上了。

（120）尔去跟渠讲讲何令⁼做你去和他说说怎么做。

（121）电脑何令⁼修都修不好，买个新个算数电脑怎么修都修不好，买个新的算了。

（二）何如

"何如［xuːɐ⁵⁵y⁵⁵］"义为"如何""怎么样"，但和普通话的"如何"用法不完全相同。例如普通话"如何"可以用来询问方式（如"这个问题如何解决"），而祁门方言的"何如"不能询问方式；普通话的"如何"多用于书面语，而祁门方言的"何如"则是个口语词，用以询问状况，可以作谓语、宾语、补语。例如：

（122）尔一拨身体儿何如唉你近来身体如何啊？

（123）那个单位渠觉得何如呢那个单位他觉得如何呢？

（124）尔觉得渠画着何如唉你觉得他画得怎么样啊？

"何如"后面还可以加"子⁼舀⁼［tsʅ⁴²⁻³³ia⁴²］"，"何如"和"何如子⁼舀⁼"意义和用法相同，都是老派的说法，新派也有说"怎么样ᵣ"的。

"何如"还可以放在句末用来征求意见。例如：

（125）尔来讲几句，何如唉你来说几句，如何唉？

（126）我跟尔一堆ᵣ去，何如唉我和你一起去，如何啊？

（127）男方买屋，女方装修，何如唉男方买房子，女方装修，如何啊？

"何如""何如子⁼舀⁼"还有非疑问的功能。例如：

（128）我也不晓得渠那个人何如（子⁼舀⁼）我也不知道他那个人如何。

（129）男方家里何如（子⁼舀⁼）我不管，最起码要人好男方家里如何我不管，最起码要人好。

（130）尔自家身体ᵣ何如（子⁼舀⁼）还不晓得你自己身体如何还不知道？

（三）何样ᵣ

"何样ᵣ［xa⁵⁵iõn³³］"义为"怎样"或"什么样"，主要用来询问性质，加"个"修饰名词，也可以作谓语。例如：

（131）尔想买何样ᵣ个衣裳唉你想买什么样的衣服啊？

（132）尔钱包是何样ᵣ个唉你钱包是什么样的？

（133）渠想找何样ᵣ个老婆唉他想找什么样的老婆呢？

询问性质的"何样ᵣ"可以用"什物样ᵣ［çi³³mã³³iõn³³］"来替换，两种疑问代词意义和用法没有区别。

"何样ᵣ"还可以询问方式，相当于普通话中的"怎样"，后面跟的是动词。例如：

（134）尔在水里是何样ᵣ翻身个唉你在水里是怎样翻身的呢？

（135）渠今日答应着，尔是何样ᵣ跟渠讲［个唉］他今天答应了，你是怎么样跟他说的？

（136）何样ᵣ分手抻着那边去呢怎么样把手伸到那边去呢？

询问方式的"何样ᵣ"可以与询问方式的"何令⁼"互相替换，但相对而言，用"何样ᵣ"更为多见，主要是因为"何令⁼"除了询问方式性状，还可询问原因，所以有时候用"何令⁼"容易造成歧义。如例（136）

句中的"何样ㄦ"换成"何令⁼"后会产生歧义,既可以理解为"怎么样把手伸到那边去呢",也可以理解为"为什么把手伸到那边去呢"。

"何样ㄦ"除了有疑问功能,还可以用于虚指或任指。例如:

(137)不晓得渠何样ㄦ一来大家都不讲话着不知道他怎么一来大家都不说话了。

(138)渠分那ㄦ讲着何样ㄦ何样ㄦ好,大家都想去着他把那里说得怎么怎样好,大家都想去了。

(139)尔讲何样ㄦ就何样ㄦ哇你说怎样就怎样吧。

5.3.1.2.5 问原因的疑问代词"何令⁼"

上文提及,"何令⁼"可以问方式、状况,相当于"怎么"。除此,"何令⁼"还可以问原因,后面跟的是动词或形容词,动词、形容词可以用否定形式。例如:

(140)尔今日何令⁼来［着唉］你今天怎么来了?

(141)渠何令⁼不去看电影［着唉］他怎么不去看电影了?

(142)尔何令⁼不高兴呐你怎么不高兴呢?

"何令⁼"询问原因时也可以放在主语前。例如:

(143)何令⁼渠还不来唉怎么他还不来呢?

(144)何令⁼尔又无钱［着唉］怎么你又没钱了?

"何令⁼"可以询问方式、状况,也可以询问原因,有时候会造成歧义。但以上例(140)至例(144)句中的"何令⁼"只能理解为询问原因。因为"何令⁼"询问状况时只能作谓语;询问方式时,后面跟的是动词,且动词不用否定式,所以诸如例(141)中动词用了否定式,(142)中谓语是形容词,这些因素决定"何令⁼"是单义的。例(140)中句末用了表事态的语气词"着了",决定了事态是已然的;而询问方式的"何令⁼"要么用于未然的语境,要么用于已然的语境,句末通常需要使用表示确认的语气词"个的"。询问方式、状况的"何令⁼"均不能用于主语前面,所以,例(143)、(144)中出现于句首的"何令⁼"只能理解为询问原因。

只有"何令⁼"后面跟的是动词且是肯定式,句末又没有表确认的"个"或表已然的"着"这样语气词时,才有可能造成歧义。例如:

(145)尔何令⁼跑着那老远去呢你如何跑到那么远去呢/你为什么跑到那么远

去呢？

（146）渠何令⁼来寻晓唉他如何来找我啊/他为什么来找我啊？

（147）过年渠何令⁼来家唉过年他如何回来/过年他为何回来？

以上三句若没有具体语境，看不出事态是已然还是未然，也辨不出疑问点是原因还是方式。

询问原因的"何令⁼"也有非疑问的功能，可以表示虚指或任指。例如：

（148）我也不晓得何令⁼一高兴我也不知道为什么这么高兴。

（149）大家都懒得问渠何令⁼不读书着大家都懒得问他怎么不读书了。

（150）不管尔何令⁼难过，出来嬉就好好ɹ个嬉不管你怎么难过，出来玩就好好地玩。

祁门方言中，询问原因最常用的是"何令⁼"，除此，书面语中偶尔也会用"为什么 [ui⁵⁵ɕi³³mo¹¹]"。

以上所讨论的是由"何"构成的疑问代词。除了"何如"中的"何"读的是 [xu:ɐ⁵⁵]，其他代词中的"何"读的都是 [xa⁵⁵]。祁门方言中，韵母 [a] 是歌韵最古的层次。除了"何"，构成祁门方言的疑问代词的基本形式还有"什物"和"几"。

5.3.2 由"什物"构成的疑问代词

祁门方言中，"什物 [ɕi³³mæ̃³³]"相当于普通话中的"什么"，主要用来询问事物，充当宾语和定语，也有充当主语的。例如：

（151）尔要去买什物唉你要去买什么啊？

（152）今日什物菜打折唉今天什么菜打折啊？

（153）什物要十块钱一斤什么要十块钱一斤？

询问事物的"什物"后面偶尔还可以跟"物 [mæ̃³³]"，如例（151）也可以表达为"尔要去买什物物唉你要去买什么东西"，意思几乎没变，这里的"物"相当于"东西"，不过"什物"后面的"物"有时候没有实义。例如：

（154）尔 [两人] 在那ɹ讲什物物唉你们俩在说什么啊？

（155）渠另日想做什物物唉他以后想做什么啊？

（156）尔觉得我着什物物颜色ɹ好看唉你觉得我穿什么颜色好看呢？

以上例（154）和例（155）中"什物"后面的"物"勉强可以理解为"东西"，只是这里的"东西"已经是一个抽象名词了；而例（156）中"什物"后面的"物"没有任何实义，删除后不影响词义或句义的表达。

"什物"加在指时间的名词前，可以问时间，如"什物时间ㄦ""什物时候ㄦ"等；加在指方所的名词前，可以问处所，如"什物地方ㄦ""什物落处"等；加在指性状的名词前，可以问性状，如"什物样ㄦ"等。

"什物"除了表示疑问的功能，还有非疑问功能，如用于虚指和任指。除此，"什物"还可以用在"不＋什物＋形/动"结构里，"什物"表示一定程度，对应于普通话的"怎么"。"什物"的作用"在于减弱'不'的力量，语气比较婉转"。① 例如：

（157）我看渠今日不什物高兴 我看他今天不怎么高兴。

（158）尔讲个我还不什物懂 你说的我还不怎么懂。

（159）一个事问渠无益，渠不什物在乎ㄦ 这个事问他没用，他不怎么在乎。

5.3.3　由"几"构成的疑问代词

祁门方言中，"几［tɕi⁴²］"除了是数词，用来表示不定的少数之外，还是疑问代词，用在疑问句中询问程度和数量。下面分别讨论问程度和问数量的用法。

"几"询问程度，相当于普通话的"多"，常充当状语，后面一般跟性质形容词。"几＋形容词"作谓语时，"几"前面常有"有"。例如：

（160）一回个题目有几难 这回的题目有多难？

（161）尔还要渠几聪明唉 你还要他多聪明呢？

（162）尔要吃几甜个蜂糖水唉 你要喝多甜的蜂蜜水啊？

作为疑问代词，"几"除了询问程度，还可以询问数量。询问数量的"几"后面可以跟量词"个""只""斤""里""米"等，这种情况下的"几"所指的数多限于二至九，如果所指的数超过十，这时候的疑问代词可以用"几多［tɕi⁴² tuːɐ¹¹］"，相当于普通话的"多少"。

---

① 吕叔湘：《现代汉语八百词》（增订本），商务印书馆1999年版，第652页。

例如：

（163）一个小鬼ᵣ今年几岁唉这个孩子今年几岁啊？

（164）那个老ᵣ家今年几多岁唉那个老人今年多大岁数啊？

（165）一等奖一个，二等奖几个唉？

（166）我看今日中巴车坐满着，一起ᵣ几多个唉我看今天中巴车坐满了，一共多少个啊？

和普通话的"几"一样，祁门方言询问数量的"几"也可以用在"十、百、千、万、亿"之前和"十"之后。

询问数量的"几"除了可以加在量词前面，还可以加在"远""长""厚""重"等积极义形容词前面，相当于普通话中的"多"。例如：

（167）从一ᵣ到那ᵣ几远唉从这里到那里多远啊？

（168）尔现在几重唉你现在多重啊？

（169）要几长个索ᵣ呐要多长的绳子啊？

祁门方言中，"几"也可以不表疑问，如可以用于感叹，或虚指，或任指。例如：

（170）一个人几不子⁼进⁼咯这个人多坏哦。

（171）蔓等不及问几难几难，先用心复习别等不及问多难多难，先用心复习。

（172）不管尔家里几有钱，分书读好最重要不管你家里多有钱，把书读好最重要。

（173）尔分渠几个渠就要几个你给他多少个他就要多少个。

询问数量时和"几"互补分布的"几多"不能用于感叹，但可以用于虚指或任指。例如：

（174）尔管晓花几多钱，我也不花尔个你管我花多少钱，我又不花你的。

（175）不管几多岁都喜欢听好话不管多大年纪都喜欢听好话。

第 6 章　程度

　　程度，是一种量，是性状、动作等在数量上的等级差异。这里说的量不是数值上的量，而是一种模糊量，反映事物的性质或状态所达到的不同状况。从认知层面来说，程度是说话人依据自己的主观经验来对事物的性状进行等级评判，而程度表达的量是一种量幅，所以，程度的表达带有一定的主观性和模糊性。从概念和语词的对应关系来看，事物的性质或状态主要通过形容词来体现，所以本章所谈的程度范畴主要涉及的是形容词的程度表达手段，而部分心理动词、感受动词也有程度的变化，因此，讨论程度范畴时也会涉及这部分动词的程度表达手段。

　　汉语程度表达的形式主要有状态形容词、形容词的生动化形式、程度副词、程度代词等，其中，形容词的生动化指的是，"能够重叠，或者加重叠式后缀，或者用其他方式生动化"。[①] 这种生动化使得形容词具有显著的描绘性。当然，汉语中最重要的程度表达形式还是程度副词。祁门方言中，程度表达的主要形式也不外乎这几种。其中，重叠和词缀已经在前文予以讨论，兹不赘述。下面主要讨论的是状态形容词和程度副词，其中程度副词包括状语位置上的程度副词和补语位置上的程度副词。

6.1　表达程度的状态形容词

　　"状态形容词所表示的性质有量的成分，即表示程度加深。"[②] 状态

[①] 吕叔湘：《现代汉语八百词》（增订本），商务印书馆1999年版，第18页。
[②] 黄伯荣、廖序东：《现代汉语》（下册）（增订六版），高等教育出版社2017年版，第12页。

形容词一般蕴含着高程度。祁门方言的状态形容词是复合式形容词中的一种，这里我们主要讨论的是状态形容词中的 bA 式，"b"的性质比较复杂，部分"b"有实义，部分"b"已经失去原来的意义，构词时有一定的类推作用，近于前加成分的性质；"A"的性质则比较简单，是一个形语素。例如：

A组：

笔直　笔挺　笔抖笔挺　笔信很抖　笔齐很整齐　冰冷　冰凉
冰淡　冰鳖很淡　漆乌漆黑　漆暗很暗　铁硬　铁紧　被=薄
被=纱很薄　被=轻　心甜　焦干　金黄　碧绿
葱脆　雪白　雪亮　晴圆　飞快　飞滚很热　飞灼/飞烫很烫

B组：

通红　崭新　臭湿　尽细　丫=苦　心=密
叭=扁　□[sæn³⁵]　亮雪亮、锃亮　生臭　生馊　生酸
生咸　生瘦　生腥　老晏　老早　老远
老近　老粗　老长　老短儿　老重　老厚
烂轻　烂低　烂平　烂稀　稀弄=/稀糊很软和
稀润食物受潮后很软、不脆的口感　稀酸　稀苦　稀辣
稀胖　稀壮很胖　稀丑　稀焦　透玉=很光滑
透肥　透精

C组：

摸软很松软　摸弄=很软和　摸玉=很光滑　拍饱很饱　拍满很满　拉粗　碰轻

从以上词例可见，祁门方言 bA 式状态形容词可以按照"b"的性质分为三组：

A组词除了"飞快""飞滚""飞烫""飞灼""焦干""碧绿"之外其结构类型基本都是"名语素+形语素"，这一组里的"b"大多有实在的意义，与"A"的属性相关，两者组合起来的意义可以理解为"像b一样A"。例如"冰冷"可以理解为"像冰一样冷"；"笔直"可以理解为"像笔一样直"。然而，从A组词例来看，有的 bA 式状态形容词中的"b"的词汇义已经有虚化的趋势，例如包含"冰"的几个状态形容词中，"冰淡"和"冰鳖"中"冰"的"冰冷"义已经丧失，这里的"冰"有了程度副词的性质，大致相当于普通话中的程度副词

"很"。再如,"飞快"中的"飞"还是一个实义语素,而"飞滚""飞烫""飞灼"中的"飞"已经不能理解为"空中行动"这样的实语素义了。具体例句如下:

(1) 渠分荷包儿揸着铁紧个他把口袋揸着紧紧的。
(2) 一飞滚个水我不敢分手抻进去这么烫的水我不敢把手伸进去。
(3) 油条葱脆个,几好吃咦油条脆脆的,多好吃啊。

B组大部分介于词和短语之间,其中的"通红""崭新""臭湿""尽细""丫ˉ苦""尖ˉ密""叭ˉ扁""口[sæn³⁵]亮"等词中的"b"与"A"的搭配是固定的,这里的"b"近于程度副词,但又不像一般程度副词那样可以搭配很多形容词。除这些词以外,B组其他bA式状态形容词基本可以分为"生"组、"老"组、"稀"组、"烂"组、"透"组。这些词似乎更应该放在"程度副词+单音节形容词"结构中去讨论,但这里的"生""老""稀""烂"搭配面依然有所限制。如"b"为"生"词的有"生臭""生馊""生酸""生咸""生腥"等,这些词中的"A"多是形容嗅觉和味觉的词,且均为不愉快的感觉。"b"为"老"的词有"老晏""老早""老远""老近""老粗""老长""老短儿""老重"等,这些词中的"A"多是形容长度、厚度、路程、时间的表示度量的中性词,除了"老近""老短儿"之外多是正向意义的词。"b"为"稀"的词比较多,这些词中的"A"有形容味觉的,如"稀酸""稀苦""稀辣";也有形容触觉的,如"稀弄ˉ""稀糊ˉ""稀润";还有形容人的身材外形的,如"稀胖""稀壮""稀丑"等。"稀"组词和"生"组词基本都是给人的感官带来不愉快体验的词。"b"为"烂"组的词比较少,有和"老"组词义相对的"烂低""烂轻",还有"烂平""烂稀",除了"烂平",其余三个词中的"A"多是负向意义的形容词。"b"为"透"的词只有"透肥""透精""透玉ˉ"三个,这里的"透"是"极、尽"的意思。具体例句如下:

(4) 地里臭湿个,都无地方儿下脚地上湿漉漉的,都没地方下脚。
(5) 渠那腰尽细个,还无一把物她那腰细细的,不盈一握。
(6) 那老远个地方儿,我不想去那么远的地方,我不想去。

C组词的结构均为"动语素+形语素",表面上和"提高"之类一样,但词的结构类型不同,"提高"之类是动补式的动词,而"摸软"

之类是形容词，词义重点落在后面的形语素上，前面的"摸""拍""拉""碰"是形成对"软""弄⁼""玉⁼""满""饱""粗""轻"等性质状态主观认知的方式或途径。具体例句如下：

（7）渠分我个包装着拍满个，里头许多个零嘴ₐ他把我的包装得满满的，里面许多零食。

（8）那索ₐ拉粗个，不得断个那绳子那么粗，不会断的。

（9）老ₐ家牙齿不好，要吃摸弄⁼个物老人家牙齿不好，要吃很软的东西。

以上三组词中，A 组和 C 组基本可以看成词，B 组则介于词和短语之间，B 组中的前一语素有的黏着力比较强，能和不同的形语素结合，已经接近于程度副词。bA 式形容词可以重叠为"bAbA"式，具体可见"重叠"这一章。

6.2　程度副词

程度副词指表示性质状态的程度或某些动作行为的程度的副词。从所处的句法位置来看，程度副词有处于状语位置的，也有处于补语位置上的。下面分别讨论。

6.2.1　充当状语的程度副词

我们首先借鉴杨荣祥（2007）程度副词的分类体系，将祁门方言充当状语的程度副词分为三类：用于表示一般陈述的程度副词，用于表示感叹的程度副词，用于表示比较的程度副词。其中，表示一般陈述的程度副词最为丰富，下面重点讨论这一类程度副词。

6.2.1.1　用于表示一般陈述的程度副词

用于表示一般陈述的程度副词所表示的程度也是有等级差别的：有的程度副词表达的程度不高，属于偏小量；有的程度副词表示的是偏大量或者是极大量，相当于普通话中的"很""非常"，祁门方言中，这两类的区别不明显。有的程度副词表示的程度最高，属于最大量程度副词，相当于普通话中的"最"。

6.2.1.1.1　偏小量程度副词

祁门方言中，偏小量程度副词主要有"有心ₐ""不什物""不大"。其中"不大"和普通话中的"不大"意义和用法相同，此处不予讨论。下面主要讨论"有尐儿"和"不什物"。

"有尐儿"语义上相当于普通话中的"有点儿"，但祁门方言的"有尐儿"和普通话的"有点儿"用法不太一样。普通话可以说"有点儿笨"，但一般不能说"有点儿聪明"；可以说"有点儿小气"，不能说"有点儿大方"。也就是说普通话中"有点儿+形容词"这一格式中的形容词大多是贬义的或中性意义的形容词（如有点儿长/短），或者说是消极意义的或对说话的人来说是不如意的词。进入"有点儿+形容词"这一结构的形容词，不管是表示贬义的还是表示中性意义的，整个结构表示的都是"与要求的比较，性质偏离了"的意思，只是偏离的幅度不大罢了。而祁门方言中的"有尐儿+形容词"结构中的形容词既可以是贬义、中性的形容词，还可以是褒义的形容词。当修饰贬义形容词时，与普通话一样，整个格式表示的也是不如意的意思。例如：

（10）看渠不睬着晓，我心里有尐儿难过 _{看他不理我，我心里有点儿难过。}

（11）今日尔个话有尐儿多 _{今天你的话有点儿多。}

而"有尐儿"修饰中性形容词时，有时表示的是不如意的意思，有时也可以表示"比看上去或料想中略好"的意思。例如：

（12）一件衣裳有尐儿长，短尐儿就恰适儿 _{这件衣服有点儿长，短点就刚好了。}

（13）一件衣裳有尐儿长，尔着刚恰适儿 _{这件衣服还比较长，你穿刚好。}

（14）今日个菜有尐儿咸，尔看晓茶吃着不歇 _{今天的菜有点儿咸，你看我茶喝得不停。}

（15）今日个菜有尐儿咸，尔总算舍割着盐着 _{今天的菜够咸，你总算舍得放盐了。}

以上四个例句中，例（12）和例（13）前一个分句看上去完全相同，但所表达的意思却不相同，有着不同的预设；例（14）和例（15）也如此。从语用角度来看，例（12）、（14）均含有不合说话人心意的意思，而例（13）、（15）则表示"比看上去或料想中略好"的意思，即突破了说话人消极的心理预期。如此看来，"有尐儿"表达的是合乎心意还是出乎意料，要视具体语境而定。

"有尐儿"可以修饰褒义形容词，"有尐儿+褒义形容词"的结构含有说话人一定程度的肯定性主观情态，从语用角度来说，比普通话的"比较"多了一点"出乎意料"的意味。所以通常会和表示超出预料意义的语气词"还"连用。例如：

（16）我看尔有心儿聪明，还晓得分物囥起来_{我看你有点儿聪明，还知道把东西藏起来。}

（17）尔嫑讲，渠家还有心儿大_{你别说，他家还有点儿大。}

（18）真没想到，一登还有心儿好嬉嘞_{真没想到，这里还有点儿好玩呢。}

"不什物"是由否定副词"不"和疑问代词"什物"组合而成的，"不什物"表示一定程度，相当于普通话中的"不怎么"。"什物"在于减弱"不"的力量，即主要用来弱化事实的性质和程度，语气比较委婉。例如"不什物喜欢"就没有"不喜欢"坚决。这些词后面多接中性或者褒义的形容词或者有程度差异的动词性短语。例如：

不什物高兴　　不什物好看　　　不什物得人爱儿_{不怎么让人喜欢}
不什物同意　　不什物反对

除此，"不什物"之类表偏小量程度副词后面偶尔也可以接不表程度的动词性成分，表示频率低。语义上至少可以分为两类：其一，表示"不经常"；其二，表示"不习惯"。不过总的来看，"不什物"之类语义表现都可以用"数量少""频率低"来概括。例如：

（19）一小鬼儿不什物哭，好带得很_{这孩子不怎么哭，好带得很。}

（20）我不什物用冷水洗头发_{我不怎么用冷水洗头发。}

（21）渠平时儿不什物叫人家到家里来嬉_{他平时不怎么叫别人来家里玩。}

需要说明的是，祁门方言中的"不什物"在表示程度时，没有与之相对的肯定格式"什物 + AP/VP"。

6.2.1.1.2 偏大量/极大量程度副词

"偏大量"相当于普通话的"很"所表达的程度，"极大量"相当于普通话的"非常"所表达的程度。这两种程度副词都表示高程度。祁门方言中偏大量和极大量区别不太明显，使用的程度副词主要有"真""死""嫑几"。其中"真"的意义和用法和普通话的"真"相同；"死"所修饰的一般是贬义的形容词；"嫑几"表示的一般是极大量。例如：

（22）尔能来真好_{你能来真好。}

（23）我家那个物死不听讲，真无渠法儿想我家那个孩子很不听话，真拿他没办法。

（24）渠家家里死邋遢，做个鬼气他家里很脏，有股怪气味。

（25）渠那个人哪夔几老摸，昼把昼还卡着家里不出门他那个人不知道有多磨蹭，半天了还待在家里不出门。

（26）小鬼儿考取大学着，我夔几高兴孩子考上大学了，我别提有多高兴。

一般而言，祁门方言更习惯于使用表示感叹的程度副词"几"来表示偏大量和极大量。

6.2.1.1.3 最大量程度副词

"最大量"表示的程度最高，祁门方言一般用"顶""最"来表示最高程度。"顶"和"最"意义没有区别，用法上体现出新老差异，老派习惯用"顶"，新派习惯用"最"。"顶/最"修饰 AP 或 VP 时，可以用于表示肯定的最大量，也可以用于表示否定的最大量。例如：

（27）一登⁼算渠年纪顶/最多，也算渠顶/最有钱这里数他年纪最大，也数他最有钱。

（28）我顶/最不欢喜家里乱糟糟个₂个₁我最不喜欢家里乱糟糟的。

（29）分顶/最大那个杯儿接下过来给最大那个杯子递过来。

"顶"可以作为程度副词修饰"好"，也可以和"好"组合成"顶好"，表示说话人认为最好的选择，或表示一种希望。例如：

（30）尔顶好夔吱声你最好别做声。

（31）渠顶好是明日来他最好是明天来。

（32）顶好有人来接，自家去怕走错最好有人来接，自己去怕走错。

祁门方言还可以用"想好"来替代"顶好"，相比较而言，"想好"比"顶好"口语化程度更高。以上三例中的"顶好"均可换成"想好"。

6.2.1.2 用于表示感叹的程度副词

普通话可以用"多""多么"表示程度很高，一般用于感叹句，多含有夸张语气和强烈的感情色彩。祁门方言中，用于表示感叹的程度副词主要有"几""晓得几""太"等词。

前文曾提及，"几"在祁门方言中是一个疑问代词，询问的是数量和程度。当说话人不再关注具体数量和程度时，这些词也就渐渐虚化为程度副词，其实这些词本身并不表示明确的程度高低，只是结合整个句子的感叹语气来表示一种难以言说的极高的程度。"几""晓得几"所伴有的感情色彩有赞叹，也有不满意，不合心意，含有过分的意思。因此可以修饰褒义形容词，也可以修饰贬义形容词。例如：

(33) 一登=几／晓得几好嬉儿呐_{这里多好玩啊}。

(34) 尔分家里收拾着几／晓得几干净呀_{你把家里收拾得多干净啊}。

(35) 那人家几／晓得几不子=进呐，分路堵着不让车过躬_{那家人多坏啊，把路堵起来不让车经过}。

(36) 尔个死小鬼儿几／晓得几不听讲唉，吒尔薆去硬要去_{你个熊孩子多不听话啊，叫你别去那你偏去}。

"几""晓得几"后面跟着的可以是形容词的肯定形式，如例（33）的"好嬉"、例（34）的"干净"；也可以是形容词的否定形式，如例（35）的"不子=进"、例（36）的"不听讲"。

祁门方言中，"几""晓得几"等表达的程度大致相当于"太"，但"太"一般不带有赞叹的感情色彩，所以前面例（33）"好嬉儿"和例（34）"干净"前的"几／晓得几"一般都不能换成"太"。"太"修饰贬义形容词用例如下：

(37) 尔太不讲理［着啊］，明明之之是我先来个_{你太不讲理了，明明是我先来的}。

(38) 渠那个人太难剃头［着啊］，何令=讲都不同意_{他那个人太难弄了，怎么说都不同意}。

(39) 乡下太不方便［着啊］，还是住县里好_{乡下太不方便了，还是住县城里好}。

祁门方言中的"太"即使修饰的是褒义的形容词，也因为程度超过合适的范围而带上言说者不满意的感情色彩。例如：

(40) 人太讲理着有时候儿也不好，容易吃亏_{人太讲理了有时候也不好，容易吃亏}。

(41) 尔家里收拾着太干净［着啊］，搞得人家都不敢来_{你家里收拾得太干净了，搞得别人都不敢来}。

(42) 渠那个人哪，太好讲话［着啊］，什物事自家都做不着主_{他那个人啊，太好说话了，什么事自己都做不了主}。

除了表达的情感色彩不同外，"太"和"几／晓得几"所搭配的语气词也不相同:"几/晓得几"一般搭配的是表示强烈感叹色彩的语气词,如相当于普通话"啊"的一些感叹词"呐""唉""哦"等;而"太"所搭配的语气词一般是相当于普通话事态语气词"了"的"着"。

6.2.1.3　用于表示比较的程度副词

祁门方言中,用于表示比较的程度副词与普通话相同的有"更""还","更"主要表示程度增高;"还"主要表示程度差别。两者都含有原来也有一定程度的意思。除此,前面提到的最大量程度副词"顶/最"其实也可以看成用于比较的程度副词。

另外,祁门方言还有一些较为特殊的表示比较的程度副词,如含有比较、增累义的程度副词"格外""格倍""愈硬="。"格外"表示程度超过一般;"格倍""愈硬="义为"越发""愈加",表示程度进一步增加。这两个词意义和用法相同,一般用于同一事物前后不同时间的比较,却不用于不同事物同一平面的比较。表示比较的程度副词使用时,用来比较的事物不一定在句中出现。例如:

(43) 从渠家爸儿不在之后,渠比老早格外用心着自从他爸爸不在之后,他比以前更用功了。

(44) 家里无钱,尔自家要格外争气家里没钱,你自己要格外争气。

(45) 尔一样儿一讲,我格倍/愈硬=想去着你这么一说,我愈加想去了。

(46) 本来就觉得渠懂事,晓得渠还聪明就格倍/愈硬=喜欢渠着本来就觉得他懂事,知道他还聪明就愈加喜欢他了。

祁门方言中的"格倍""愈硬="虽说在词义上相当于普通话的"越发""愈加",但用法上存在细微差别。普通话中的"越发""愈加"还可以表示前后句之间的一种倚变关系,即后者在程度上会随着前者增加而增加。例如普通话中可以说:

(47) 他越想,心里越发/愈加肯定那个人是故意的。(普通话)

(48) 我越往前走,心里越发/愈加难过。(普通话)

例(47)、(48)两句中的"越发/愈加"祁门方言一般用的是"越",而不用"格倍""愈硬="来表达。

6.2.2　充当补语的程度副词

祁门方言中充当补语表示程度的词有"很$_1$""很$_2$""不得了""不

成文""死""要死""要命""不过儿""一样儿""那样儿"。这里有副词，如"很""死"等；也有代词，如"一样儿""那样儿"；也有由短语发展而来的俗语性成分，说"不得了""不成文""要死""要命"等。本书将这些充当程度补语的语言形式放在一起讨论。按照述补结构之间是否需要加补语标记，将祁门方言充当程度补语的语言形式分为三类分别进行讨论。

第一类是必须与补语标记"着"或"得"共现的程度补语。

这类程度补语一般由强调程度的副词或词汇化了的俗语性成分充当，所表达的大多是极限义，一般不含有"太""过于"的意思。主要有"很$_1$""不得了""不成文""要死""要命"。这些词意义和用法略有差异，首先是所搭配的补语标记有差别，与"很$_1$"搭配的一般是"得"，与其他几个程度补语搭配的一般是"着"；从程度的等级差异来看，"很$_1$"所表示的程度不如其他几个程度补语；从常用度来看，"很$_1$"不如其他几个程度补语常用。例如：

(49) 尔放心，渠老实得很$_1$|你放心，他老实得很。

(50) 渠家家里乱着不得了/不成文/要死/要命，无去头儿|他家里乱得不得了，没什么好去的。

(51) 儿子总算考上大学着，渠高兴着不得了/不成文/要死/要命|儿子总算考上大学了，他高兴得不得了。

第二类是不需要与补语标记共现的程度补语。

这类程度补语主要有"很$_2$""不过儿"。这里需要特别说明的是"很$_2$"，虽然从形式到读音与"很$_1$"并无区别，但两者表义上并不同。必须搭配补语标记的"很$_1$"所表达的是极限义，不含有"太""过于"的意思；而"很$_2$"大多含有"太""过于"的意思，一般表示的是说话人觉得超过了一定程度从而产生不舒适、不愉悦的感觉，因此多含有消极意义的程度。例如：

(52) 讲究很$_2$着不好，还是随便一心儿好|太讲究了不好，还是随便一点儿好。

(53) 一回个松糕不什物好吃，甜很$_2$着|这次的松糕不怎么好吃，太甜了。

(54) 尔也好讲话很$_2$着哇，什物都不提就答应着|你也太好说话了吧，什么都不提就答应了。

不过，"很₂"偶尔也只单纯表达程度高而不含有"过于"的意思，这时候的述语通常是动词。例如：

（55）一个事都分晓焦很₂着，想起来都是气这个事把我气死了，想起来都是气。

（56）渠今日耿晓骂很₂着，一下儿都不吱声他今天被我骂得很惨，一句话都不说。

（57）我都跑很₂着，无电梯真不方便我都跑累死了，没电梯真不方便。

程度补语"不过儿"表示的是极大量程度，对所搭配的述语没有明显的要求。例如：

（58）今日个天冷不过儿着，我手都懒得抻出来今天太冷了，我手都懒得伸出来。

（59）看见小鬼儿来家着，渠高兴不过儿着看到孩子回家了，他高兴得不得了。

（60）我家房间不够，尔去渠家住好不过儿着我家房间不够，你去他家住再好不过了。

第三类是补语标记出不出现均可的程度补语。

祁门方言中，这类补语仅有"死"，所搭配的补语标记以"得"为常。但与补语标记必须出现的"死"搭配的大多是贬义形容词，而与补语标记不出现的"死"搭配的述语则没有这样的限制。如一般不说"高兴得死"，却可以说"高兴死着"；不说"舒服得死"，却可以说"舒服死着"。具体例句如下：

（61）一想起那个打流儿个儿子渠就焦得死/都焦死着一想起那个混日子的儿子他就气得要死。

（62）一拨天热得死/热死着，覅出门近来天很热，别出门。

（63）那人古怪得死/古怪死着，搞不好就小急那个人古怪得很，搞不好就生气。

相比较而言，"死"与补语标记搭配的用法并不常见，一般习惯用"要死"来表达，不过，与"要死"搭配的补语标记是"着"。例如"焦着要死""高兴着要死""古怪着要死""舒服着要死""丑着要死"。

前文提及，祁门方言还有一些程度补语是由指示代词"一样儿"

"那样ɪ"充当的,这样的程度补语所表示的是极大量,从某种意义上说,这样的补语又像是结果补语。与补语位置上的"一样ɪ""那样ɪ"共现的补语标记是"着"。例如:

(64) 有钱着一样ɪ,还不足富成这个样子,还不满足?

(65) 渠看晓焦着那样ɪ,也不好意思再讲着他看我气成那个样子,也不好意思再说了。

(66) 学堂里穷着一样ɪ,老师ɪ个办公室ɪ都无学校里穷成这个样子,老师的办公室都没有。

处于补语位置上的"一样ɪ""那样ɪ"也可以放在谓语前面,这样"一样ɪ""那样ɪ"就变成了状语。状语位置上的"一样ɪ""那样ɪ"后面可以带上状语标记"个",如前面三例可以变换为:

(67) 一样ɪ个有钱,还不足这么有钱,还不满足?

(68) 渠看晓那样ɪ个焦,也不好意思再讲着他看我那么生气,也不好意思再说了。

(69) 学堂里一样ɪ个穷,老师ɪ个办公室ɪ都无学校里这么穷,老师的办公室都没有。

除了这些程度补语,数词"一尐ɪ""一些"也可以充当程度补语,"一些"和普通话的"一些"相同。"一尐ɪ"则和普通话中的"一点儿"意义和用法相同。例如:

(70) 小鬼ɪ一回考着一百分,我总算高兴一尐ɪ着孩子这次考了一百分,我总算高兴一点儿了。

(71) 尔要是勤俭一尐ɪ,老早都买屋着你要是勤快一点儿,老早就买上房子了。

(72) 天总算暖和一尐ɪ着天总算暖和一点儿了。

第 7 章 介 词

介词是一种起介引作用的结构性的虚词，是标志语言结构中实词和实词之间关系的一种封闭性词类。介词数量有限，不同的介词有具体意义上的差别。按照介词所介引对象的不同，我们把祁门方言的介词分为五大类：介引时间处所、介引施事受事、介引与事关涉对象、介引工具方式、介引原因目的。每一大类又可以根据需要细分为一些小类。祁门方言中的介词有一些形式与普通话完全相同，它们的意义和用法也和普通话大致相同；有些介词虽然形式跟普通话相同，但在使用范围、使用条件等方面又存在一定程度的差异；还有一些介词是方言自身词汇语法发展的产物，是方言特有的成分。后两种情况是我们重点讨论的内容。

汉语的介词大多是由动词虚化而来的，不同的介词虚化的程度和路径不尽相同，有的介词同源、同形动词仍然十分活跃；有的介词带有动词的语法特征和语义特征。为了观察介词的虚化程度，我们在讨论具体的介词时，将列出那些仍旧使用着的同源、同形动词的用法，关注这些介词与仍然活跃的同源、同形动词词义之间的关联。

祁门方言的介词系统如表 7-1 所示，为了突出祁门方言的特点，我们将普通话对应的介词也一并列出进行对照。

表 7-1　　　　　　　　祁门方言与普通话介词对照

介词类别		祁门方言	普通话
时间处所	所在	在、着	在
	源点	在、从	打、从、自、自从
	方向	望、跟、捉	往、向、向着、朝、朝着，对着

续表

介词类别		祁门方言	普通话
时间处所	路径	跟、跟着、挨着、顺着、走、从、望	从、沿、沿着、顺、顺着、经、经过
	距离	离	离、距、距离
	终点	走、在、到、着	到
施事受事	施事	分、驮	被、叫、让、给
	受事	分	把、将
关涉对象	伴随协同	跟	和、跟、同、与
	对象目标	对、跟、捉、问、找	对、给、向
	受益	分、帮	替、帮
	受损	分	把
	比较	比、似	比
	关联	跟、宁⁼	和、跟、与
	除外	除着、除失	除了
	包括强调	连、和、搭	连
工具方式	工具	担、拎、用、驮	用、拿
	依据任由	依、按、照、据、论、靠、凭	按、按着、照、照着、依、依照、按照、依据、根据、凭、凭着、靠
原因目的	原因	为、为着	因为、由于
	目的	为、为着	为、为了

7.1 介引时间处所的介词

祁门方言中，介引时间处所的介词主要有"在 [tsʰa⁴²]""着 [tʂo⁰]""从 [tsʰəŋ⁵⁵]""望 [mũːɐ³³]""捉 [tʂuːɐ³⁵]""跟 [kuæ̃¹¹]""跟着 [kuæ̃¹¹tʂo⁰]""挨着 [ŋã¹¹tʂo⁰]""顺着 [ʂuæn³³tʂo⁰]""走 [tso⁴²]""离 [li⁵⁵]""到 [to²¹³]"。"离""从""到""顺着"是祁门方言和普通话中共有的形式，凡方言和普通话中共有的介词其意义和用法也完全相同的我们从略或者不予讨论，下面重点关注的是"在""着""望"

"捉""走""跟"这些介词。

7.1.1 在

祁门方言的"在 [tsʰa⁴²]"和普通话的"在"一样有动词和介词的用法,动词用法和普通话相同,介词用法却比普通话中的"在"丰富得多。具体来看:

第一,引出空间、处所,表示人或事物所在的处所、位置。例如:

(1) 我在福州一个学堂里上班_{我在福州一个学校里工作}。

(2) 渠今日在我家里吃,明日再在尔家吃_{他今天在我家里吃,明天再在你家吃}。

(3) 尔在那ㄦ寻什物唉_{你在那里找什么东西啊}?

普通话中,表示"所在"的"在"可以放在动词后面。例如:

(4) 我把书放在桌子上就走。(普通话)

(5) 他坐在凳子上什么话也没说。(普通话)

(6) 你就站在那里别动。(普通话)

而祁门方言的"在"是典型的前置介词,表示"所在"的"在"不能放在动词后面,以上例(4)至例(6)普通话中的"在",祁门方言都只能用"着"来表示:

(7) 我分书园着桌高流就走。

(8) 渠坐着凳高流什物话都没讲。

(9) 尔就徛着那登⁼覅动。

在表示"所在"时,祁门方言的"在"和"着"在句法分布上是互补的,两个介词所组成的结构类型分别是"在+某处+VP"和"V+着+某处"。这一点将在后文讨论"着"的用法时进一步分析。

普通话中,"在"可以表示动作发生的时间。例如:

(10) 航班将在中午十二点抵达上海。(普通话)

(11) 他在知道这件事之后就再也没回来过。(普通话)

祁门方言也可以用"在"来表示时间所在,但这种表达并不常见,也不自然,除非需要强调时间,否则以不用"在"为常。如以上两句祁门方言最自然的表达是:

(12) 飞机要当昼ㄦ十二点钟到上海。

（13）渠晓得一个事之后就都没来家过。

祁门方言的"在"也不像普通话中的"在"那样可以放在动词后面引进时间性成分。例如普通话可以说：

（14）我跟他约在明天一起去钓鱼。（普通话）

（15）婚礼定在下个月十二号。（普通话）

例（14）和例（15）普通话句子中引进时间的"在"，祁门方言都只能用"着"来表达：

（16）我跟渠约着明日一起儿去钓鱼。

（17）结婚日子定着下个月十二号。

第二，引出空间源点，表示动作、行为始于何处，相当于普通话中的"从"。例如：

（18）尔在何儿来唉/你从哪里来啊？

——我在县里来/我从县城里来。

（19）我是在小路儿来个，比尔早到家不稀奇儿/我是从小路来的，比你早到家不奇怪。

（20）我在渠手里担过来一看，是一张相儿/我从他手里拿过来一看，是一张照片。

虽说祁门方言中引出空间源点也可以用"从"，但"从"带有一定的书面色彩，不如"在"常用，以上三句中的"在"如果换成"从"就会给人生硬的感觉。例（18）、例（19）中的"在"倒是可以换成"走"，但是例（20）中的"在"则不能换成"走"。三个例子的区别在于例（18）、例（19）中动词"来"属于动作性比较强的位移动词，偏离空间源点位置比较明显，而例（20）中的动词"担"动作幅度显然不如"来"大，偏离空间源点不明显，所以，不能用"走"。可见，"走"一定程度上还受动词源义所限制，虚化程度不够彻底。

祁门方言"在"表示源点时只能指处所，不能用来指时间，表示时间起点只能用"从"。例如：

（21）从现在开始我都不吃烟着/从现在开始我都不抽烟了。

（22）从尔上班到现在，尔一分钱都没担来家过/从你上班到现在，你一分钱都没拿回来过。

（23）我从明日开始不两边儿乱跑着/我从明天开始不到处乱跑了。

第三,"在"可以引出终点,义为"去往",相当于普通话中的"到"。例如:

(24) 尔在何儿去唉_{你到哪里去啊}?
——我在学堂里去_{我到学校里去}。

(25) 尔家爸儿覅在何儿嬉去着,尔去寻寻看_{你爸爸不知道到哪里玩去了,你去找找看}。

(26) 我在房里去担,尔徛一儿等一下儿_{我到房间里去拿,你站这儿等一下}。

"去往"义的"在"一样也不能放在动词后面。普通话中存在"V+到+处所"的结构,祁门方言只能表达为"V+着+处所"。例如:

(27) 我马上跑着渠家里去吆渠来_{我马上跑到他家里去喊他来}。

(28) 走着何儿都碰得见心好个人_{走到哪里都会遇见心善的人}。

(29) 渠赶快跳着水里去捞_{他赶忙跳到水里去捞}。

综上,祁门方言中,"在"作为介词可以介引动作行为发生或事物存在的处所,也可以介引动作行为发生的空间源点,还可以介引动作行为的终到处,可见,"在"的语义范围非常宽泛。但"在"和后面的名词性成分组成的介词短语都只能置于动词前面,不能在动词后面,因此,"在"属于典型的前置介词。

7.1.2 着

祁门方言的"着"一共有三种读音:"着$_1$[tʂo^{35}]""着$_2$[tʂʰo^{33}]""着$_3$[tʂʰo^0]/[tʂo^0]",第三种读音是轻声,因为是轻声,所以声母的送气成分快读时没有,慢读时才会体现出来。本书讨论"着$_3$"时只列出快读时的读音形式。

祁门方言的"着$_1$[tʂo^{35}]"从语音对应关系上看是承自"张略切,药韵知母入声"的"著(着)"。"着$_1$[tʂo^{35}]"是个及物动词,有两个义项:

①穿(衣物)。例如:

(30) 着红衣裳儿个那个人我认得_{穿红衣服的那个人我认得}。

②放(调料、水)。例如:

(31) 多着心儿盐哇,淡很着无味_{多放点盐吧,太淡了没味道}。

"着₂ [tʂʰo³³]"从语音对应关系上看是承自"直略切,药韵澄母入声"的"著(着)"。"着₂ [tʂʰo³³]"也是动词,共有四个义项:

①燃烧。例如:

(32) 火点着之后就马上放失_{火点着之后就马上放掉}。

②用在动词后面,表示附着。

(33) 要倚着欸,覅跌倒着_{要站住啊,别跌倒了}。

③用在动词后,表示已经达到目的或有了结果。例如:

(34) 我都猜着渠不得答应个_{我都猜着他不会答应的}。

④相当于"够",构成"V 得/不着"的格式,"着"作补语。例如:

(35) 一心儿物分也分不着,就分尔一家算数_{这点儿东西分也不够分,就给你一家算了}。

"着₃ [tʂo⁰]"语法功能负担最重,至少有动态助词、方位介词、方位词、补语标志四大类用法。具体如下:

①充当持续体助词和完成体助词。例如:

(36) 渠担着几本书,背着个包进来着_{他拿着几本书,背着个包进来了}。

(37) 我骂着渠几句,渠就跑出去着_{我骂了他几句,他就跑出去了}。

例(36)中前两个"着"是持续体标记。例(37)中动词"骂"后的"着"是完成体标记,相当于普通话中的"了";句末的"着"是事态助词。

②方位词,相当于普通话的"上"。例如:

(38) 路着走来一个当兵个_{路上走来一个当兵的}。

③补语标志,相当于普通话的"得"。例如:

(39) 尔再骂晓,我保证分尔打着老子娘都不认得_{你再骂我,我保证把你打得你父母都认不出}。

"着₃ [tʂo⁰]"的介词用法是这里讨论的重点。介词的"着"有两个义项:"在"义和"到"义。

"着"的"在"义介词用法如:

(40) 尔看渠坐着那儿无坐相,倚着那儿无倚相_{你看他坐在那里没坐相,站在那里没站相}。

(41) 覅分脚架着凳高流_{不要把脚架在凳子上}。

（42）物都摆着一登着，尔大家自家择东西都摆在这里了，你们大家自己挑。

"着"的"到"义介词用法如：

（43）等晓跑着学堂门口儿，上课铃就响起来着等我跑到学校门口，上课铃就响起来了。

（44）尔分一物担着渠家里去你把这个东西拿到他家里去。

（45）老远就望见渠跳着水里去着很远就看见他跳到水里去了。

"着"作为介词，意义不同，但结构是一样的，都是"V + 着 + 处所"。"着"理解为"在"还是"到"，主要看"着"前的动词是动态动词还是静态动词。如果是静态动词，整个句子一般强调的是事物所在的处所，这时的"着"大致相当于"在"，如例（40）至例（42）中的"着"；如果"着"前面的动词是动作动词，整个句子一般强调的是动作的动态和方向，动词也包含一个明显的位移过程，这时的"着"相当于普通话中的"到"，如例（43）至例（45）中的"着"。

"在、到"义介词除了可以介引源点和终点表示空间，还可以表示时间。例如：

（46）尔分开会个时间儿排着下个星期一儿去你把开会的时间排到下个星期一去。

（47）分票定着下昼儿，尔看照不照把票定在下午，你看行不行？

（48）一个事囥着明年儿再讲这个事放到明年再说。

"着"和表示时间的词语组合时词义理解为"在"还是"到"不如和表示处所、方位的词语组合时词义界限清晰。"着"介引时间的用法本来就是介引空间用法的进一步扩展，也因此虚化程度更高，词义的模糊性也更为明显。

从分布上看，介引处所、时间的介词"着"只能置于动词之后，是典型的后置介词。前文提及，"在 + 处所"和"着 + 处所/时间"在分布上基本形成互补，"在 + 处所"一般用在动词前，"着 + 处所/时间"只能用在动词后。

从语音和句法位置上看，"着"的介词用法应该是从"着$_2$ [tʂʰo^{33}]"发展而来的。具体来看，古全浊声母在祁门方言中清化后逢塞音、塞擦音绝大多数读送气清音。祁门方言中的"着"作介词时语速放慢的话声母的送气成分可以还原，显然这个"着"来源于"直略切，药韵澄母入声"的"著（着）"。从句法位置来看，"着$_3$[tʂo⁰]"除了充当方位词时是放在 NP 后面，其他成分都只能是放在动词后面。"着$_2$[tʂo³³]"在表示"附着"和表示"已经达到目的或有了结果"时，都只能放在动词后面。从语义上看，"着"的介词"在/到"义与动词"附着"义显然有密切的联系。"既然是附着，'附着'义的'著'必然要涉及两个物体/对象——这两个物体/对象可以是相对静止的状态，也可以由此引申出位移这种状态——一个物体向另一个相对静止的物体移动，比如一个物体向一个空间位置移动，方位介词的用法就出现了。"① 动词"附着"的"着"既然涉及空间上的位移和静止，就为出现表示位移的最终结果和静态的所处位置打下了基础：有位移动作也必然会产生结果，有静态的存在，必然有存在的处所，也就应该有把位移处所或位移结果（或静态存在和存在处所）介引给动词的用法，反映在词类系统中就是动词和介词的关系。只不过，包括祁门方言在内的徽语中的"着"作为介词，只能位于动词后面，这大概是同"在"等其他同义介词竞争后的结果。

7.1.3 望

祁门方言中，"望"有[mũːɐ³³]和[ũːɐ³³]两读，这两读中[mũːɐ³³]是白读，[ũːɐ³³]是文读。文读一般用于"希望"等书面语词或者人名中；取白读音[mũːɐ³³]的"望"有动词用法，均可以单用。单音节动词"望"有两个义项：

①看。例如：

（49）我到门口$_儿$去望一下看渠来没来 _我去门口瞧一下看他来没来。_

②希望，指望。例如：

（50）一家人都望着渠能找个好工作 _一家人都盼着他能找个好工作。_

取白读音[mũːɐ³³]的"望"还有介词用法，作为介词，"望"有时候可以和"跟""走""捉"等词互相替换。

---

① 罗自群：《现代汉语方言持续标记的比较研究》，中央民族大学出版社 2006 年版，第 190 页。

祁门方言中,"望""跟""捉"这三个词都可以充当介引处所方位的介词,但又存在细微的差别,三者之间的关系错综复杂,有时候"跟"可以替换"望",有时候"捉"可以替换"望",有时候"捉"可以替换"跟"。下面主要讨论这三个词的意义和用法,观察三个词的分布规律。例如:

(51)去乡政府要望/跟/走一₁过去_{去乡政府要从这里过去。}

(52)尔走大路远,我望/跟小路₁走近一心₁_{你走大路远,我从小路走近一点。}

(53)要去那₁就要望/跟/走山洞里钻过去_{要去那里就要从山洞里钻过去。}

以上例句中,"望""跟""走"表示的是动作经过的路线、场所,相当于普通话中的"从"。当和处所词语、方位词语组合表示动作经由时,"望"和"跟"可以互换,"走"因为虚化不够彻底,其介词用法不如"望"和"跟"的介词用法更常见。

"望"等介词除了可以表示经由,还可以表示动作的方向,相当于普通话中的"往""朝"等。例如:

(54)中巴车望一边开过来着_{中巴车朝这边开过来了。}

(55)我望/捉那边瞟一眼₁,就看见渠进来着_{我朝那边瞟了一眼,就看见他进来了。}

(56)落大雨着,赶快望家里跑_{下大雨了,赶紧往家里跑。}

以上三个例句中的介词均表示动作的方向,所用的介词有"望"和"捉",没有"跟"和"走"。例(54)中表示动作"开"的方向只能用"望",不能用"捉";例(55)中表示动作"瞟"的方向可以用"望",也可以用"捉";例(56)中表示动作"跑"的方向只能用"望",不能用"捉"。

以上三例介词所表示的均是无生方向,即介引的是带有一定方所义的名词性成分。当表示的是有生方向时,使用介词的情况又有所不同了。例如:

(57)渠捉晓觑觑,又捉渠家爸₁觑觑_{他朝我看看,又朝他爸爸看看。}

(58)渠捉/跟晓笑一下就走着_{他朝我笑一下就走了。}

(59)我老远就捉/跟尔招手着,是尔自家没看见_{我很远就朝你招手了,是你自己没看见。}

例（57）至例（59）中的介词介引的都是人，表示的是有生方向，都不能用"望"。例（58）和例（59）中的介词可以用"捉"，也可以用"跟"，而例（57）表示动作"觑觑"方向的介词用的是"捉"，这里不能用"跟"，可见，"跟"表示动作方向时用法受到一定限制。

从以上例（54）至例（59）这几个句子的用词可见，祁门方言中，表示动作方向的三个介词"望""捉""跟"语法分布上有对立，有互补，也有交替。"望"只能表示动作的无生方向，即"望"所介引的只能是带有一定方所义的名词性成分，不能表示有生方向，也就是说"望"所介引的不能是人。"跟"除了表示动作经过的路线、场所，也可以表示动作的方向，但"跟"表示的是有生方向，一般不表示无生方向。"捉"作为介词，既可以表示有生方向，也可以表示无生方向，表示有生方向时有时候可以用"跟"来替换；表示无生方向时可以用"望"来替换，但"望"表示无生方向时并不能都用"捉"来替换。"捉"表示无生方向时动作动词不能是位移动词，如例（54）中的动词"开"、例（56）中的动词"跑"都是位移动词，所以，都不能用"捉"来表示方向；而例（55）中的动词"瞟"则是非位移动词，因此可以用"捉"来表示方向。

作为介词，"跟"和"捉"还可以表示对象目标，"跟"还可以表示伴随、协同、关联。对此，下文将详作分析。

"望"，《说文解字》："出亡在外，望其还也。"义为"远视、遥望"。"望"的"远视、遥望"义所包含的义素有三个：[面对着……方位] [向远处] [看]。当"望"进入"$V_1 + NP + V_2$"格式中"V_1"位置时，"望"的"看"义素逐渐弱化，其"[面对着……方位]"义素得到凸显。"望"因此有可能发展出介词的用法。当"望"的"[看]"义素完全消失，而"$V_1 + NP + V_2$"中"NP"发展为距离施事并不遥远的处所类名词性成分时，"望"的"[向远处]"义素消失，"望"便发展为成熟的介词了。例如：

（60）忽然起立望门问，阶下千当是鬼神？（《敦煌变文集·卷一·季布骂阵词文》）

（61）莺莺搴衣望阶下欲跳、欲跳，被夫人与红娘扯住。（《西厢记诸宫调》卷二）

例（60）中的"望"后带的宾语是"门"，例（61）中的"望"后带的宾语是"阶下"，"望"的"［向远处］"义素消失，这时的"望"介词身份已经明确。

而发展到普通话中，"望"的介词用法已经被"往""向"所取代，但在祁门徽语等方言中还保留着"望"表方向的介词用法和表示经由的用法，这些介词用法同样是由动词的"远视、遥望"义发展出来的。

7.1.4　跟着、挨着

"虚词义位的提取跟实词一样，概括的角度和程度可以有很大的不同。"① 如祁门方言中，"跟小路ㄦ走"既可以理解为"从小路走"，也可以理解为"沿小路走"，也就是说，介词"跟"在同一个句子中存在理解多样性的可能，但如果"跟"后面加上"着"后，"跟着小路ㄦ走"就只能理解为"顺着小路走"。祁门方言中，可以用"跟着［kuæn¹¹tʂo⁰］""挨着［ŋã¹¹tʂo⁰］""顺着［ʂuæn³³tʂo⁰］"来介引方位、处所词语，表示动作所遵循的路线。其中，"顺着"带有书面语色彩，不如前两者常用。例如：

（62）尔跟着/挨着河边ㄦ走就对着_{你沿着河边走就对了}。

（63）渠跟着/挨着墙根ㄦ一路寻过去，总算寻着着_{他沿着墙根儿一路找过去，总算找到了}。

（64）同尔跟着/挨着马路跑，跑不动就回头_{咱们沿着马路跑，跑不动就回头}。

7.2　介引施事、受事的介词

施事和受事是语言分析中常用的两个基本语义概念，也是句法分析中不可或缺的重要角色。普通话中，介引施事和受事的标记各不相同，介引受事常见的标记有"把""拿""将"，介引施事常见的标记有"被""叫""让"。这两类语法标记都是实义动词语法化的结果，但词

---

① 陈泽平：《福州方言处置介词"共"的语法化路径》，《中国语文》2006年第3期，第233页。

汇来源互不交叉。而祁门方言中，介引施事的介词有"分［fæ̃¹¹］"和"驮［tʰo⁵⁵］"，介引受事的介词是"分"，施事标记和受事标记都可以用"分"。"分"在祁门方言中有动词用法和介词用法。作为动词，"分"有两个义项：

①给予。例如：

(65) 我每个月分尔两千块钱应该够着我每个月给你两千块钱应该够了。

②分开，分给。例如：

(66) 就一多牛肉着，一家分两斤哇就这么多牛肉了，一家分两斤吧。

下面重点讨论"分"的介词用法以及"分"和"驮"的关系。

7.2.1 分

祁门方言中，介词"分"最常见的用法就是介引受事，相当于普通话中的"把"。例如：

(67) 尔覅分菜吃掉失着，别旺ɴ还没吃欸你别把菜吃完了，别人还没吃呢。

(68) 尔分老虎钳ɴ接分晓一下你把老虎钳递给我一下。

(69) 渠一是分尔当作自家人着他这是把你当作自己人了。

介词"分"也可以介引施事，相当于普通话中的"被"。例如：

(70) 一个话要是分渠听见，那就不得了着这话要是被他听见了，那就不得了了。

(71) 一个事分尔一样ɴ一讲就清楚着这个事情被你这么一说就清楚了。

(72) 山着个树分人家偷着毛都无着山上的树被别人偷得毛都不剩了。

普通话中，表示被动的"被"后的施事成分不必然出现。例如普通话可以说：

(73) 他也不知道什么时候钱包就被偷走了。（普通话）

(74) 今天出门没带伞，衣服都被淋湿了。（普通话）

(75) 窗户都被震碎了。（普通话）

与普通话不同的是，祁门方言中被动标记必须与其介引的施事成分同现，如果施事不是具体实在的，也可以补一个虚指的"渠"；如果施事不出现，那原本介引施事的介词一般也不能出现。例(73)至例(75)在祁门方言中一般表达为：

（76）渠也不晓得何隔儿钱包就分人家偷走着。

（77）今日出门没带伞，衣裳都（分渠）沰湿失着。

（78）槛门儿都（分渠）震碎失着。

例（76）中的"偷走"这一动作的施事是未知的或者不在说话人需要表达的信息范围内，但因为祁门方言被动意义的介词"分"后必须出现施事，所以就用了"人家别人"来代指未知的施事。普通话中如例（74）和例（75）"淋湿"和"震碎"的施事是无须出现的，祁门方言或者在介词"分"后补上一个虚指成分"渠"，或者删除"分渠"。

介词"分"可以介引施事也可以介引受事，那没有语境限制时，会不会带来理解上的歧义呢？我们认为有时候会，有时候不会。例如：

（79）肉分狗呐驮走失着 肉被狗叼走了。

（80）黄塞儿₌分鸡呐驮走着 黄鼠狼把鸡叼走了。

（81）鸡呐分黄塞儿₌驮走着 鸡被黄鼠狼叼走了。

（82）渠分小偷儿打着困地里爬都爬不起来 他把/被小偷打得躺地上爬都爬不起来。

（83）渠分渠家妈骂哭着 他把/被他妈妈骂哭了。

以上五个例句中，前三个句子是单义的，后两个句子存在歧义。同样没有语境限制，之所以有的会产生歧义，有的不会，是因为"分"的论元性质存在差异。例（79）中"分"的两个论元分别是"肉"和"狗"，"狗"属于生命度高的有生动物，倾向于充当施事，"肉"属于无生命的事物，倾向于充当受事，所以不会引起歧义；例（80）和例（81）两句中"分"的论元都是"鸡呐"和"黄塞儿₌黄鼠狼"，"鸡呐"和"黄塞儿₌黄鼠狼"虽然都属于生命度高的有生动物，但施行"拖"这样动作的能力高下有别，所以，"黄塞儿₌"倾向于充当施事，"鸡呐"倾向于充当受事；例（82）中"打"的两个论元"渠"和"小偷儿"以及例（83）中的两个论元"渠"和"渠家妈"都是生命度高的人，充当施事和受事的倾向性程度是相同的，因此会造成歧义，但"分"优先理解为受事标记。祁门方言中，为了避免歧义，有时候会使用"驮"来介引施事成分。下文将详细讨论"驮"标记施事的功能。

祁门方言为何可以使用同一形式来标记原本对立的语义成分呢？而"分"是如何由动词发展为施事标记和受事标记的呢？

汉语方言中，同一形式来标记受事和施事的现象不限于祁门方言。据石毓智、王统尚（2009）："同一方言处置式和被动式共标记的现象在地域上分布十分广，包括山西、河南、山东、湖北、湖南、江西、安徽、江苏等地区的方言，并不限于某一大方言区，是汉语方言的一种十分普遍的现象。"① 并且从来源上说，"兼表处置式和被动式的语法标记，最常来自'给予'义的动词，其他来源的较少……"② 为何"给予"义的动词能够语法化为兼表处置式和被动式的语法标记呢？徐丹认为，"'给'类动词在词汇意义上有个特性：他有朝意义相反的两个方向发展的倾向。……这一特点使其最后能够成为无向的语法标记词。"③ 石毓智、王统尚（2009）持类似的观点："汉语处置式和被动式共标记现象本质上是，同一个概念的词汇语法化为具有相反功能的结构的标记，既可以标记施事，又可以标记受事。"④ 我们赞同徐丹和石毓智等学者的观点，下面我们将探讨祁门方言"分"的虚化路径，借此观察"给予"义动词兼表处置式和被动式语法标记的动因。

包括"分"在内的"给予"义动词发展为处置式和被动式标记应该都不是一蹴而就的，中间经过了一些关键的环节。"给予"义动词发展为处置式标记的关键环节是受益介词。陈瑶（2011）认为，"给予"义动词发展为受益介词这一步不必证明，因为宾语从具体实物扩大为劳役，是一个正常的认知过程，几乎所有方言的"给予"义动词都有这个用法。⑤ 而从受益介词发展为处置介词也是一条具有普遍意义的语法化链条，对此，很多学者都曾给予论证，如王健（2004）结合近代汉语的用例，陈泽平（2006）结合福州方言"共"的用法等，分别从不同角度论证了受益介词发展为处置介词的合理性。下面以祁门方言的

---

① 石毓智、王统尚：《方言中处置式和被动式拥有共同标记的原因》，《汉语学报》2009年第2期，第45页。
② 石毓智、王统尚：《方言中处置式和被动式拥有共同标记的原因》，《汉语学报》2009年第2期，第45页。
③ 徐丹：《北京话中的语法标记词"给"》，《方言》1992年第1期，第59页。
④ 石毓智、王统尚：《方言中处置式和被动式拥有共同标记的原因》，《汉语学报》2009年第2期，第49页。
⑤ 陈瑶：《"给予"义动词兼做处置标记和被动标记的动因》，《福建师范大学学报》（哲学社会科学版）2011年第5期，第99页。

"分"为例来看"给予"义动词是怎样从动词发展为受益介词再到处置介词的：

（84）我今日分尔衣裳着_{我今天给你衣服了}。

（85）我今日分尔洗衣裳着_{我今天给你洗衣服了}。

（86）我今日分尔衣裳洗失着_{我今天给你衣服洗了/我今天把你衣服洗了}。

（87）我今日分尔个衣裳洗失着_{我今天把你的衣服洗了}。

例（84）中的"分"是一个可以带双宾语的"给予"义动词，间接宾语是"尔"，直接宾语是"衣裳"。例（85）中，主语"我"给予的不是具体实物，而是"洗衣服"这样的行为事件，"尔"在这里是受益者，"分"也因此成为受益介词。例（86）中，"分"可以做两种理解，主要是因为这里的"尔"和"衣裳"之间的语法关系可以做两种解读："尔"是"分"的宾语，"衣裳"是"洗"的宾语，这样句子完整的表达应该为"我分尔分衣裳洗失着_{我给你把衣服洗了}"，这里的"衣裳"不一定属于"尔"，但"洗衣服"这件事本应该是"尔"来做的，这时候的"分"是受益介词；"尔"和"衣裳"之间也可以构成定中短语，"衣裳"属于"尔"的，"尔衣裳"一起做"分"的宾语，同时也是动词"洗"的真正的宾语，这样句子完整的表达应该为"我分尔个衣裳洗失着"，这时候的"分"是处置介词。例（87）中，"衣裳"前面除了定语"尔"外没有其他名词性成分，所以"衣裳"只能理解为"分"的宾语，这时候的"分"已经是一个成熟的处置介词了。

"给予"义动词发展为施事标记中间的关键环节是使役动词。桥本万太郎（1987）曾指出，在东亚大陆南方的许多语言中，被动标志都与邻近语言中的"给予/还给"意义的动词有关联。而北方（特别是和汉语有接触的通古斯—满语族和一些蒙古语族语言）兼用使动—被动标志。①从词义来看，"给予"义和"致使"义之间有着密切的联系。桥本万太郎（1987）指出："'给予'这个意思很容易被引申为'给对方让有机会做什么''容让'等义。"② 徐丹（1992）也认为："从语义上

---

① ［日］桥本万太郎：《汉语被动式的历史·区域发展》，《中国语文》1987 年第 1 期，第47 页。

② ［日］桥本万太郎：《汉语被动式的历史·区域发展》，《中国语文》1987 年第 1 期，第47 页。

讲,'给'类词很容易引申为'给某人机会作某事'。"① 下面以祁门方言的"分"为例来看"给予"义、"致使"义、被动标志之间的关联。例如:

(88) 一本书分尔,那本书分渠这本书给你,那本书给他。

(89) 一本书分尔看,那本书分渠看这本书给你看,那本书给他看。

(90) 一本书分尔看,不是分尔担走个这本书让你看,不是让你拿走的。

(91) 一本书要是分尔看见早都分尔抢去着这本书要是让/被你看见早都被你抢走了。

例(88)中的"分"是典型的"给予"义动词,"给予物"是具体有形的"书"。例(89)中的"分"处于"V_1(分)+ NP + V_2"第一个动词的位置,"分"的"给予"这一动词性意义已经减弱,加上这里的"尔"既是"V_1(分)"的受事又是"V_2(看)"的施事,这样的双重身份使得"分"由使对方获得实物向使对方发出某种行为动作或允许对方发出某种行为动作发展的趋势。当"分"的宾语明确不是因"分"的动作而成为对方的所有物时,"分"就具有了"让、允许"这样的"致使"义了,例(90)中的"分"就是如此。例(91)中,前一个"分"可以理解为致使义,也可以理解为被动义,区别在于是否主动促成对方"看见"的动作及结果,因为使役动词具有自主性和可控性,所以如果是主动促成,那"分"便被理解为致使义,如果不是主动促成,那"分"便被理解为被动义;而后一个"分"只能理解为"被",因为"抢去"是客观、消极事件,与使役动词的自主性和可控性不匹配,所以这里的"分"理解为被动、遭受义更切合语境。试比较下面一组句子:

(92) 一个事先覅分渠家老子娘晓得这件事先不要让他父母知道。

(93) 一个事要是分渠家老子娘晓得那就不得了着这件事要是被/让他父母知道那就不得了了。

例(92)中的"分"一般只被理解为致使义,不会被理解为被动义,大概是因为这里是否定的祈使句,主动性较强,这和使役动词具有自主性和可控性的特点相适配,而如果这句话改为肯定的陈述句,如例

---

① 徐丹:《北京话中的语法标记词"给"》,《方言》1992年第1期,第57页。

（93），就会导致歧义现象的出现，"分"既可以理解为"致使"义动词，也可以理解为施事标记词。之所以存在歧义，一方面是因为使役和被动在意义上相通，另一方面是因为使成式和被动式在表层结构相同，都是"分+NP+VP"，但把"分"从"致使"义动词解读为施事标记，发生了重新分析，其深层结构发生了变化。当我们把"分"理解为"致使"义动词"让/叫"时，"渠家老子娘"就是兼语，句首就隐含了使役的施事，这个施事有时候可以根据语境补出来，有时候却补不出来。当我们把"分"理解为"被"时，"渠"充当的就是施动者的语义角色。

在实际的语言交际中，有时需要施受标记同现，那施受标记同形的方言如祁门方言会如何表达呢？例如普通话可以说：

（94）他被石头把脚砸断了。（普通话）

（95）我被他气得把手机都给扔了。（普通话）

（96）我把那个被他弄坏了的自行车拿去修了。（普通话）

祁门方言一般这么表达：

（97）渠驮石头分脚砸断失着。

（98）我驮渠气着分手机都（分渠）□[xua^{35}]失着。

（99）我分那个驮渠搞无益个脚拉车儿担去修着。

从例（97）至例（99）中所使用的标记来看，在施事和受事需要同现时，介引受事的介词用了唯一的形式"分"，而介引施事的介词则选用了"驮"，这说明语言在交际中有一种避免同形共现的倾向。

综上，祁门方言中，给予义动词来源的"分"兼表处置和被动，在没有具体的语境限制并且主语位置的 NP 和宾语位置的 NP 所代表的都属于生命度高的有生动物并且施动能力相当时，"分"表处置还是表被动会引起歧义，但优先理解为处置介词。除此之外歧义现象不容易出现。当施事和受事共现时，为避免施受标记相同，施事标记一般会选用"驮"。

7.2.2 驮

祁门方言中，"驮"兼有动词和介词两种用法。其中动词"驮"有三个义项：①肩扛，背负。例如"驮柴 扛柴火""驮树 扛树木""驮米 背米"等；②怀抱。例如"驮囡儿 抱孩子"；③承受。例如"驮打 挨打""驮骂挨骂""驮批挨批"。

介词"驮"介引的是施事。例如：

（100）好话驮渠一讲都无好话听着_{好话被他一说都没好话听了}。

（101）家里一心儿好吃个物都驮渠偷吃失着_{家里一点儿好吃的都被他给偷吃了}。

（102）无事无膀个驮尔骂一餐，想想就焦人_{家好端端的被你骂一顿，想想就生气}。

以上三句中的"驮"相当于普通话中的"被"，基本都可以用"分"来替换，但如果句子表示的是积极事件，那么一般不用"驮"来介引施事。例如：

（103）渠分老师儿表扬着，我驮老师儿批评着_{他被老师表扬了，我被老师批评了}。

（104）家里驮渠家老婆搞着乱七八糟个₂个₁_{家里被他老婆搞得乱七八糟的}。

（105）家里分渠家老婆收拾着干干净净个₂个₁_{家里被他老婆收拾得干干净净的}。

例（103）前一个分句"表扬"和例（105）"收拾得干干净净"表达的是积极事件，这时介引施事一般不用"驮"，而用"分"；例（103）后一个分句"批评"和例（104）"搞得乱七八糟"表示的是消极事件，所以，介引施事可以用"驮"，当然，也可以换成"分"。由此可见，祁门方言的"驮"可以介引施事成分，但暂时限于消极事件，积极事件一般使用"分"，这应该与"驮"的源义有关。介词"驮"源于"承受"义的动词"驮"，这样的源义一定程度上可能会制约"驮"的虚化方向，这也说明祁门方言的"驮"虚化得还不够彻底。

7.3 引出与事、表示关涉的介词

这一类介词用于引出动作所关涉的对象或范围，可以根据所介引对象的不同分为不同的小类，如伴随协同、对象、关涉、替代、比较、除外、包括和强调等。

7.3.1 表示伴随、协同、对象、关联的介词"跟"

祁门方言中,"跟"是一个多功能词,前文曾提及,"跟"可以表示方向、经由的场所等,除此,"跟"最常见的用法和普通话的"和、跟、同"一样表示伴随、协同、对象目标,"跟"还可以引出比较对象,表示"等比"和"比拟"义。例如:

(106) 明日下县我跟尔一堆儿去哇明天去县城里我和你一起去吧?
(107) 一个事我要先跟渠商量一下这件事我要先跟他商量一下。
(108) 尔去不去跟晓无关你去不去和我无关。
(109) 我跟渠讲要注意身体儿我跟他说要注意身体。
(110) 渠跟晓招招手儿吆晓过去他向我招招手。
(111) 老师儿吆晓要多跟渠学学老师叫我多多向他学学。
(112) 渠走路就跟渠家爸儿一样儿快他走路就像他爸爸一样快。
(113) 渠面嘴笑着跟一朵花一样儿个他脸笑得就和一朵花一样的。

例(106)中的"跟"表示的是伴随,句子中通常会有一些表示伴随的副词如"一堆儿""一起儿"与之共现。例(107)中的"跟"表示的是协同。例(108)中的"跟"表示的是关联,而祁门方言中表示关联老派常用的其实是"宁⁼[næn⁵⁵]","跟"则是新派说法。"宁⁼"表示关联具体用例如下:

(114) 宁⁼尔无关个事就霎管着和你无关的事就别管了。
(115) 我跟何旺儿⁼谈恋爱宁⁼渠什物事唉我和谁谈恋爱关他什么事?
(116) 我只买一个物儿,宁⁼尔无份我只买了一个,你没份。

以上三例中的"宁⁼"表示关联,其中例(114)中的"宁⁼"可以替换为"跟",而例(115)和例(116)中的"宁⁼"都不能替换为"跟",因为"跟"表示关联时能搭配的就只有"有关(系)""无关(系)","宁⁼"搭配的范围则要广一些,如例(115)中的"什物事",例(116)中的"无份"都可以作为谓语出现在"宁⁼+关联对象"这样的介宾结构后面。

例(109)至例(111)中的"跟"引出的是对象目标,引出对象目标表示指涉关系,指涉关系涉及动作的方向,前文在讨论介引动作方向时曾提及,方向可以分为有生方向和无生方向,"跟"表示的是有生方向,一般不表示无生方向,这里说的有生方向也可以看成对象目标。前文也曾提及,"跟"在表示有生方向时有时可以用"捉"来替换,例(109)至例(111)中仅有例(110)的"跟"可以替换为"捉"。

7.3.2 表示对象的介词"捉"

祁门方言中,"捉[tṣuːɐ³⁵]"有动词用法,也有介词用法。动词的"捉"有两个义项:

①擒拿、追捕。例如:

(117) 分一个小偷ⱼ捉起来送着派出所去把这个小偷抓起来送到派出所去。

②抓取。如"捉鱼抓鱼""捉瞎ⱼ抓瞎、躲迷藏""捉子—种抓石子的游戏"。具体用例如下:

(118) 尔下河去捉心ⱼ鱼来家和辣椒ⱼ吃你去河里抓点儿鱼来炒辣椒吃。

"捉"还可以组成固定说法"捉渠不着",这里的"捉"的字面意思应该是"抓取","捉渠不着"有"掌控不了""不得了"的意思。例如:

(119) 尔让一大心ⱼ个小鬼ⱼ去斫柴,真是捉渠不着唉你让这么点大的孩子去砍柴,真是不得了啊。

(120) 一回捉渠不着,也去碰碰运气看这次管他呢,也去碰碰运气看看。

"捉"作介词时,可以表示方向,相当于普通话中的"朝"。前文曾提及,祁门方言的"捉"可以介引有生方向,也可以介引无生方向。介引无生方向的用例如下:

(121) 渠捉到处ⱼ觑觑了,没觑到人他朝四处看了看,没看到人。

(122) 我捉屋里观一眼ⱼ,就晓得渠不高兴着我朝屋里瞟了一眼,就知道他不高兴了。

"捉"介引有生方向的用例如下:

(123) 渠捉晓笑笑ⱼ,没吱声他朝我笑笑,没做声。

(124) 渠捉晓觑觑,再捉渠家爸ⱼ觑觑,就哭着他朝我看看,再朝他爸爸看看,就哭了。

除此,祁门方言的"捉"作为介词还可以表示对象,类似于普通话中的"拿"。例如:

（125）覅无事捉小鬼ㄦ消气，小鬼ㄦ又不懂事别没事拿孩子撒气，孩子又不懂事。

（126）尔一是捉晓开玩笑嗬你这是拿我开玩笑吧。

（127）尔又捉渠开胃，等下ㄦ渠打尔我不拉［个欸］你又拿他开涮，等会儿他打你我是不拉架的。

"捉"，《说文解字》注曰："搤也……一曰握也。"《广韵》："捉搦也。"可见，"捉"本义为"握持"，"捕捉"义应该是由"握持"义引申而来。祁门方言中，"捉"的介词用法应该是由动词用法发展而来的，原本"抓取"的是实物，后来有所虚化，"抓取"的是实物所在的方向。"捉"的介词用法还见于其他方言。据盛益民（2021），吴语绍兴柯桥话中，"捉"作介词就可以介引有生方向。转引盛文用例如下：①

（128）我有事体捉偌话带唻我有事对你说。（柯桥话）

（129）渠多介光捉我笑笑他有时冲我笑笑。（柯桥话）

吴语绍兴柯桥话中"捉"除了可以介引有生方向，还可以介引受损者、伴随者。祁门方言"捉"的介词用法显然不如柯桥话中的"捉"丰富，使用的场合极其有限，而且大多属于老派用法，相应的用法新派大多用"跟""望"等来表示。

7.3.3 表示对象、关涉的介词"问"和"找"

前文曾提及，引出对象目标表示指涉关系。指涉关系涉及行为动作的方向可以是从前面的主语指向介词后面的宾语，即"顺指"；也可以是从介词后面的宾语指向前面的主语，即"逆指"，这一类介词一般表示获得性事件的来源者，即所谓的求索者。祁门方言中，表示"逆指"的介词主要有"问［uæ³³］"和"找［tʂuːɐ⁴²］"。例如：

（130）我问/找尔借心ㄦ钱照不照我问你借点钱行不行？

（131）尔覅什物都问/找渠担，渠又不欠尔个你别什么都问他拿，他又不欠你的。

（132）渠问/找晓要那边屋，我没同意他问我要那半边房子，我没同意。

祁门方言中，"跟""问"都有表示对象的用法，大致相当于普通

---

① 盛益民：《吴语绍兴（柯桥）方言参考语法》，商务印书馆2021年版，第199页。

话的"向",但"跟"和"问"却不能互相替换。例如普通话中的"向他学习""向他招手""向他笑"中的"向"祁门方言可以用"跟"来表达,却不能用"问"。"向他借""向他拿""向他要"中的"向"祁门方言可以用"问/找"来表达,却不能用"跟"。究其区别,主要在于和"问"搭配的动词限于取得意义的动词。

在表示获得性事件的来源者时,"问"和"找"的意义和用法是相同的,除此,"找"还有其他用法。祁门方言中,"找"当然还有动词用法,除了"退回余额"义外,动词的"找"还有"寻找"义,只不过"寻找"义祁门方言口语中更习惯于用"寻"。"找"一般出现在"找 + NP_人 + VP"结构中,出现在这一结构中"VP"位置的可以是"商量""算账""帮忙""借(钱、物)""打游戏""嬉"等实义动词性成分。这种结构中的"找"其"寻找"义基本被"求索"义所取代,可见,祁门方言中,"找"正处于动词向介词虚化的过程中。

7.3.4 表示受益、受损的介词"分"

祁门方言中,引出服务对象的介词有"分"和"帮",其中最常用的是"分"。例如:

(133) 尔今日分晓值个班照不照唉你今天替我值个班行不行啊?

(134) 尔下县个话就分晓买两本书哇你如果去县城就帮我买两本书吧。

(135) 我马上去分尔倒茶,尔坐下儿起我马上去给你倒茶,你先坐会儿。

(136) 尔去分渠开下门你去给他开个门。

例(133)和例(134)两例中的"分"引进服务对象,表示的是替代关系,这两例中的"分"都可以用"帮"来替换;例(135)和例(136)引进的是动作行为的受益对象,相当于普通话中的"给",这两句中的"分"一般不能替换为"帮"。

引进服务对象表示受益的介词"分"还可以引进受损者。例如:

(137) 手机是渠分尔搞无益个,尔覅问晓手机是他给你搞坏的,你别问我。

(138) 我车刚买来个,尔覅分晓开无益失着我车刚买来的,你别给我开坏了。

(139) 尔又在一儿分晓捣鬼你又在这里给我搞蛋。

除此，"分"还可以用于祈使句中，构成"介词+晓+VP"结构，表示说话人的意志，语气强烈，相当于普通话中"给我……"。例如：

（140）天光到暗就晓得哭哭哭，尔分晓歇嘴一天到晚就知道哭哭哭，你给我住嘴！

（141）尔再分晓跑几个圈儿来你再去给我跑几个圈来。

（142）覅跑，尔分晓倚着那儿别跑，你给我站住。

祁门方言中的"分"还可以组成"分+尔+动结式"结构，表示责骂的语气，这里的"尔"带有一定虚拟色彩，实际上指的是言说者自己，这件事是言说者从自己的立场出发来叙述的，即言说者是直接的利益受损者。例如：

（143）去家一看，哎呀，家里分尔翻着乱糟糟个₂个₁回家一看，哎呀，把我家里翻得乱七八糟的。

（144）那个死小鬼儿，家里一心儿钱分尔搞空唉那个熊孩子，家里一点钱都给我败光啊。

（145）分尔焦死都无人心疼，我也想开着给我气死都没人心疼，我也想开了。

"分"介引受益者的介词用法是从"分"的"给予"义动词发展而来的，前文曾提及，因为宾语从具体实物扩大为劳役，是一个正常的认知过程，几乎所有方言的"给予"义动词都有这个用法。①而介引受损者的用法又是由介引受益者的用法扩展而来的，是宾语语义范围扩大的结果。

7.3.5　表示比较的介词"比"和"似"

"比较关系"指两个或多个比较对象在程度或性状等方面有异或同的关系，包括等比关系和差比关系。前文我们在分析协同介词时已经提到协同介词"跟"同时可以表示等比和比拟，这里主要讨论表示差比的介词。祁门方言中表示差比的介词主要有"比［pi^{42}］"和"似［$ts\gamma^{33}$］"。"比"和普通话的"比"意义和用法没有差别。例如：

---

① 陈瑶：《"给予"义动词兼做处置标记和被动标记的动因》，《福建师范大学学报》（哲学社会科学版）2011 年第 5 期，第 99 页。

（146）渠跑着比尔快，尔跑着比晓快_{他跑得比你快，你跑得比我快}。

（147）现在农村个生活比老早要好过多着_{现在农村的生活比以前要好过多了}。

（148）我个头发比尔个短心儿_{我的头发比你的要短点}。

普通话否定差比句的标记形式有"不比""比不上""不如""没有"等。这几个词意思不同，"不比"是指比较主体和比较基准在性质、状态或程度上面差别不大；而"比不上""没有""不如"是指比较主体比基准性状或程度要低。祁门方言的"比"和普通话的"比"一样可以用于否定句，由"比"构成的否定比较形式有"不比""比不上""比不着"。除此，祁门方言中，表示差比的否定形式还有"不如似_{不如}""不+形容词+似_{不比}""无（□[xā²¹³]）_{没有}"。例如：

（149）读书尔不如似渠，做生意尔还是不如似渠_{读书你不如他，做生意你还是不如他}。

（150）尔无（□[xā²¹³]）渠做人聪明_{你没有他做人聪明}。

（151）渠不矮似尔/渠不比尔矮_{他不比你矮}。

（152）我现在个生活一心儿也不差似尔/我现在个生活一心儿都不比尔差_{我现在的生活一点都不比你差}。

除此，"比"和"似"还可以用于疑问句，一般多用于反问句中。例如：

（153）我还孬似渠/我还比渠孬_{我还傻过他/我还比他傻}？

（154）尔想想看，渠何儿差似尔/渠何儿比尔差_{你想想看，他哪里比你差}？

（155）一儿个屋胡必还贵似那儿个_{这里的房子难道还比那里的贵}？

从以上例句可以看到，祁门方言的"比"分布环境比较自由，不受句式、句型的影响；而"似"分布的环境较为有限，多用于否定句和疑问句中，一般不出现于肯定句中。在"不+形容词+似"否定形式和"形容词+似"疑问形式中，形容词大多是单音节的，不过偶尔也见到双音节的形容词。例如：

（156）我觉得尔不聪明似渠_{我觉得你不比他聪明}。

（157）老二新妇不肯做似老三新妇_{老二媳妇不比老三媳妇勤劳}。

（158）我何令＝节约似尔呢_{我哪里比你节约啊}？

祁门方言"不如似"后面可以跟表示人物的名词性成分，也可以跟动词性或其他成分。例如：

（159）我还不如似尔_{我还不如你？}

（160）要晓得一样儿，我还不如似不来_{早知道这样,我还不如不来。}

（161）不如似现在就跟渠讲清楚_{不如现在就跟他说清楚。}

"比"的来源很清楚。"似"在普通话中义为"类似"和"似乎"，主要联系两个在语义上等值的比较项，表示的是等比关系。不过，在汉语史语料中是可以见到"似"表示差比关系用法的。例如：

（162）岁晚客天涯，短发苍华，今年衰似去年些。（宋·刘克庄《浪淘沙》）

（163）如人入烂泥中行相似，只见一步深似一步，便浑身陷没，不能得出也。(《朱子语类》卷四四)

（164）伯夷格局更高似柳下惠。(《朱子语类》卷五二)

例（162）中两个比较项"今年"和"去年"之间存在着时间差，表示某人或某事物自身的性状随着时间的推移而不断变化，而且句末还带有一个表示数量的"些"，这个数量词主要起补充说明作用，说明两个比较项之间"衰"的差值；例（163）中，两个比较项表面相同，但因为用了数量结构，所以两个比较项之间随着时间的推移而出现了层递性的变化；例（164）中，比较点"高"的前面出现了程度副词"更"，说明两个比较项的性状有程度的差别。以上例句中的"似"均为差比介词。

"似"作为差比介词不见于现代汉语口语中，却保留在包括祁门徽语在内的一些方言中。大概是因为"比"的竞争力较强，"似"在方言中的使用场合较为受限，祁门方言中的"似"一般只出现在否定句和疑问句中。

7.3.6 表示除外的介词"除着"和"除失"

祁门方言中，表示不计算在内意义的介词有"除失 [$tɕʰy^{55}\ ɕi^0$]"和"除着 [$tɕʰy^{55}\ tṣo^0$]"，"着"和"失"都相当于普通话中的完成体助词"了"，"除失"和"除着"在祁门方言中意义和用法基本相同，一般是可以相互替换的。和普通话中的"除了"一样，祁门方言的"除失"和"除着"至少有三种用法。

第一种用法，表示排除特殊性，强调一致。例如：

（165）除着/除失尔，无别旺儿晓得一个事除了你，没有别人知道这件事。

（166）我平日儿除着/除失上班，一般都□[tɕʰy:ɐ⁵⁵]着家里我平时除了上班，一般都待在家里。

（167）渠每日除着/除失撸饭就无其他个事着他每天除了做饭就没有别的事了。

第二种用法，就是表示排除已知，补充其他，常与"还""也"之类等配合使用。例如：

（168）除着/除失尔，还有渠也来着除了你，还有他也来了。

（169）我平日儿除着/除失上班，还要接送小鬼儿我平时除了上班，还要接送孩子。

（170）渠每日除着/除失撸饭，还要洗衣裳他每天除了做饭，还要洗衣服。

第三种用法，和"就是"连用，表示二者必居其一。例如：

（171）一回得奖个除着/除失尔就是渠这回获奖的除了你就是他。

（172）尔每餐除着/除失肉就是鱼，日子几好过唉你每顿除了肉就是鱼，日子多好过啊。

（173）渠每日除着/除失吃就是困，跟个猪呐一样儿个他每天除了吃就是睡，跟头猪一样的。

"除失"和"除着"前两种用法，新派偶尔可以用"除"来表达，但仅限于后面跟着的是人称代词；最后一种用法的"除失"和"除着"，即便是新派也不能用"除"来替换，哪怕后面跟着的是人称代词。

7.3.7 表示包括、强调的介词"连""和""搭"

7.3.7.1 连

祁门方言中，表示不排除另一有关事物、包括等意思时通常用"连[nĩ:ɐ⁵⁵]"，"连"后有时还会出现"都""也"等副词，以示强调。具体来看，"连"的用法有三种：

第一种用法，表示强调。例如：

（174）做事来家辛苦死着，连话都不想讲一句做事回来累死了，连话都不想说一句。

（175）一个事连渠家老子娘都不晓得这件事连他父母都不知道。

（176）尔连讲都不讲一句就挈脚跑失着你连说都不说一声就抬脚跑了。

第二种用法，表示包括、算上。例如：

（177）连上回渠送个，家里有三把车着包括他上次送的，家里有三辆车了。

（178）连今日一起儿，我还有三日就可以去家着包括今天在内，我还有三天就可以回家了。

（179）一登＝连小鬼儿一起儿有六个人这里连孩子一起有六个人。

这种用法的"连"可以用"搭"和"和"来替换。

第三种用法，表示连带。例如：

（180）一种个水果要连皮吃这种水果要连皮吃。

（181）尔连底下个脚儿一起儿搬过来你连底下的底座一起搬过来。

（182）连壳儿称要不得，要重不少个不能连壳称，会重很多的。

这种用法的"连"可以用"和"来替换。

7.3.7.2　和

祁门方言中，"和"是一个多音多义词。读音有三种：读为"[xuːɐ⁵⁵]"的"和"有两个义项：①使和睦、使融洽。例如"和人待人友善""和事佬""和气"；②调和，搅拌。例如"和面""和中药""和鸡子糕搅拌鸡蛋羹"。

读为"[uːɐ³³]"的"和"义为"掺和、混杂"。例如：

（183）香菇儿和腊肉炒最好吃着香菇里放腊肉去炒最好吃了。

（184）尔覅徒吃菜，要和饭吃你别光吃菜，要配饭吃。

（185）听人家讲菠菜儿不能和豆腐里听别人说菠菜不能掺在豆腐里。

读为"[uːɐ⁵⁵]"的"和"是介词，有两个义项：

①表示包括、算上。例（177）至例（179）中的"连"都可以自由替换为"和"。其他用例如下：

（186）和住宿费在内一年要八千多块包括住宿费在内一年要八千多块。

（187）和皮一起儿十斤包括皮一共十斤。

（188）一回来个和晓一起儿有五个女个这次来的包括我在内一共五个女的。

②表示连带。有时候会和"带"连用。例（180）至例（182）中的"连"都可以自由替换为"和"。相比较而言，"和"比"连"口语化程度更高。例如：

（189）和染带烫要三百块连染带烫要三百块。

（190）尔再啰里八嚓个，和尔一起儿骂你再啰里吧嚓的，连你一起骂。

（191）干脆和桌一起儿搬走干脆连桌子一起搬走。

"和"的介词用法应该来源于动词。从语义上来看，祁门方言"和"表示包括和连带的介词用法与"掺和、混杂"义的动词用法联系最为密切，只不过读音上有区别。"掺和、混杂"义的动词"和"读为阳去调，而介词"和"读为阳平调，大概是用读音形式来区别不同词义，属于方言系统内部的自我协调。

7.3.7.3 搭

祁门方言中，"搭[ta³⁵]"有动词和介词两种用法。动词"搭"和普通话中的"搭"意义和用法相同，祁门方言动词"搭"最常用的是"乘、坐"义（例如"搭车""搭飞机"）和"架设"义（例如"搭棚""搭架儿""搭炉儿煮饭儿小孩子玩的搭灶做饭类过家家的游戏"）。作为介词，"搭"主要表示包括、算上，这个用法的"搭"可以替换为"和"和"连"。例如：

（192）搭/和/连那一万块钱，我一起儿分尔十万着连那一万块钱，我一共给你十万了。

（193）渠搭/和/连乡下那重屋一起儿，有三重屋他连乡下那栋房子在内，有三套房子。

（194）搭/和/连今年儿一起儿，我在一儿登⁼着八年着连今年算在内，我在这里待了八年了。

"搭""和""连"这三个介词在表示包括、算上时可以互相替换，但老派常用的是"搭"和"和"，新派最常用的是"搭"和"连"。除此，在表示强调时，祁门方言只能用"连"，不能用"搭"和"和"；表示连带的"和/连"也不能换成"搭"。例如：

（195a）连三岁个小鬼儿都晓得，尔还不晓得连三岁的小孩子都知道，你还不知道？

＊（195b）搭/和三岁个小鬼儿都晓得，尔还不晓得？

（196a）菠菜儿要连/和根拔，根可以吃个菠菜要连根拔，根可以吃的。

＊（196b）菠菜儿要搭根拔，根可以吃个。

7.4 引出工具、方式的介词

工具方式是指动作主体发出或进行某项动作的凭借，具体包括工具、方式、材料、依据等。这些语义成分在句法层面通常需要用介词来标记。介引工具方式的介词大致可以分为两类：一是材料用具类，二是依据任由类。

7.4.1 材料用具类介词

祁门方言中，表示材料用具的介词有"担[tõ¹¹]""拎[nã¹¹]""驮[tʰo⁵⁵]""用[iəŋ³³]"。其中，"用"的意思、用法和普通话相同。"担""拎"在祁门方言中同时还有"持拿"义动词的用法。作为"持拿"义动词，这两个词可以互相替换。例如：

(197) 我手里担/拎着物，尔去开门我手里拿着东西，你去开门。
(198) 几千块我还是担/拎得出来个几千块我还是拿得出来的。
(199) 渠就只晓得担/拎进来，不舍割担/拎出去他就知道拿进来，不舍得拿出去。

祁门方言中，"担"和"拎"还有"工具"义的介词用法。例如：

(200) 担/拎筷子儿吃，覅担/拎手拿邋遢拿筷子吃，别用手拿，脏。
(201) 担/拎钱买来个人情，无什物要头儿用钱买来的人情，没什么值得要的。
(202) 担/拎铅笔儿写个字儿不什物清楚拿铅笔写的字不怎么清楚。

在表示工具时，老派也可以用"驮"来代替"担"和"拎"，以上例（200）至例（202）中的"担"和"拎"都可以换成"驮"。"驮"表示工具的其他用例如下：

(203) 渠驮手去接，没接着他拿手去接，没接着。
(204) 太多着，要驮篮儿装太多了，要用篮子装。
(205) 还是驮三轮车儿来运，板车不照还是用三轮车来运，板车不行。

"担""拎""驮"所介引的工具一般是具体有形的，不能是抽象无形的。祁门方言中，介引抽象无形的工具一般使用的介词是"用"。例如：

（206a）一句话用祁门话儿来讲何令˭讲法儿这句话用祁门话来说怎么说？

*（206b）一句话担/拎/驮祁门话儿来讲何令˭讲法儿？

（207a）可以用两种个方法儿来做一个题目儿可以用两种方法来解这道题。

*（207b）可以担/拎/驮两种个方法儿来做一个题目儿。

（208a）尔要用自家个本事让人家服尔你要用自己的本事让人家服你。

*（208b）尔要担/拎/驮自家个本事让人家服尔。

"担"和"拎"表工具的用法是由"持拿"义动词用法发展而来的，"持拿"义发展出"工具"义，这也是工具类介词典型的演变路径之一，普通话中的"拿"就是例子。"驮"是由"背负"义动词用法发展而来的。这三个词在表示工具时老派可以互相替换，但都不能用来介引抽象无形的工具，可见，这三个词虚化得都不够彻底。"用"是由"使用"义动词用法虚化而来的，由"使用"义到"工具"义，从词义引申角度来说是非常自然的，这也是这一类介词的典型演变路径。作为介引工具的介词，"用"在祁门方言中使用最为广泛。

7.4.2 依据任由类介词

祁门方言中，表示依据任由的介词非常丰富，主要有"依［i¹¹］""照［tʂa²¹³］""按［ŋõ³³］""据［tɕy²¹³］""论［nỹːɐ³³］""靠［kʰo²¹³］""凭［pʰæn⁵⁵］"。这些介词按照意义大致可以分为两大类：一类主要表示遵从某个标准或以某种动作行为为前提或基础，"依""照""按""据""论"便属于这一类；另一类主要表示凭借，"靠""凭"属于这一类。从意义和用法来看，大部分介词和普通话差别不大，下面分类进行讨论。

祁门方言中表示遵从某个标准的介词，主要有"照""按"。"照""按"后面也可以加"着"。相比较而言，"照"比"按"更常用。例如：

（209）尔就照/按（着）一样儿去画你就照这样子去画。

（210）只要尔照/按（着）晓讲个去做，肯定考得上只要你照我说的去做，肯定能考上。

（211）照/按一样儿下去不得了嘞照这样下去不得了呢。

"照"除了表示遵从某个标准，还可以组成"照+人称代词/名词+看/讲",表示某人持有某种看法,这种用法的"照"可以用"依""据"来替换。不过,"据"不如"照"和"依"常用。这种用法的"照"有时候也可以用"论"来替换。例如:

(212)照/依/论/据晓讲唉,尔就不应该动手_{照我说啊,你就不应该动手}。

(213a)照/依/据渠一样_儿讲来一个班差不多_儿都能考取_{照他这么说来这个班差不多都能考取}。

*(213b)论渠一样_儿讲来一个班差不多都能考取。

(214a)照/依/据晓看,渠不得做一种个事_{照我看,他不会做这种事}。

*(214b)论晓看,渠不得做一种个事。

从上面几组例句可以看到,相较于"照""依""据","论"的使用较为受限,一般只能组成"论晓讲","晓我"不能替换为其他表示人的代词或名词,"讲"也不能替换为"看"。这大概与"论讲"这个词有关。祁门方言中,"论讲"是一个语气副词,义为"依照事实或情理来说",相当于普通话中的"按说"。例如:

(215)一种个题目_儿渠论讲考及格_儿是老牌子个_{这种题目他按说考及格是没问题的}。

(216)尔家里那近,论讲不得迟到_{你家里那么近,按说不会迟到}。

(217)论讲我应该去,不讲我家里事太多着_{按说我应该去,不过我家里的事情太多了}。

"论讲"本来就是言说者根据现实或事理做出的自我推论或判断结论,所以扩展开来只能是"论晓讲_{照我说}",这也说明"论晓讲"中的"论"作为介词,其语法化程度不够高。

7.5 引出原因、目的的介词

祁门方言中,引出原因、目的的介词主要有"为[ui^{33}]""为着[ui^{33}tʂo^{0}]",这两个词的意义和用法没有区别。引出原因的用例如下:

(218)夫妻[两人]为/为着钱个事嬲争几多回着_{夫妻二人因为钱的事不知道吵了多少次了}。

(219)大家都为/为着一个事高兴不得_{大家都为这个事高兴得不得了}。

（220）兄弟[两人]为/为着争屋几年都不讲话兄弟二人为了争房子几年都不说话。

"为""为着"引出目的，用例如下：

（221）为/为着寻钱分小鬼_儿读书，渠到外流打工去着为了挣钱给孩子读书，他到外面打工去了。

（222）渠一肯做节约都是为/为着尔呢他这么勤劳节约都是为了你呢。

（223）就是为/为着另日享福，尔现在就要用心读书就是为了以后享福，你现在就要用心读书。

相比较而言，引出原因时更常用的是"为"，而引出目的时更常用的则是"为着"。

第8章 体貌

关于汉语的体貌问题,学界已有深入、细致的讨论和广泛的研究,不过关于"体貌"的名称、体貌范畴的界定、体貌系统的分类、体貌标记的判定历来不很统一。例如,对于名称,有的学者叫作"态",有的学者叫作"貌",除此,还有"动相""情貌""动态""情态"等一些叫法。虽然名称不很一致,但对汉语的体貌范畴基本有一个共识,那就是汉语的体貌范畴和西方语言的"Aspect"并不完全相同。"汉语的'体'范畴(或'态'、'貌'),实际上也包含着不同性质的事实。其中有些是表示动作、事件在一定时间进程中的状态的,有些则是和动作、事件的时间进程没有关系或关系较少的情貌。例如'完成、进行'等都可以在动作事件进程中确定一定的时点或时段;而'尝试、反复'等则没有确定的时点或时段。……我们主张,把和aspect较为相近的前者称为'体',而把后者称为'貌'。"[①] 本书采用李如龙(1996)的分类体系,结合祁门方言的实际情况,将祁门方言的体貌系统分为完成体、已然体、进行体、持续体、经历体、起始体、短时貌、尝试貌、反复貌等。

汉语"体"范畴的表达手段主要是虚词性质的体标记。然而在祁门方言中,表示体的手段不仅是那些在意义和功能上完全虚化的成分,还有一些是以短语的形式来表示的。例如,普通话中进行体和持续体标记都是"着",而祁门方言的进行体和持续体判然有别,其中进行体表达手段中没有和普通话中的"着"相对应的虚词,一般需要用相当于普通话"在+这里/那里"的介宾短语来表示。因此,我们在判定体貌

---

① 李如龙:《〈动词的体〉前言》,张双庆主编:《动词的体》,香港中文大学中国文化研究所吴多泰中国语文研究中心,1996年,第2—3页。

标记时，除了那些在意义和功能上完全虚化的成分，也会将其他表达体貌意义的成分纳入讨论的范围。施其生在《汕头方言的"体"》一文中就曾提到："……我们所说的'体'或'貌'不限于词法的层面，体（貌）形式不限于粘附在动词上的，有许多是粘附在词组上的，'体（貌）'的意义也不只是对动作而言，而是对被粘附的成分（词、词组甚至句子）所述的动作或事件的过程而言。"① 因此，我们在对祁门方言每一种体貌归纳时都以语法形式与语法意义相结合为原则，描写其形式，说明其意义。

8.1 完成体和已然体②

完成体表示动作的完成或变化的实现，是指相对某个参照时间来说，句子所表述的事件已经成为现实。这里所说的完成或实现包括动作、变化所涉及的结果、趋向或数量等意义。已然体主要表示情况的实现或者新情况的出现，相当于普通话中"了₂"所表示的语法意义。已然体助词作为普通话中"了₂"的对应成分，用在句末，有成句的作用，兼表陈述语气。作为体标记，它可以与其他体标记相容。已然体叠加在完成体上，表示动作行为已经完成、状态变化已经发生。

鉴于祁门方言中的完成体助词和已然体助词大多同形；或者叠加后简省为一个形式，既表示动作行为的完成，又表示新情况的出现，即相当于学界所提出的"了₁₊₂"成分。所以，本书把完成体助词和已然体助词放在一起讨论。

祁门方言中，表示动作的完成或变化的实现所使用的标记形式主要有"着""失""掉""了"，除此还有一些叠用形式"着了""了着""失着""掉着""掉失着"等。下面具体讨论祁门方言中这些形式的功能和分布。为了表述简洁明了，我们用"L_1"来代表祁门方言中对应于普通话"了₁"的形式，用"L_2"来代表祁门方言中对应于

---

① 施其生：《汕头方言的"体"》，张双庆主编：《动词的体》，香港中文大学中国文化研究所吴多泰中国语文研究中心，1996年，第161页。

② 本节部分内容曾以单篇论文《安徽祁门方言完成体标记"着""失""掉"》刊发于《方言》2018年第2期，此处有修改。

普通话"了$_2$"的形式,用"L$_{1+2}$"来代表祁门方言中对应于普通话"了$_{1+2}$"的形式。其中"着"有两个,一个相当于普通话中的"了$_1$",另一个相当于普通话中的"了$_2$",我们分别标为"着$_1$"和"着$_2$"。"着$_1$"和"着$_2$"的读音不同,"着$_1$"读为[tʂo⁰],"着$_2$"读为[tʂa⁰],这个"[tʂa⁰]"大概是体标记"着[tʂo⁰]"和语气词"啊[a⁰]"的合音。

8.1.1 "L$_1$"的形式和用法

祁门方言中,对应于普通话中"了$_1$"的形式主要有"着$_1$",有时候"着$_1$"也可以用"失"或"掉"来替换。下面我们主要根据"L$_1$"的分布格式来观察"L$_1$"的形式和用法。

8.1.1.1 "V + L$_1$ + O"

动宾结构中的宾语有两种情况:一种是及物动词后只出现一个宾语的,我们称之为"单宾结构";另一种是及物动词后既出现受事宾语又出现与事宾语的,我们称为"双宾结构"。单宾结构中"L$_1$"的使用情况举例如下:

(1) 尔吃着$_1$/失饭再走哇_{你吃了饭再走嘛}。

(2) 我昨日订着$_1$两张票,今日退着$_1$/失/掉一张_{我昨天订了两张票,今天退了一张}。

(3) 卖着$_1$/失/掉旧家具_儿,再买着$_1$新沙发_{卖了旧家具,再买了新沙发}。

以上三个例句中,出现在"V + L$_1$ + O"结构中"L$_1$"位置上的有"着$_1$""失""掉",不同的动词后面可以出现的完成体标记也不完全相同。例(1)"吃"后面跟着的完成体标记是"着$_1$"或者"失"。例(2)和例(3)中均出现了两个"V + L$_1$ + O"结构,两句中"V"位置上的动词意义相对,"L$_1$"位置上的形式也不相同。例(2)"订"和例(3)"买"后面跟着的是"着$_1$",而例(2)"退"和例(3)"卖"后面完成体标记"着""失""掉"均可以出现。究其区别,"退""卖"相较于"订""买"而言语义上带有使基体有所减损或消失的意味,我们姑且称之为消极义动词,这类动词后的完成体标记除了"着$_1$"还可以用"失"和"掉"来替换,而"订"和"买"这类非消极义动词后面的完成体标记一般只用"着$_1$"。例(1)

的"吃"也可以看成消极义动词,"失"可以进入"V+L_1+O"结构中,但用"失"替换"着₁"后,这个句子就产生了歧义,既可以理解为吃饭这个动作完成了,这时的"失"是完成体标记;也可以理解为"吃完饭",这时候的"吃失"是一个动结式。而如果例(1)"V+L_1+O"结构中"L_1"位置上出现的是"掉",那"吃掉饭"就只能理解为"吃完饭"了。

从以上的例句和分析可知,"着₁"是祁门方言中最基本的完成体标记,"失"和"掉"有时候可以替换"着₁",但在分布上受到一定条件的限制,这种限制主要来自句子中的谓语动词。能与这些体标记搭配的动词基本都是偏离正常、不如意的消极义动词。"失"和"掉"原本是动词,语义上原本强调的是基体有所减损或消失。所以,一般适用于消极义的动词后,这是语法化的"滞留原则"在起作用。这也说明,"失""掉"的语法化程度不够彻底,相较而言,"掉"比"失"语法化程度更低。类似的例子还有:

(4)我今日赚着₁三百块钱,昨日亏着₁/失/掉一百块_{我今天赚了三百块钱,昨天亏了一百块}。

(5)渠结着₁/失婚再出去打工个_{他结了婚再出去打工的}。

(6)渠离着₁/失/掉婚再出去打工个_{他离了婚再出去打工的}。

(7)我挖着₁/失几棵桂花树出来,再种着₁几棵栀子花进去_{我挖了几棵桂花树出来,再种了几棵栀子花进去}。

例(4)的"赚"、例(7)的"种"属于非消极义动词,后面跟着的完成体标记只能是"着₁";而例(4)的"亏"、例(6)的"离"属于消极义动词,后面跟着的完成体标记除了"着"还可以用"失"和"掉"。而例(5)的"结"也属于非消极义动词,但后面跟着的完成体标记除了"着₁"也可以是"失",却不能是"掉",可见,"失"比"掉"的语法化程度要高。而例(7)的"挖"其实语义上并不属于消极义动词,如果没有"V+L_1+O"结构后面的趋向补语"出来","挖"后一般不会跟"失"。例如:

(8a)我今日挖着₁一大篮笋_{我今天挖了一大篮笋子}。

＊(8b)我今日挖失/掉一大篮笋_{我今天挖了一大篮笋子}。

以上分析的是单宾结构,下面看双宾结构中间插入体标记的情况。

祁门方言中，从结构上看，双宾句有两种类型："V + L₁ + Oᵣ + Oₜ"和"V + L₁ + Oₜ + 分 + Oᵣ"，完成体标记可以有所选择地进入双宾结构，插在动词和离动词最近的那个宾语中间。例如：

(9a) 我昨日分着₁渠两个月个生活费_{我昨天给了他两个月的生活费}。

＊(9b) 我昨日分失/掉渠两个月个生活费。

(10a) 银行里一个月扣着₁/失晓两百多块_{这个月扣了我两百多块}。

？(10b) 银行里一个月扣掉晓两百多块。

(11a) 学堂里奖着₁一千块钱分晓/学堂里奖着₁晓一千块钱_{学校里奖了一千元钱给我/学堂里奖了我一千元钱}。

＊(11b) 学堂里奖失/掉一千块钱分晓/学堂里奖失/掉晓一千块钱。

从以上几组例句可见，双宾结构和单宾结构中完成体标记分布情况差不多，"着₁"是最自由的，无论哪一种顺序，无论谓语动词是积极义还是消极义，"着₁"都可以进入双宾句。而"掉"是最不自由的，作为完成体标记，"掉"不被允许进入祁门方言的双宾句中。相较"着₁"，"失"的分布受到一定的限制，除非动词隐含"消失、损坏、减少和偏离常态"等消极语义特征（例如"扣"），一般"失"较少出现在这样的结构中。

以上我们分析了动宾结构中间带体标记的情况，动宾结构还可以变换为受事主语（大主语或小主语）前置的结构或处置式结构，完成体标记可以进入这两种结构，但不同的结构或结构中不同语义类型的动词对完成体标记的分布环境有不同的限制。例如：

(12) 婚结失/着₁之后渠就出去着_{他结婚了之后就出去了}。

(13) 婚离失/掉/着₁之后渠就出去着_{他离婚了之后就出去了}。

(14) 钱存失/着₁再去吃饭_{钱存了再去吃饭}。

(15) 毛因ₙ生失/着₁还无半年渠就死失着_{孩子生了还不到半年她就死了}。

以上例（12）至例（15）是受事主语前置的结构。如果把受事主语前置的结构变换为一般的处置结构，完成体标记的使用情况便会有所不同。例如：

(16a) 渠分婚结失着₁_{他把婚结了}。

＊(16b) 渠分婚结失/掉/着₁。

(17a) 渠分婚结失/着$_1$之后就出去着$_2$他把婚结了之后就出去了。

？(17b) 渠分婚结掉之后就出去着$_2$。

(18a) 渠分婚离失/掉/掉失着$_2$。

＊(18b) 渠分婚离失/掉/着$_1$。

(19) 渠分婚离失/掉/着$_1$/失着$_1$/掉失之后就出去着$_2$他把婚离了之后就出去了。

(20a) 我分钱存失/掉着$_2$我把钱存了。

＊(20b) 我分钱存失/掉/着$_1$。

以上例（16）至例（20）都属于处置句，其中有的句子属于有后续谓词性成分或小句条件下的处置句。

从以上例句我们可以看出，"着$_1$""失""掉"三个体标记中"失"的分布是最自由的，受事主语句、处置句都可以使用，也不管动词隐含的是消极性语义特征（例如"离"）还是积极性语义特征（例如"生、结、存"），都可以搭配"失"。就受事主语句而言，口语中优先选择的完成体标记是"失"，而不是"着$_1$"。受事主语句和处置句中，"着$_1$"的自由度反而不如"失"，这是句型强制性规则作用的结果：如果动词后没有补语，这两种句型强制性地要求动词后附体标记，并且句末出现表示已然的事态助词"着$_2$"。"失着$_2$"满足这一要求，而两个"着"相连或合而为一个形式"着$_{1+2}$"都不足以体现这个强制性要求。

受事主语句和处置句对"掉"的出现依然有所制约，一般而言，在消极性动词后，完成体标记"失"和"掉"不存在实质性区别，例如"离失"和"离掉"都可以说。而积极性动词一般不与"掉"搭配，除非有特别的语用需求。如"我总算分婚结掉着""总算分毛囝儿生掉着"等就隐含一种完成结婚或者是生孩子等任务后的轻松感，这里的"掉"就为句子增添了一定的语用色彩。

以上我们主要分析动宾结构中间插入完成体标记的情况。除此之外，动结式之后以及动词后带时量、动量补语时中间也可以有选择地插入完成体标记。

8.1.1.2 "V/A + L$_1$ + C"

祁门方言中，动词后含有时量短语，有独立成句和不独立成句两种情况。独立成句的又可以细分为句末有事态助词"着$_2$"和没有事态助词"着₂"这样两种情况。例如：

(21a) 那登ᵁ渠住着₁三年（着₂）那里他住了三年（了）。

(21b) 那登ᵁ渠住失三年着₂那里他住了三年了。

*(21c) 那登ᵁ渠住失三年。

*(21d) 那登ᵁ渠住掉三年（着₂）。

(22a) 渠哭着₁一个钟头（着₂）他哭了一个小时（了）。

(22b) 渠哭失一个钟头着₂他哭了一个小时了。

*(22c) 渠哭失一个钟头。

*(22d) 渠哭掉一个钟头（着₂）。

(23a) 来着₁/失好几回，还是不认得渠来了好几次，还是不认得他。

*(23b) 来掉好几回，还是不认得渠。

(24) 还只走着₁/失/掉一半物ⱼ还只走了一半。

(25) 渠一下ⱼ就跑着₁/失/掉两个圈ⱼ他一会儿就跑了两个圈。

从以上几组例句可见，作为完成体标记，"着₁"的分布最自由，也不强制要求句末事态助词"着₂"与之共现。"掉"依然表现出分布不自由的特点，除了例（24）中"走"、例（25）中"跑"和后面动量补语中间可以出现外，其他均不能出现。"走"和"跑"本身并不属于消极义动词，但后面带动量补语后可以理解为行程有所消减或全部完成既定目标，整个句子就带有一定的"消失性结果"义，所以，"失"和"掉"都可以和"着₁"一样用于动词和动量补语之间表示完成。

"失"的分布也会受到动词源义一定程度的限制，当动词为非消极性动词时，"失"进入"V/A + L₁ + C"结构中"L₁"位置时一般要求句末事态助词"着₂"共现，如例（21b）；或者要求有后续句出现，如例（23a）。当动词是消极性动词时，"失"的分布较为自由。

以上所举例子中的谓语均是动词，除此，还有谓语是形容词的类型，其后跟着的"L₁"主要表示状态变化的实现，有时候也会表示某一性质偏离标准。例如：

(26a) 裤ⱼ长着₁一伈ⱼ裤子长了一点儿。

?(26b) 裤ⱼ长失一伈ⱼ。

*(26c) 裤ⱼ长掉一伈ⱼ。

(27a) 鞋小着₁一号，尔分晓调大一号个鞋子小了一号，你给我换大一号的。

?（27b）鞋小失一号，尔分晓调大一号个。

*（27c）鞋小掉一号，尔分晓调大一号个。

（28）今年来我头发白着₁/失/掉许多今年以来我头发白了许多。

（29）我瘦着₁/失/掉五斤之后再只能着下去我瘦了五斤之后才能穿下去。

（30a）一个月只晴着₁三日物这个月才晴了三天。

*（30b）一个月只晴失/掉三日物。

（31a）渠个面嘴红着₁/失好几回他的脸红了好几次。

*（31b）渠个面嘴红掉好几回。

例（26a）和例（27a）中的"L₁"主要表示偏离正常状态的实现，谓语隐含着一种静态的比较，比较的基准是预设的正常状态。这时候"L₁"位置上不能是"掉"，用"失"的话可以接受，但会给人不太自然的感觉，"着₁"是最自然的。例（28）至例（31a）中的"L₁"主要表示状态变化的实现，"L₁"位置上可以出现什么形式，这和形容词的性质有关。

以上几个例句中，"着₁"分布最自由，也最自然。"掉"只出现在表示不好状态的形容词或显示基体有所减损的消极义形容词后面，如例（28）的"白"和例（29）的"瘦"。"失"比"掉"出现场合受限程度要低，偶尔可以出现在非消极性形容词后面，如例（31a）中的"红"后面就可以，但如果其后没有数量词，"渠个面嘴红着"可以说，而"渠个面嘴红失"就不能说了，这时候需要句末的事态助词"着₂"与之共现，即"渠个面嘴红失着"，这时"失"相当于普通话中的"了₁"，"着₂"相当于普通话中的"了₂"，对此，我们将在后文详作讨论。

8.1.1.3 "动结式 VP + L₁"

动结式之后带完成体标记情况的如下所示：

（32a）今日个数学考卷儿我做对着₁五题儿今天的数学试卷我做对了五题。

*（32b）今日个数学考卷儿我做对失/掉五题儿。

（33a）渠家定好着₁进屋个日子他家定好了搬进新房的日子。

*（33b）渠家定好失/掉进屋个日子。

（34a）我五点钟就撸好着₁饭我五点钟就做好了饭。

*（34b）我五点钟就撸好失/掉饭。

（35）尔昨日算错着₁/失/掉一笔账_{你昨天算错了一笔账}。

（36）小鬼儿又打碎着₁/失/掉一个茶杯_{儿小孩子又打碎了一个茶杯}。

以上几组例句中，例（32a）中的"做对"、例（33a）中的"定好"、例（34a）中的"撸好"均为非消极义的动结式，其后的完成体标记只用"着₁"，不用"失"或"掉"；例（35）中的"算错"和例（36）中的"打碎"是带有消极义的动结式，这些动结式后面除了可以带"着₁"作完成体标记外，还可以带"失"或"掉"。相比较而言，"算错掉一笔账"和"打碎掉一个茶杯"这样的表达在本地人看来比较生硬。但如果换成受事主语句，情况就会有所不同。例如：

（37）昨日尔一笔账算错着₁₊₂/失着₂/掉着₂/掉失着₂_{昨天你一笔账算错了}。

（38）茶杯儿又驮小鬼儿打碎着₁₊₂/失着₂/掉着₂/掉失着₂_{茶杯又被孩子打碎了}。

我们看到，当受事成分"茶杯""一笔账"提到谓语前面时，动结式后面可以带"着₁₊₂""失着₂""掉着₂""掉失着₂"等不同形式。仔细分析，单用的"着₁₊₂"实际上相当于普通话中的"了₁₊₂"，既表示完成又表示事态已然；"失着₂""掉着₂""掉失着₂"这三个成分中的"着₂"相当于普通话中的"了₂"，是表示事态已然的助词，"打碎"本身已经是动结式，所以，位于动结式和事态助词"着₂"之间的"失""掉"从性质上说应该就是完成体标记，"掉失"是"掉"和"失"的叠用形式，从叠用顺序来说，不可能出现"失掉"；"着₂"也不可能出现在"失"和"掉"的前面，即不可能出现"着₂失""着₂掉""着₂失掉""着₂掉失"等叠用形式。这三个体标记叠用顺序按照离动词等由近到远依次是："掉"—"失"—"着"。刘丹青（1996）认为，体助词有纯体助词和半虚半实体助词之分。纯体助词有一些共性："意义宽泛虚化，只表示前面动词的体，有广泛的搭配面，可用在半实或半虚的体标记后……"① 祁门方言三个体标记叠用顺序不同应源于三个体标记虚化程度的不同。一般来说，位置在后的要比位置在前的虚化程度更高。

---

① 刘丹青：《东南方言的体貌标记》，张双庆主编：《动词的体》，香港中文大学中国文化研究所吴多泰中国语文研究中心，1996年，第21页。

8.1.2 "L_2"的形式和用法

普通话中,"了$_2$"用在句末,"主要肯定事态出现了变化或即将出现变化,有成句的作用"[①]。除了"了$_1$"和"了$_2$"同时出现且"了$_1$"位于句中而"了$_2$"位于句末时,"了$_1$"和"了$_2$"判然有别外,其他情况下"了$_2$"和"了$_1$"因为同形大多不易区分。位于句末的"了"有时候可能是"了$_2$",有时候可能是"了$_{1+2}$"。如吕叔湘先生所说的"形容词后面的'了',可以表示一种变化已经完成,出现新的情况,应该算是'了$_{1+2}$';但如果只着眼于当前的情况,也可以只是'了$_2$'"[②]。和普通话相比,祁门方言情况稍有不同。祁门方言中的"L_1"有"着$_1$""失""掉"三个,"L_2"主要是"着$_2$"。所以,除了"L_1"和"L_2"均位于句末且"L_1"和"L_2"同为"着",而完成体助词"着$_1$"和已然事态助词"着$_2$"合而为一之外,其他情况下"L_1"和"L_2"大多判然有别。

祁门方言中,"L_2"在分布上有两种类型,一种类型是"L_2"单独出现,没有"L_1"与之共现。例如:

(39) 一个题目$_儿$我晓得做着$_2$这个题目我知道做了。

(40) 好几日都没觑到渠着$_2$好几天都没看到他了。

(41) 一个法$_儿$最好着$_2$这个办法最好了。

(42) 再过一下$_儿$天就亮着$_2$再过一会儿天就亮了。

(43) 马上就星期五$_儿$着$_2$马上就星期五了。

(44) 我都四十岁着$_2$我都四十岁了。

以上六个例句中,例(39)只表示事态有了变化,不表示动作完成;例(40)否定表示已出现新情况。这两个例句中的的谓语都是动词性短语。例(41)只肯定已经出现的情况,不表示有过什么变化;例(42)表示即将出现的情况。这两个例句中的谓语都是形容词性短语。例(43)是名词谓语句,隐含着一个表示变化的动词"到",表示将要出现某种新情况。例(44)句中的谓语是数量词,前面隐含着动

[①] 吕叔湘主编:《现代汉语八百词》(增订本),商务印书馆1999年版,第351页。
[②] 吕叔湘主编:《现代汉语八百词》(增订本),商务印书馆1999年版,第354页。

词"有",表示已经出现某种新情况。以上例句中的"L_2"都是"着$_2$",这个"着$_2$"不能换为"失"或"掉",但偶尔可以换为"了","着"和"了"语义上有差别。这一点将留待下文分析。

祁门方言中,"L_2"在分布上还有一种类型便是句中有"L_1"与之共现,按照"L_1"的位置不同具体又可以分为两种情况:一种是"L_1"和"L_2"分置"O/C"前后;另一种是"L_1"和"L_2"位于句末。首先看"L_1"和"L_2"分置"O/C"前后的用例:

(45)我吃着$_1$饭着$_2$我吃了饭了。

(46)渠家两个女儿都进着$_1$大学着$_2$他两个女儿都进了大学了。

(47)我在福州住着$_1$十拉年着$_2$我在福州住了十几年了。

(48)渠家老儿都死着$_1$/失/掉好几年着$_2$他爷爷都去世好几年了。

(49)都晴着$_1$三日着$_2$都晴了三天了。

(50)一年没覰倒,渠都长着$_1$一个头着$_2$一年没见到,他都长了一个头了。

以上六个例句中,前四个例句都属于谓语是动词的类型,前两句中,"L_1"和"L_2"分置"O"前后;后两句中,"L_1"和"L_2"分置"C"前后,其中例(48)中的谓语动词"死"是瞬时动词,瞬时动词带时量表示动作发生后到目前所经历的时间,因为"死"同时还是消极义动词,所以这时候的"L_1"除了是"着$_1$",还可以是"失、掉";而例(47)中的谓语动词"住"是持续性动词,持续性动词带时量表示动作持续到目前所经历的时间。例(49)和例(50)的后一分句中的谓语均为形容词,表示到目前为止,状态变化延续或重复的量。

再来看"L_1"和"L_2"位于句末的用例:

(51)我都吃失着$_2$我已经吃了。

(52)钟早都停失着$_2$/掉着$_2$/掉失着$_2$/着$_{1+2}$钟早就停了。

(53)苹果儿烂失着$_2$/掉着$_2$/掉失着$_2$/着$_{1+2}$苹果烂了。

(54)渠[两人]又打起来着$_{1+2}$他们俩又打起来了。

(55)天越来越冷着$_{1+2}$天越来越冷了。

(56)病看好着$_{1+2}$病看好了。

以上六个例句中,前三个例句中"L_1"位置上除了"着$_1$"外还可以是"失"或"掉",这时候"L_1"和"L_2"判然有别,而当"L_1"位置上是"着₁"时,"L₂"位置上的"着₂"和"着₁"合而为一,读音取的是"着₂"(或者是"着₂"和"啊"的合音形式)的读音形式"[tʂa⁰]"。后三个例句中,"L₁"和"L₂"因同为"着"所以合而为一,这个"着"实际上是"着₁₊₂"。

祁门方言中,出现在"L₂"位置上的除了"着₂",还可以是"了",取代"着"的"了"有两读:[lia⁰]和[lia⁴²]。而"了"和"着"之间存在一定程度的语义分工。先来看一组例句:

(57)渠哭着₂她哭了。

(58)渠哭了[lia⁰]她哭了。

(59)渠哭了[lia⁴²]她哭过了。

这三句中,例(57)"渠哭着"表示她原来没哭,现在开始哭了。这个"着"大致相当于普通话中的"了₂";例(58)"渠哭了[lia⁰]"表示她刚才哭了,哭的动作现在已经实现,这个时候的"了"相当于普通话中的"了₁₊₂";例(59)中的"了"读本音"[lia⁴²]"表示"哭"这个动作在过去至少发生一次,强调已经发生,有时候可以用"过"来对译,或加一个时间副词"已经"。"了[lia⁴²]"也可以用"了着"来替换。再如:

(60)茶冷着₂茶冷了。

(61)茶冷了[lia⁰]茶冷了。

(62)茶冷了[lia⁴²]茶已经冷了。

(63)茶冷了[lia⁴²]着₂茶已经冷了。

跟例(59)一样,例(62)"茶冷了[lia⁴²]"强调茶已经冷了,经常用于答语中。如:

(64)——茶冷没冷唉茶冷了没有?

——冷了[lia⁴²]/冷了[lia⁴²]着₂已经冷了。

例(60)"茶冷着"表示的是不希望发生的变化发生了。而例(61)"茶冷了[lia⁰]"是预期变化的已然。我们可以设置两组情景来区别这一对句子。如果倒了茶而忘了喝,想喝时发觉已经凉了,此时说"茶冷着",或者在提醒别人趁热喝,不然冷了,这种时候一般说"茶冷着"。而因为茶很烫没法马上喝,倒上茶后特意放着晾一会儿,晾到满意的程度,此时一般说"茶冷了[lia⁰]"。而"茶冷了[lia⁴²]"和

"茶冷了［lia⁴²］着₂"带有强调和申辩的意味。但如果句子所陈述的事实是消极的,不被预期或根本不希望其发生的,这个时候动词后面一般不出现"了",但从句法上看这种说法是没问题的,只是从语用角度考虑一般不允许这么说,这时候比较常用的表达是在动词后面加"失着₂/掉着₂/掉失着₂"。例如:

(65a) 车翻失着₂/掉着₂/掉失着₂ 车子翻了。

* (65b) 车翻了。

(66a) 渠家老头子死失着₂/掉着₂/掉失着₂/着₁₊₂ 他爸爸死了。

* (66b) 渠家老头子死了。

以上两个例句中,"车翻"和"渠家老头子死"都是不希望发生的,所以句末一般不用"了"。可见,"了"和"着"存在一定程度的语义分工。

以上所分析的例句基本都是肯定句,完成体结构相对应的否定式常用"没"或"没曾",有时句末有"着₂"。例如:

(67) 我还没/没曾吃饭 我还没吃饭。

(68) 今日一本书都没/没曾买 今天一本书都没买。

(69) 还没/没曾星期五ᵣ就想去家着₂ 还没星期五就想回家了。

(70) 许多日都没/没曾觑倒渠着₂ 许多天都没见到他了。

8.2 持续体

持续体表示动作或事态变化之后状态的持续,事态并未再发生变化;而进行体强调的是说话人说话时动作或事件正在进行,事态还在变动之中。从过程的时间轴来看,进行体和持续体所表示的动作发生所处的时段是不一样的,进行在前,持续在后。可是在普通话中这两种体意义在形式上不太容易区分,所使用的体标记都是"着",不过,与两种体标记共现的其他成分有时会有区别。例如,普通话中的进行体除了在动词后附上体标记"着",还可以在动词前加上"在"或"正在"等时间副词来共同表示动作正在进行的语义。祁门方言中,持续体和进行体在形式上区别明显,其中持续体表达形式依据谓核成分的性质可以分为两种不同的情况。

第一种情况，当谓核动词是及物动词，后面如果带宾语，动词后面一般附上持续体标记"着［tʂo⁰］"。例如：

（71）渠担着一杯茶，慢慢个走过来 他拿着一杯茶，慢慢地走过来。

（72）那个老ⱼᵣ家撑着拐杖ⱼᵣ撸饭 那个老人拄着拐杖做饭。

（73）渠听见我一样ⱼᵣ讲就揞着嘴笑起来 她听见我这么说就捂着嘴笑起来了。

这三句都是及物动词和宾语中间插入持续体标记"着"的用例。其中例（72）和例（73）后一个分句是连谓式结构，例（72）的动₁"撑拐杖ⱼᵣ"是动₂"撸饭"的方式；例（73）后一个分句中的动₁"揞嘴"和动₂"笑"之间是一种伴随的关系。持续体标记"着"除了可以出现在动宾中间，还可以出现在存现句中，表示动作产生的状态。例如：

（74）床铺着困着一个老ⱼᵣ家 床上睡着一个老人。

（75）桌高流园着几碗现菜 桌子上放着几碗剩菜。

（76）渠背脊着背着个囝ⱼᵣ，手里再驮着一个 她背上背着一个孩子，手里再抱着一个。

例（74）的句法格式是"方位短语+动+着+施事"；例（75）和例（76）两句的句法格式是"方位短语+动+着+受事"。

第二种情况，当谓核动词是不及物动词或者未带宾语时，祁门方言中没有严格意义上的持续体标记来表示动作、状态的持续，一般是用"着［tʂo⁰］+指示代词"结构置于动词后面来表示。这里的"着"是表示所在处的介词，相当于普通话的"在"。这里的指示代词有相当于普通话中"这里"的成分"一ⱼᵣ"，也有相当于普通话中"那里"的成分"那ⱼᵣ"，"一ⱼᵣ"和"那ⱼᵣ"实际上并非确指，意义都比较虚。具体用相当于近指代词的成分还是远指代词的成分也不是随意的，一般要视该动作发生的场所离说话人、听话人的距离远近而定，即要根据说话人、听话人、动作发生的地点三者之间的相对关系来选用指示代词，相比较而言，"那ⱼᵣ"比"一ⱼᵣ"更常用。表持续的结构"动词+着［tʂo⁰］+指示代词"中也可以省略介词，即可以直接用"动词+指示代词"表示动作状态的持续。例如：

（77）前头塌方，许多人都倚（着）那ⱼᵣ 前面塌方，好多人都站着。

（78）门开（着）一儿，尔大家都进来哇门开着，你们都进来吧。
（79）坐（着）那儿吃比徛（着）那儿吃好坐着吃比站着吃好。

这三个例句中，例（77）和例（79）"着+指示代词"结构主要表示动作的持续，例（78）"着+指示代词"结构则主要表示状态的持续。例（79）是一个差比句，比较的主体和客体均由连谓式结构构成，连谓式结构前后两个动词所表示的动作是伴随关系。

除了以上两种情况，祁门方言中还有特殊的表达手段来表示持续。第一种特殊情况是当主语由受事充当时，有时候可以直接用"V+着[tʂʰo³³]"来表示动作的持续，不过，这种情况多半出现在祈使句中。这里的"着[tʂʰo³³]"并不是持续体标记，而是一个表示附着义的动词，其前面的动词多是能产生附着状态的动词，动词后的"着"强调"附着"的状态。例如：

（80）外流冷，衣裳着[tʂo³⁵]着[tʂʰo³³]外面冷，衣服穿着！
（81）钱担着，要客气钱拿着，别客气！
（82）电筒带着，万一停电呢。

第二种特殊情况涉及的是连谓式。当连谓式中第一个谓词性成分和第二个谓词性成分存在手段和目的的关系时，可以直接在第一个谓词性成分后加"着[tʂo⁰]"表示，这个"着"是持续体标记。例如：

（83）我急着上班，没擼朝饭我急着上班，没做早饭。
（84）米酒要留着分尔家爸儿吃米酒要留着给你爸爸吃。
（85）渠分钱存着不舍割花他把钱存着不舍得花。

总之，祁门方言中真正的持续体标记是"着"，"着"的分布有限制，这个限制与谓核动词带不带宾语有关，谓核动词带宾语和存现句中，动作、状态的持续一般用"V+着"；谓核动词不带宾语的，动作、状态的持续义主要用"V+介词'着'+指示代词"结构表示。

8.3 进行体

进行体表示动作正在进行之中，进行的语义是"动态+持续+当时"。普通话中，或者在动词之后加"着"来表示，或者在动词前加时间副词"在"或"正在"来表示，也可以二者并用，即"在/正在+动词+着"。祁门方言中,表示动作正在进行,没有和普通话中的"着"完全对应的成分,一般是用"介词+指示代词"来表示。从前文分析和例句我们看到,祁门方言中,"介词+指示代词"也可以表示动作、状态的持续。只是表示持续义时,"介词+指示代词"是置于谓核动词之后,而表示进行体时,"介词+指示代词"则置于谓词之前。除了位置不同,持续体和进行体"介词+指示代词"结构中的"介词"也是不同的:持续体结构"介词+指示代词"中的介词用的是后置介词"着",而进行体结构"介词+指示代词"中介词用的是前置介词"在"。"介词+指示代词"结构中的指示代词有两套,一套是"在一儿/在那儿",另一套是"在那登⁼""在一登⁼"。"在一儿"和"在那儿"在句中通常会发生合音现象,"在一儿"可以快读为"[tsʰi³³]","在那儿"可以快读为"[tsʰon³³]"。例如:

(86)外流[在那儿]/在那登⁼落雨,等雨停着再走外面正下着雨,等雨停了再走。

(87)尔进来个时候儿我[在一儿]/在一登⁼吃饭你进来的时候我正吃着饭。

(88)渠大家正[在那儿]/在那登⁼讲话,有人进来着他们正说着话,有人进来了。

从上面几个例子可以看出,祁门方言可以单独运用"介词+指示代词"来表示动词正在进行的意义,也可以同时使用副词"正"来凸显动作正在进行的意义。"介词+指示代词"中的指示代词有近指和远指各两套,和持续义表达方式相同的是,这里的近指和远指并非确指,但也会考虑说话人、听话人、动作发生的地点三者之间的相对位置来选用指示代词,相比较而言,"那儿/那登⁼"比"一儿/一登⁼"更常用。

8.4 经历体

经历体表示动作行为或事态变化曾经发生。经历体和完成体在语义上有重合的地方,都表示在参考时间以前,事件已经完成。但不同的是,"完成体的后续状态是持续到参考时间,而经历体的后续状态在参考时间以前已经中断"。① 经历体所表示的某个事件在过去一度存在，但跟现在的情况无关。普通话中，经历体的表达形式为"V+过"，祁门方言与普通话基本相同。例如：

（89）我去过许多地方儿，不讲没去过西藏_{我去过很多地方，不过没去过西藏}。

（90）为着一个事，渠[两人]夒争过几多回_{为了这个事，他俩不知吵过多少次}。

（91）渠旺儿两家老早好过，后流夒何令¯不讲话着_{他们两家以前好过，后来不知怎么不说话了}。

（92）穷过个人都晓得要惜衣保暖_{穷过的人都知道珍惜生活}。

以上四个例句中，第一个例句经历体标记"过"用在动词后，表示过去曾经有这样的事情。句子的基本结构是"V+过+O"，祁门方言还可以在"V+过+O"后再加"过"，构成"V+过+O+过"这样的双标记格式。前一个"过"指向"V"，而句末的"过"指向的是整个动词结构。例如：

（93）渠读大学之前做过农业过_{他读大学前务过农}。

（94）我是讲过一句话过_{我是说过这句话}。

例（91）和例（92）两个例句中经历体标记"过"用在形容词后，表示过去曾经有过某种状态，大多含有比较的意思。如果"形容词+过"后带上时量短语，那在"形容词+过+时量短语"后还可以再加"过"。这一点和前面所说的动词后带经历体标记"过"的情况相似。例如：

（95）九月还热过一段时间过_{九月还热过一段时间}。

（96）渠家富过六七年过_{他家曾富过六七年}。

以上所举的例子中，"过"前面的都是简单动词或形容词，除此，经历体标记"过"还可以跟在 VP 或 AP 甚至更复杂的成分后面。例如：

（97）我做生意也亏本过。

（98）都有难过着吃不下去饭（过）个时候儿_{都有难过得吃不下去饭的}

---

① 潘悟云：《温州方言的体和貌》，张双庆主编：《动词的体》，香港中文大学中国文化研究所吴多泰中国语文研究中心，1996年，第267页。

时候。

（99）渠读初中时候儿也一下儿进步一下儿退步过_{他读初中时候也一会儿进步一会儿退步过}。

祁门方言中，经历体的否定形式是"否定词+V……过"，这里的否定词主要指的是表示未然的否定词"没"或"没曾"。当句中动词带宾语时，有时候"过"和宾语的顺序还可以互换。例如：

（100）渠一回都没寻过晓/渠一回都没寻晓过_{他一次都没找过我}。

（101）我没觑到过渠/我没觑到渠过_{我没看到过他}。

（102）一个小鬼儿从来没跟今日一样儿停当过_{这个孩子从来没像今天这样听话过}。

以上三个例句中的"没"均可自由替换为"没曾"。前两个例句都是动宾短语句，"过"可以放在宾语前，也可以放在宾语后，但以置于宾语前为常。第三个例句的谓语是形容词，整个句子有拿现在和过去相比较的意思。

经历体的疑问句形式有两种："V没V过"和"V过没曾"。例如：

（103）一个人尔觑没觑到过唉/一个人尔觑到过没曾_{这个人你见过吗}？

（104）尔吃没吃过一种个物唉/尔一种个物吃过没曾_{你吃过这种东西吗}？

（105）渠上海去没去过唉/渠上海去过没曾_{他上海去过吗}？

这种疑问句的否定回答是"没/没曾"，肯定回答一般是"V过了[lia^{42}]"，也可以直接回答"V了[lia^{42}]"。例如：

（106）A：尔昼饭吃过没曾_{你午饭吃过了吗}？B：吃过了[lia^{42}]/吃了[lia^{42}]_{吃过了}。

（107）A：尔问过渠没曾/尔问没问过渠唉_{你问过他吗}？B：问过了[lia^{42}]/问了[lia^{42}]_{问过了}。

从以上例句可以看到，答语中，"了[lia^{42}]"有时候可以和"过"共现，强调经历义。除此，有时候，非答语中单用"了[lia^{42}]"也可以表示经历义。例如：

（108）那儿我上回去了[lia^{42}]，一回不想去着_{那里我上次去过了，这次不想去了}。

（109）一个事我都跟渠讲了[lia^{42}]，尔不用得讲着_{这个事我都跟他说}

过了，你不用说了。

当然，例（108）和例（109）中的"了[lia^{42}]"也都可以和"过"共现。

8.5 起始体

起始体表示动作开始、事件发生，也表示变化的开始并将继续下去。普通话中常用轻声的"起来"置于动词之后来表示，有时候也会把"起来"拆开，把宾语置于"起"和"来"之间。作为起始体标记，"起来"或"起……来"也见于祁门方言中，其中，"起来"既可以紧跟在动词后，也可以跟在完成体标记"着"后。例如：

（110）一两个小鬼儿又打起来着/一两个小鬼儿又打着起来_{这两个孩子又打起来了/这两个孩子又打了起来}。

（111）渠一句话讲着晓忍不住笑起来着/渠一句话讲着晓忍不住笑着起来_{他一句话说得我忍不住笑起来了/他一句话说得我忍不住笑了起来}。

（112）渠高兴着唱起歌儿来着_{他高兴得唱起歌来了}。

（113）天冷起来着，尔要多着心儿衣裳_{天冷起来了，你要多穿点衣服}。

（114）尔一餐吃心儿一物儿，何令=胖得起来_{你一顿就吃这点儿，怎么胖得起来}？

以上五个例句中，前三个例句表示动作开始，并有继续下去的意思。例（110）和例（111）中的"起来"既可以紧跟在动词"打""笑"之后，也可以跟在"打着""笑着"后面，句义上没有什么区别，但相比较而言，"打起来着""笑起来着"比"打着起来""笑着起来"更常用。例（113）和例（114）属于"形容词+起来"结构，表示一种状态开始出现并将逐步发展下去，能够进入"形容词+起来"结构的形容词一般不能是消极意义的形容词，如果是消极意义，后面一般不能用"起来"表示起始状态，而会用"下去"表示继续下去的状态。例如：

（115）又跑步又不吃夜饭，还是瘦不下去_{又是跑步又是不吃晚饭，还是瘦不下去}。

（116）分渠骂几句之后，渠个气瘪下去着_{被他骂了几句之后，他脾气开始}

软下去了。

(117) 车轮ㄦ瘪下去着，肯定是胎破失着_{车轮瘪下去了，肯定是车胎爆了}。

"下去"和"起来"意思有区别，跟在形容词后的"下去"可以表示某种状态开始出现或已经存在并继续发展，主要着眼于状态的继续，所搭配的形容词多是表示消极意义的。而"起来"主要着眼于状态的开始，所搭配的形容词一般不能是消极意义的。

祁门方言除了动词后附"起来"表示起始体外，还可以在动词前加"开始"类词表动作或情况的开始，不过这只是一种词汇手段，"开始"类词还可以和起始体标记"起来"配合使用。例如：

(118) 渠[两人]又开始争起来着_{他们俩又开始吵起来了}。

(119) 渠开始减起肥来着_{他开始减起肥来了}。

(120) 一开学我又开始忙起来着_{一开学我又开始忙起来了}。

以上讨论了祁门方言中的完成体、已然体、持续体、进行体、经历体、起始体这六种体范畴，可以看到，各种体的语法意义与动作、事件的时间进程都有一定的关系，都可以在动作、事件中确定一定的时点或时段。祁门方言大多使用各种虚化程度较高的体标记来表示各种体范畴，偶尔也会用词汇手段来表示体意义。

下面主要讨论祁门方言的貌范畴。

与体范畴相比，貌范畴没有确定的时点或时段，一般主要体现动作的情貌，往往蕴含动作主体一定的情绪。以往讨论方言体貌范畴的著作中，关于貌范畴的有短时貌、尝试貌、反复貌、随意貌等。祁门方言中，动词的貌范畴明显使用标记的有短时貌、尝试貌和反复貌。其中短时貌和尝试貌有语义交叉的地方。短时貌主要指动作的时量短，有时也指动作的动量小、难度低，一般蕴含动作主体的轻松感。尝试貌主要表示动作的尝试性，但也包含动作的时量短或动量小的意思。祁门方言中短时貌和尝试貌标记不完全相同。下面对祁门方言的短时貌、尝试貌、反复貌展开讨论。

8.6 短时貌

和普通话一样，祁门方言可以用动词重叠式来表示短时，重叠式分为单音节的 VV 式和双音节的 ABAB 式。例如：

（121）暑假里我想两边儿走走儿、嬉嬉儿_{暑假里我想到处走走、玩玩。}

（122）渠捉晓觑觑再笑笑就分头车过去着_{他朝我看看再笑笑就把头转过去了。}

（123）同尔两家坐下来商量商量_{咱们两家坐下来商量一下。}

（124）尔要招诚招诚尔家小鬼儿，太不懂事着_{你要稍微劝导一下你孩子，太不懂事了。}

祁门方言中，单音节的 VV 式第二个"V"后还可以后附"n"尾。第 2 章词缀部分曾提过，这个"n"尾就是"儿"化标志，放在动词重叠式 VV 后面可以凸显轻快、随意的语气，如例（121）"走走"和"嬉嬉"后就加了"儿"尾。例（121）和例（122）使用的是单音节动词重叠式，例（123）和例（124）使用的是双音节重叠式。

祁门方言中，除了用重叠式来表示短时，还可以用短时貌标记"下（儿）"或"一下"来表示动作的时量短、动量小。"下（儿）"一般读轻声 [xan⁰]。例如：

（125）尔进来坐下儿哇_{你进来坐坐吧。}

（126）渠每日在家里唱下儿、跳下儿，嫑几快活_{他每天在家里唱唱、跳跳，不知道多快活。}

（127）我去看下渠好没好_{我去看看他好没好。}

（128）尔[两人]商量下／一下起_{你们俩先商量一下。}

作为短时貌标记，"下（儿）"比"一下"更为常用。"下（儿）"或"一下"一般紧贴着动词。但如果句中有宾语且宾语由人称代词充当时，短时貌标记"一下"或"下"除了可以放在动词和宾语之间，也可以放在宾语之后。例如：

（129）渠[不晓]去不去，尔去问下渠／尔去问渠下_{不知道他去不去，你去问一下他。}

（130）要吃饭着，尔去吤下渠／尔去吤渠下_{要吃饭了，你去叫一下他。}

（131）渠生病着，我要去看下渠／我要去看渠下_{他生病了，我要去看一下他。}

8.7 尝试貌

尝试一般意味着时量短、动量小,所以尝试一般也意味着短时,而短时并不一定意味着尝试。所以,尝试与短时在语义上类似于逻辑学上的真包含于的关系。祁门方言中,语义上的相关性反映在形式上就是,尝试貌的表达方式通常是在短时貌基础上再加"看"或"看看","看"或"看看"可以看作尝试貌区别于短时貌的标记。"看"和"看看"除了可以放在动词重叠式后面,还可以放在动宾、动补、动宾补、动补宾结构的后面,表示尝试。"看"和"看看"意义上没有什么不同,只是在动词重叠式后面一般用"看",不用"看看",其他情况下"看"和"看看"可以互相替换。例如:

(132) 我吃吃看咸不咸_{我吃吃看咸不咸}。
(133) 尔试那件红个看/看看_{你试那件红色的看看}。
(134) 我分包系着后登⁼看/看看_{我把包系到后面看看}。
(135) 尔用反手担物看/看看还痛不痛_{你用左手拿东西看看还痛不痛}。
(136) 我再等几分钟看/看看,尔先走_{我再等几分钟看看,你先走}。

当然,和普通话一样,祁门方言也可以单用动词重叠来表示尝试。

8.8 反复貌

反复貌主要表示动作不止一次地反复进行。祁门方言表示反复貌的手段不外乎以下两种:第一种是在动词重叠式中间插入"下_(儿)"或"啊";第二种是用四音节重叠来表示。

先看第一种插入式反复貌表达方式,具体格式有"V 下_(儿) V 下_(儿)"和"V 啊 V"。"V 下_(儿) V 下_(儿)"可以看成短时貌和反复貌的结合,既表示动作的短时,又表示动作的反复进行。而"V 啊 V"只表示动作的反复进行。除此,两种表达还有区别,"V 啊 V"可以表示连续反复的动作状态,而"V 下_(儿) V 下_(儿)"可以是间歇的。例如:

(137) 尔看渠在那_儿唱啊唱,讲啊讲,肯定吃醉着_{你看他在那儿唱啊唱,}

说啊说，肯定喝醉了。

（138）尔一个儿在一儿愁啊愁，还不如似问问渠你一个人在这里愁啊愁的，还不如问问他。

（139）渠骂啊骂，骂啊骂，骂着大家都听不下去着他骂啊骂，骂啊骂，骂到大家都听不下去了。

（140）尔手机亮下儿亮下儿个₂个₁，是何旺儿找尔有事你手机亮一下亮一下的，是谁找你有事吗？

（141）看见尔进来，渠手都在那儿抖下儿抖下儿个₂个₁看见你进来，他手都在抖啊抖的。

（142）一小鬼儿无事就哭下儿吆下儿个₂个₁，烦人家这孩子没事就哭啊叫啊的，真烦。

以上六个例句中，前三个属于"V啊V"结构，我们看到"V啊V"本身也可以重叠，如例（139）；也可以构成"V₁啊V₁"和"V₂啊V₂"并举格式，如例（137）。后三个例句属于"V下₍儿₎V下₍儿₎"格式，这里的"V"可以是相同的，如例（140）和例（141）；也可以是不同的，即"V₁下₍儿₎V₂下₍儿₎"，如例（142）。

祁门方言中，除了插入式反复貌表达方式，还有就是四音节重叠式，即"VVVV"，这个四音节重叠式在韵律上表现为"VV+VV"，第二个"V"和第四个"V"都读为轻声。例如：

（143）同尔边走边讲，讲讲讲讲就到着咱们边走边说，说着说着就到了。

（144）渠看看看看慢慢个眼睛夹起来就困着着他看看看着慢慢地就闭上眼睛睡着了。

（145）渠讲讲讲讲就哭起来着他说着说着就哭起来了。

以上我们讨论了祁门方言的体貌系统，包括完成体、已然体、持续体、进行体、经历体、短时貌、尝试貌、反复貌。从使用的手段来看，这些表达手段中有些是虚化程度高的体标记，如完成体、已然体和持续体标记"着"、经历体标记"了"等。有些属于准标记，虚化不够彻底，例如完成体标记"失"和"着"。有些尚属于词汇手段，例如进行体表达形式"介词+指示代词"等。有时候同一种体貌意义使用不同的形式来表达，例如完成体标记有"着""失""掉"；反复貌有"下₍儿₎"和"啊"，等等。不同体标记之间存在用法上的不同，也存在一定程度的分工，有的存在虚化程度高低的差异。同一个标记可以表示不同的体意义，例如，体标记"着"可以兼表完成和持续；"了"可以兼表完成和经历；下(儿)"可以兼表短时和反复，等等。

第 9 章　语气

语言的基本功能是传情达意，而语气便是表达情绪的一种手段。不同的语气传递不同的情绪，具有不同的交际功能。汉语语气的表达可以借助语气助词、语气副词、语调以及叹词等，这些表达手段也可以配合使用。其中，语气副词和语气助词是表达情绪最重要的手段，相比较而言，语气副词意义比较实在，语气助词意义比较空灵。本章分别讨论祁门方言的语气副词系统和语气助词系统。

9.1　语气副词

语气副词可以说是副词中最大、最复杂的一个次类。参照杨荣祥（2005），根据所表示的语气不同，我们把祁门方言的语气副词分为五个不同的小类：表示肯定、强调语气；表示不定、推测语气；表示疑问、反诘语气；表示祈使、决断语气；表示委婉语气。

9.1.1　表示肯定、强调语气的副词

祁门方言中表示肯定、强调语气的副词有的和普通话基本相同，例如：就，就是，反正，本来，确实，肯定，一定，恰好儿，正好儿，到底，总算，干脆，难怪，怪不得，实在，等等。有的和普通话不同，例如：坐稳，靠住，老牌子，高低，生死，横直，恰适儿，明之之/明明之之，等等。这里我们主要关注那些和普通话不同而在祁门方言中常用的语气副词。以上这些语气副词按语义又可以细分为几个小类：

9.1.1.1　表示必然、确实无疑类语气副词

祁门方言中，表示必然、确实无疑的语气副词主要有：一定，肯

定，坐稳，靠住，老牌子。这些词或者表示意志的坚决，或者用于对未发生的事情所做的确定的判断或推论；有时候也用于已发生的事，是一种肯定的推测。这些词有时候可以互相替换。例如：

（1）一夫我老牌子/肯定/坐稳/靠住赢这一把我肯定赢。

（2）一回比赛渠肯定/坐稳/靠住要输这一次比赛他一定输。

（3）尔一贯儿来读书都不用心，大学肯定/坐稳/靠住考不取个你一直以来读书都不用心，大学肯定考不取的。

（4）明日尔一定要来，不然个话我不高兴明天你一定要来，不然的话我不高兴。

"一定""肯定""坐稳""靠住""老牌子"这几个词虽然都表示"必然、确实无疑"的意思，但彼此之间存在细微的差别，大致是"一定"为一类，"肯定""坐稳""靠住""老牌子"为一类。

祁门方言中，"一定"表示意志的坚决，一般用于第一人称，或者用于第二、三人称时多表示要求、嘱咐别人坚决做到。表示意志的坚决且用于第一人称时，可以用"肯定"来替换"一定"。例如：

（5）我旺儿一定/肯定讲到做到我们一定说到做到。

（6）尔个忙儿我一定/肯定帮个你的忙我一定帮的。

（7）尔放心，我明日一定/肯定不得晏个你放心，我明天一定不会迟到的。

（8）尔跟渠讲我一定/肯定会趁早分钱还分渠个你跟他说我一定会尽早把钱还给他的。

用于第二、三人称表示要求、嘱咐别人坚决做到时，"一定"一般不能替换为"肯定"，如例（4）一般不会说"明日尔肯定要来，不然个话我不高兴"。

与普通话的"一定"相比，祁门方言的"一定"一般不用作表示对未发生的事情进行确定的推测和估计。例如普通话中可以说：

（9）我觉得他一定会同意的。（普通话）

（10）这件事他一定还不知道。（普通话）

（11）你一定是记错了，他没有来过这里。（普通话）

以上三句中的"一定"祁门方言一般都会用"肯定"之类的词来表达。"肯定""坐稳""靠住""老牌子"这四个词都能表示对未发生的事所作的确定的判断或推论，但用法存在细微的差别，其中"肯定"

和"老牌子"适用面都很广,但"肯定"带有毫无疑问的意思,而"老牌子"一般表示言说者对某件事有绝对的把握,凸显的是言说者的自信;"坐稳""靠住"主要是老派使用,表示言说者对自己所做的估计和推测的肯定,较少见于年轻人口语中。从所修饰的成分性质来看,"肯定""坐稳""靠住"既可以修饰积极意义的 VP 或 AP,也可以修饰消极意义的 VP 或 AP,但"坐稳""靠住"后面多跟"要""会"等表示情态意义的词;"老牌子"后面跟的多是积极意义的 VP 或 AP,一般不用于对消极意义的事情进行确定的判断或推论。例如:

(12) 一心ㄦ一物ㄦ,我肯定/老牌子担得起这点东西,我肯定拿得动。

(13a) 一许多,我肯定担不起这么多,我肯定拿不动。

﹡(13b) 一许多,我老牌子担不起。

(14) 一把车大来很,五个人肯定/老牌子坐得下去这辆车大得很,五个人肯定坐得下。

(15a) 一把车一的的个,五个人肯定坐不下去这辆车这么小,五个人肯定坐不下。

﹡(15b) 一把车一的的个,五个人老牌子坐不下去。

(16) 一回个比赛,我旺ㄦ肯定/老牌子/坐稳/靠住不会输个这回的比赛,我们肯定不会输的。

祁门方言中,表示必然、确定无疑类语气副词来源较为复杂,有来自 NP 的,如"老牌子",有来自 VP 的,如"坐稳""靠住"等。用法上有交叉,也存在细微的差别。

9.1.1.2 "反正"类语气副词

"反正"类语气副词指的是由两个相对或绝对的反义语素构成的语气副词,"……两个形容词(或语素)正好都处在一个语义场的两端或两面,因而很容易被推向极端,从而否定或概括整个义场"①。以极性对立的两个语素涵盖整个语义场,从而表示该义场内的周遍性的现象,在汉语共同语及方言中都有很多用例。② 如普通话中就有"左右""好

---

① 张谊生:《反义对立式语气副词的性质、功能和成因》,齐沪扬主编:《现代汉语虚词研究与对外汉语教学》,复旦大学出版社 2005 年版,第 62 页。

② 董正存:《情态副词"反正"的用法及相关问题研究》,《语文研究》2008 年第 2 期,第 14—15 页。

歹""死活""横竖""反正""早晚""迟早"。祁门方言中也存在这类语气副词，我们可以根据词义将这类词分为几个不同的小类：

第一类，表示坚定的语气，有"不管怎样，无论如何"的意思，强调在任何情况下都不改变结论或结果，这样的词主要有"高低""反正""横直"。例如：

（17）尔哭也无益，我高低/反正都不同意你哭也没用，我反正都不同意。

（18）不管尔何样儿讲，我高低/反正/横直都是要走个不管你怎么说，我反正都是要走的。

（19）人高低/反正/横直都是要死个，吓也无益人不管怎样都是死的，怕也没有用。

第二类，表示最终的结果与期望的相反，主要用的是"高低"，在修饰意愿类的词时偶尔可以用"生死"来替换。例如：

（20）我好话都讲尽着，渠高低/生死都不同意我好话都说尽了，他最终还是不同意。

（21）想一大昼，一个人我高低/生死想不起来想了半天，这个人我最终还是想不起来。

（22）算来算去，一个钱高低还是不够算来算去，这个钱最终还是不够。

第三类，指明情况或原因，相当于普通话中的"既然"。这样的词有"高低""反正""横直"等。例如：

（23）高低/横直/反正都要下县个，干脆一下买来算数反正都要去县城的，干脆一次性买来算了。

（24）高低/横直/反正都要来个，就顺带儿分尔送过来着反正都要来的，就顺便给你送过来了。

（25）同尔横直/反正都是一家人，就嫑做客气着咱们反正都是一家人，就不要客气了。

以上这些词中，"高低""横直""反正"中的构成语素原本属于空间范畴，"生死"则属于生命范畴，这些相对或绝对的反义语素组合在一起，投射到表示言说者对某一个事件的主观态度或情感的情态领域，最终发展为表情态和语气的副词。

9.1.1.3 语气副词"正好儿""刚好儿""恰好儿""恰适儿"

祁门方言中，"正好儿""刚好儿""恰好儿""恰适儿"是一组同义词，作为副词可以表示正好在某一点上，例如时间上不早不晚、空间上不前不后、数量上不多不少等；或者表示某种巧合，例如时间、情况、机会条件等与实际需要相符合等。作为副词，这些词可以修饰动词、形容词、数量词或数量名短语，也可以放在主语前面。例如：

（26）渠昨日来个时候儿我正好儿/刚好儿/恰好儿/恰适儿在家里他昨天来的时候我正好在家里。

（27）尔想看个那本书我正好儿/刚好儿/恰好儿/恰适儿有口[xã²¹³]你想看的那本书我正好有。

（28）我跟渠两家正好儿/刚好儿/恰好儿/恰适儿亲个我和他们两家正好是亲戚。

（29）一时候儿雨正好儿/刚好儿/恰好儿/恰适儿小着这时候雨正好小了。

（30）我一称，正好儿/刚好儿/恰好儿/恰适儿十斤。

（31）一登ᵘ来个正好儿/刚好儿/恰好儿/恰适儿十个人这里来的正好十个人。

（32）尔明日想下县，正好儿/刚好儿/恰好儿/恰适儿我也想去你明天想去县城，正好我也想去。

从以上七个例句可见，"正好儿""刚好儿""恰好儿""恰适儿"作为副词，意义和用法基本相同，大概"恰好儿""恰适儿"比"正好儿""刚好儿"更强调事情的巧合性。除此，这四个词还可以充当形容词，意思相当于"正合适"。其中，"恰适儿"充当谓语时还可以受"刚"或"正"的修饰，其他几个词充当谓语时不能受其他副词修饰，不过，一般需要加一个表示确认的语气词"个"。例如：

（33a）一双鞋不大不小刚恰适儿这双鞋不大不小正合适。

（33b）一双鞋不大不小正好儿/刚好儿/恰好儿/恰适儿个。

（34a）那块布分因儿做身衣裳刚恰适儿那块布给孩子做套衣服刚刚好。

（34b）那块布分因儿做身衣裳正好儿/刚好儿/恰好儿/恰适儿个。

（35a）放两瓢盐正恰适儿，再多就咸着放两勺盐刚刚好，再多就咸了。

（35b）放两瓢盐正好儿/刚好儿/恰好儿/恰适儿个，再多就咸着。

作为形容词，"正好儿""恰适儿"可以充当补语，充当补语时，"恰适儿"还可以受副词"刚""真"或"正"的修饰，"正好儿"则不能再受其他副词修饰。而"刚好儿""恰好儿"作补语时一般需要加语气词"个"。例如：

(36a) 尔来着正好儿，饭刚熟_{你来得正好，饭刚熟}。

(36b) 尔来着真恰适儿，饭刚熟。

(36c) 尔来着刚好儿/恰好儿个，饭刚熟。

(37a) 一个鱼煎着正好儿，又脆又香_{这个鱼煎得正好，又脆又香}。

(37b) 一个鱼煎着正恰适儿，又脆又香。

(37c) 一个鱼煎着刚好儿/恰好儿个，又脆又香。

以上这些词作副词时，可以修饰否定形式，如可以说"正好儿/刚好儿/恰好儿/恰适儿不在家里""正好儿/刚好儿/恰好儿/恰适儿没用掉"等，而作形容词时，则没有否定式。

9.1.1.4 语气副词"明之之""明明之之"

普通话中表示"事实显然是这样或确实是这样"意思一般用的是"明明"，当后面是单音节时也可以用"明"，"意思相当于'很明显地、显而易见地、清清楚楚地'等，用以确认某事，或以确凿的事实、理由对相反的做法、结论提出疑问或驳斥"①。祁门方言中，相当于普通话"明明"的有"明之之""明明之之"等，这里的"之"本字不明，也可能是"知"或者别的什么。"明之之""明明之之"可以出现在单句中，表示对事实进行确认，句末通常有表示确认的语气助词"个"。例如：

(38) 我明之之/明明之之交过钱个_{我明明交过钱的}。

(39) 渠明之之/明明之之不喜欢合肥个_{他明明不喜欢合肥的}。

(40) 一个话明之之/明明之之是渠讲过个_{这个话明明是他说过的}。

"明之之""明明之之"除了出现在单句中，更多的是出现在复句中，在肯定事实的同时，指出跟事实相反或不一致的一面。从所分布的位置来看，"明之之""明明之之"可以置于主语之前，也可以置于主语之后。例如：

(41) 明之之/明明之之是尔自家不来，还讲别旺儿_{明明是你自己不来，还怪别人}。

(42) 老师儿明之之/明明之之讲过要分一张考卷儿做掉个，尔一个

---

① 北京大学中文系1955级、1957级语言班编：《现代汉语虚词例释》，商务印书馆1982年版，第334页。

字ₙ都没动 老师明明说过要把这张试卷做完的，你一个字都没动。

（43）我昨日明之之/明明之之分锁匙囥桌着个，何令⁼今日无着呢 我昨天明明把钥匙放桌上的，怎么今天不见了？

"明之之""明明之之"用在复句中，所在的分句既可以在前也可以在后。以上例（41）至例（43）句中，"明之之""明明之之"均出现在前一分句中，该分句表示前提，主要提供背景信息，强调事实确定无疑。"明明"类的词也可以出现在后一分句中。例如：

（44）何ₙ是我不想去，明之之/明明之之是渠不让晓去 哪里是我不想去，明明是他不让我去。

（45）尔今日又讲话不算话着，明之之/明明之之昨日答应个 你今天又说话不算话了，明明昨天答应的。

（46）渠一进来就嫌一ₙ嫌那ₙ，明之之/明明之之渠自家一身做个鬼气 他一进来就嫌这嫌那的，明明他自己一身难闻的气味。

"明之之""明明之之"出现在后一分句中，主要用来强调言说者对某一件事情或情况所作的判断是显而易见的。

无论是"强调事实的确定无疑"还是"强调判断的显而易见"，都带有一定的主观性。

9.1.2 表示不定、推测语气的副词

祁门方言中，表示不定、推测语气的副词按照语义可以分为两类：一类是表示"大体上肯定某事即将发生，但又不是很有把握"，这样的副词有"大概ₙ""可能""恐怕""搞不好"等；还有一类主要表示"依照事实或情理来说"，这样的副词有"照讲""论讲""讲起来"等。下面分别讨论。

9.1.2.1 "大概ₙ"类语气副词

祁门方言中，表示"大体上肯定某事即将发生，但又不是很有把握"这一类用法的副词"大概ₙ""可能""搞不好""恐怕"中，前三个词和普通话的"大概""大约"意义和用法大致相同，比较特别的是"恐怕"。这四个词都可以表示对数量、时间不很精确的估计。例如：

（47）一登⁼离县里大概ₙ/可能/搞不好/恐怕有十拉里 这里离县城大概有十来里。

(48) 渠旺ⁿ大概ₙ/可能/搞不好/恐怕要下星期二ₙ放假_{他们大概要下星期二放假。}

(49) 尔只困着大概ₙ/可能半个钟头个样ₙ子_{你只睡了大约半个小时的样子。}

"大概ₙ""可能""搞不好""恐怕"这几个词均表示言说者对数量和时间的一种估计，带有一定的主观性。相对而言，"搞不好""恐怕"的主观性比"大概ₙ""可能"要高，带有更复杂的语用色彩。"搞不好"带有言说者对自己所做的估计与听话者的期待有一定差距的暗示。而"恐怕"有时候意义还比较实在，表示估计并担心或疑虑。但如果把"恐怕"移到句首或在"恐怕"所修饰的词语后面加一个"不一定"，这种"担心或疑虑"的语用色彩便会消失。如例（49），一般不说"尔只困着恐怕半个钟头个样ₙ子"，但如果把"恐怕"移到句首就可以了，即"恐怕尔只困着半个钟头个样ₙ子"。其他例句如：

(50) 渠什物时候ₙ来家咳？我好捞饭_{他什么时候回来啊？我知道了好安排做饭。}

——恐怕一下ₙ就到家（不一定）_{也许他一会儿就到家也说不定。}

——恐怕昼饭边ₙ到家（不一定）_{也许快吃午饭时到家也说不定。}

(51) 恐怕一登ⁿ到渠家里两分钟都不到_{也许这里到他家里两分钟都不到。}

从以上两组例句可见，放在句首的"恐怕"一般只表示"估计"，不带有"担心或疑虑"的附加感情色彩。

"大概ₙ""可能""搞不好""恐怕"还可以表示对情况的估计。例如：

(52) 明日大概ₙ/可能/搞不好/恐怕落雨_{明天可能下雨。}

(53) 渠明日大概ₙ/可能/搞不好/恐怕来，尔今日就要去着_{他明天可能来，你今天就别去了。}

(54a) 一双鞋渠着大概ₙ/可能/搞不好刚恰适_{这双鞋他穿也许刚合适。}

(54b) 一双鞋恐怕渠着刚恰适_{这双鞋也许他穿刚好合适。}

(55) 都十点钟着，大概ₙ/可能/搞不好/恐怕渠不得来着。

这里需要说明的是，普通话中的"恐怕"多修饰谓词性短语，这里说的谓词性短语主要指的是带动词"是""有"和能愿动词"会""要"等的短语（如"恐怕会下雨""恐怕是不会来了""恐怕有特殊情况""恐怕会冷"),普通话中的"恐怕"一般不会直接修饰一般动词或者是形容词,如一般不会说"恐怕下雨""恐怕来""恐怕冷"等。而祁门方言的"恐怕"是可以直接修饰动词的,如例(52)的"恐怕落雨";也可以直接修饰形容词,例如:

(56)一个题目学一样儿做恐怕对个(不一定)这个题目这样做也许是对的也说不定。

(57)今日落雨着,明日恐怕冷今天下雨了,明天恐怕会冷。

(58)渠个病恐怕好着,我看渠都走来走去着他的病大概好了,我看他都走来走去了。

9.1.2.2 "照讲"类语气副词

"照讲"类语气副词义为"依照事实或情理来说",一般是言说者根据现实或事理做出的自我推论或判断结论,相当于普通话中的"按说",是一种带有一定主观评价性质的语气副词。祁门方言中,这类语气副词主要有"照讲""论讲""讲起来"等。从言说者做出推论或结论所涉及事件发生的情况来看,"照讲"类语气副词可以细分为三种情况。

第一种情况,说的是未来发生的事情,整个句子隐含着"实际会是怎么样现在没有把握"①的意思。例如:

(59)渠一学期到现在都没下过前十名儿,照讲/论讲/讲起来考个重点儿老牌子个他这个学期以来都没下过前十名,按说考个重点没问题的。

(60)今日满天星,照讲/论讲/讲起来明日不得落雨今天星满天,按说明天不会下雨。

(61)渠有那长,照讲/论讲/讲起来一高心儿个树渠随便儿爬爬他有那么高,按说这么点儿高的树他随便爬爬。

"照讲"类语气副词涉及的第二种情况是在说已经发生了的事情,而言说者并不知道实情,整个句子隐含着"没有把握"的意思。例如:

(62)昨日那个题目渠照讲/论讲才后做出来着,我跟渠讲着不少时候儿昨天那个题目按说他最后做出来了,我跟他说了很久。

---

① 马真:《现代汉语虚词研究方法论》(修订本),商务印书馆2016年(2017年3月重印)版,第107页。

(63) A：照讲/论讲/讲起来渠不得迟到，渠家就在边儿着按说他不会迟到，他家就在边上。

B：那何令⁼还不来那怎么还不来？

(64) A：老儿大家肯定出门着哇爷爷他们肯定出门了吧？

B：照讲/论讲/讲起来一时候儿渠旺儿应该在中巴车高流着按说现在他们应该在中巴车上面了。

"照讲"类语气副词涉及的第三种情况是，说话人已经知道实情，整个句子隐含着"实际与所说的情况相反"的意思，即命题与事实相违背。例如：

(65) 都读高中着，照讲/论讲/讲起来一心儿事儿自家晓得做都读高中了，按说这点小事自己会做。（隐含"事实上不会做"的意思）

(66) 尔都二十好几着，照讲/论讲/讲起来不会讲一种个话你都二十好几岁了，按说不会说这种话。（隐含"已经讲出这样的话"的意思）

(67) 一不是我个事，照讲/论讲/讲起来我不必管个这不是我的事，按说我不必管的。（隐含"实际上我管这个事"的意思）

"照讲"之类的语气副词还可以扩展，如"照讲"可以扩展为"照理讲照理说""照晓我照我说"；"论讲"还可以扩展为"论晓讲要我说"。扩展后的成分在句子中一般充当插入语。

9.1.3 表示疑问、反诘语气的副词

祁门方言中表疑问、反诘语气的副词主要有"到底""何必""胡必""何儿""何令⁼"。其中"到底""何必"与普通话中的"到底""何必"意义和用法相同。例如：

(68) 尔到底同不同意唉你到底同不同意啊？

(69) 渠又不是担不起那个钱，何必去跟人家争呢他又不是拿不起那个钱，何必去和人家吵呢？

(70) 为一心儿小事儿不高兴，何必呢为这点小事不高兴，何必呢？

"胡必"主要用来加强反问语气，相当于普通话中的"难道"。这里的"胡必"是不是本字暂不可知。"胡必"慢读时为〔xu⁵⁵pi³⁵〕，快读时则为〔u⁵⁵pi³⁵〕。具体用例如下：

(71) 胡必渠不高兴着难道他不高兴了？

（72）尔胡必想着好法儿着你难道想到好办法了？

（73）一个事胡必就一样儿算着这个事难道就这样算了？

从前文"第5章指代"部分可知，祁门方言中，"何儿""何令⁼"都是疑问代词，"何儿"询问处所方位，"何令⁼"询问性状方式和原因。除此，"何儿""何令⁼"还可以用于反问，意在否定。"何儿"相当于普通话中的"哪里"，"何令⁼"相当于普通话中的"怎么"。例如：

（74）渠何儿是不懂事，就是心不好他哪里是不懂事，就是心肠坏。

（75）尔讲讲看我何儿不如似渠你说说看我哪里不如他？

（76）一许多人一把车何儿/何令⁼坐得下去唉这么多人一辆车哪里/怎么坐得下去啊？

（77）我家何儿/何令⁼有尔家好唉我家哪里/怎么有你家好啊。

以上这些副词在没有句末语气助词的配合下基本可以单独表示疑问、反诘语气。

9.1.4 表示祈使、决断语气的副词

表示祈使、决断语气的副词经常用于祈使句中，表示说话人对听话人的劝告、请求、叮嘱或表示动作主体强烈的意志和信仰，决心要进行某动作。祁门方言中，这一类语气副词主要有"一定""偏""非要/非""非……不可""千急""早以"。除了"千急"和"早以"，其他几个语气副词即"一定""偏""非要/非""非……不可"和普通话中的同形词意义及用法基本相同。例如：

（78）尔到时候儿一定要来吃酒你到时一定要来喝酒。

（79）我吆尔覅去尔自家偏/非要去我叫你别去你自己偏要去。

（80）尔学一样儿讲我非来不可你像这样说我非来不可。

这里主要讨论不见于普通话中的两个语气副词"千急"和"早以"。

"千急"主要表示恳切叮咛，包含劝告、请求、叮嘱等，相当于普通话中的"务必、一定、千万"。"千急"只用于祈使句，一般不用在陈述句中，常与能愿动词"要"或否定词"覅""不（能）"等连用，加强肯定或否定的语气。"千急"用于肯定句以加强肯定语气的用例如下：

(81) 尔千急要跟渠好好ᵣ个讲，覅凶渠你千万要和他好好地说，不要吼他。

(82) 渠吆晓千急要记得吃药他让我务必要记得吃药。

"千急"用于否定句以加强否定语气的用例如下：

(83) 尔千急覅跟渠一样个，渠不懂事你千万不要和他一般见识，他不懂事。

(84) 打雷天千急覅徛着树乱⁼底打雷天气千万不要站在树底下。

以上例句中的"千急"都可以换成"一定"，不过语气上，"千急"比"一定"的程度更强烈。

祁门方言中的"早以"本字不明，可能是"早已"或者别的什么，但祁门方言中的"早以"和普通话中的"早已"意思和用法并不相同。祁门方言的"早以"义为"索性、干脆"。"早以"一般用在复句中，通常有表示以某一相关动作行为或事实为基准点或铺垫、后一动作行为再继续或进一步实施的意思，所以，"早已"前一分句大多是后一分句中动作行为进行的基础或铺垫。例如：

(85) 都读着研究生着，早以读个博士ᵣ再去找工作都读到研究生了，干脆读个博士再去找工作。

(86) 横直都迟到着，早以请假困个通透反正都迟到了，干脆请假睡个爽快。

(87) 锅里那尐ᵣ饭ᵣ早以分渠吃掉算数锅里那点饭干脆吃完算了。

例（85）和例（86）"早以"前面分句中都提供了后面动作继续进行的理由或基础，例（85）中"读个博士"的理由在说话人看来是"读着研究生"，例（86）中"请假困个通透"的前提是"迟到着"。例（87）中虽然没有用前提分句来表示后面动作继续进行的理由或基础，但句中"那尐ᵣ饭ᵣ"暗示前序动作已经进行到一定程度了，干脆再继续实施直到"吃失吃掉"。当然，有时候也可以没有这种作为基准点或铺垫的小句，用"早以"的句子隐含有说话人已经为做这件事做了与之相关的事情，只是没有体现在字面上而已。例如：

(88) 早以分西瓜全部搬去家干脆把西瓜全部搬回家。（隐含"之前搬了一部分"的意思）

(89) 早以分厨下也扫失渠干脆把厨房也打扫一下。（隐含"之前扫了其他地方"的意思）

(90) 尔早以去分大家都吆来算数你干脆去把大家都喊来算了。（隐含"之前叫了一部分人"的意思）

祁门方言中，"早以"都可以换成"干脆"，但并非所有使用"干脆"的地方都可以换成"早以"。因为"干脆"只表示"动作行为直截了当，不拖泥带水"的意思，不能表示"以某一相关动作行为或事实为基准点或铺垫、后一动作行为再继续或进一步实施"的意思。

9.1.5 表示委婉语气的副词

祁门方言中，表示委婉语气的副词比较少，普通话中诸如"未必""未免""未尝""不妨""不免"等这些书面语词在祁门方言中基本没有相对应的说法，只有几个具有负向强调功能的语气副词，如"几乎ᵣ""差不多ᵣ""差尘ᵣ""基本""基本着"等。这几个词词义之间有交叉，部分和普通话中的同形词意义不完全相同。

据吕叔湘（1999），普通话中的"几乎"有两个义项：①表示非常接近；差不多。②表示眼看就要发生而结果并未发生；差点儿。祁门方言中的"几乎ᵣ"[$tɕi^{11} xun^{55}$]① 只有义项①，普通话中"几乎"的义项②祁门方言是用"差尘ᵣ"来表达的。

祁门方言的"几乎ᵣ"和"差不多ᵣ"都表示相差很少、很接近，可以修饰 VP、AP、NP、NumP。例如：

(91) 渠一两年ᵣ几乎ᵣ/差不多ᵣ都登⁼着县里他这一两年几乎都待在县城里。

(92) 头发几乎ᵣ/差不多ᵣ都白掉着头发几乎全白了。

(93) 一登⁼几乎ᵣ/差不多ᵣ家家户户都做新屋ᵣ着这里几乎家家户户都做新房子了。

(94) 一个班几乎ᵣ/差不多ᵣ一半考取重点着这个班几乎一半考取了重点。

"差不多ᵣ"除了副词用法还有形容词的用法，而"几乎ᵣ"没有。祁门方言的"差尘ᵣ"相当于普通话中的"差点儿"，"表示某种

---

① "几乎ᵣ"中的"乎"读音较为特别，读入祁门方言的阳平调55调，而按普通话"乎"的读音折合到祁门方言中是读阴平调11调。"乎"在《广韵》中有匣母的"户吴切"和晓母的"荒胡切"，祁门方言取的是匣母"户吴切"的读音。

事情几乎实现而没有实现，或几乎不能实现而终于实现。"① 例如：

(95) 我吆尔看路，尔刚命⁼差心儿跌倒我叫你看路，你刚才差点儿摔倒。

(96) 好得跑着快，差心儿就买不着幸亏跑得快，差点儿就买不到了。

(97) 当先应该跑两脚儿，差心儿就赶上那班车着开始应该跑两步的，差点儿就赶上那班车了。

"差心儿"隐含说话者的主观情绪至少有两种：一种是庆幸，或为不希望发生的事情几乎要发生而最终没有发生而庆幸，如例（95），或为希望发生的事情几乎不能实现而最终实现而庆幸，如例（96）；一种是遗憾或者惋惜，为希望发生的事情几乎实现而最终没能实现而遗憾，如例（97）。

祁门方言中，作为副词，"基本"义为"大体上、大部分"，可以用"基本着"来替换，和普通话的"基本"意义和用法相同。例如：

(98) 我跟尔个想法儿基本/基本着差不多儿我和你的想法基本差不多。

(99) 渠学堂里个事基本/基本着下班之前就做掉着他学校里的事基本下班之前就做完了。

(100) 渠每日基本/基本着六点钟到家他每天基本上六点钟到家。

"基本"和"基本着"可以表示大多数情况，可以视为大概率，这种情况通常会有一些表示频率的词与之共现，如例（100）的"每日"；也可以表示主要方面或主体部分，如例（98）和例（99）。

9.1.6 其他语气副词

祁门方言中，还有一些语气副词从语义上无法简单归入前五类，如相当于普通话"幸亏"义的副词和"算了"义的副词，这两类副词使用频率都很高。

9.1.6.1 "幸亏"义语气副词

普通话中的"幸亏/幸而/幸好"主要表示"由于某种有利条件而侥幸避免不良后果"② 这样的意思，"幸亏/幸而/幸好"引出这种有利

---

① 吕叔湘主编：《现代汉语八百词》（增订本），商务印书馆1999年版，第112页。
② 吕叔湘主编：《现代汉语八百词》（增订本），商务印书馆1999年增订版，第586页。

条件,"使得不企望发生的后果得以避免,表示说话人感到侥幸";也可以是这有利条件因为是某人或某方面带来的,"表示说话人感激的心情"。① 祁门方言中,"幸亏"义语气副词主要有"好得 [xo⁴² ta³⁵]""得着 [ta³⁵ tʂo³³]"。"幸亏"义语气副词的语义指向不固定,可以是谓语动词,也可以是其他成分。例如:

(101a) 我好得/得着没去,不然个话跑个空个 我幸亏没去,不然的话就跑了个空。

(101b) 好得我没去,不然个话跑个空个 幸亏我没去,不然的话就跑了个空。

*(101c) 得着我没去,不然个话跑个空个。

(102 a) 渠好得/得着没出门,不然个话一身沥湿掉 他幸亏没出门,不然的话会被雨淋透。

(102 b) 好得渠没出门,不然个话一身沥湿掉 幸亏他没出门,不然的话会被雨淋透。

*(102c) 得着渠没出门,不然个话一身沥湿掉。

(103 a) 渠高考时候ɿ渠家老ɿ无着,渠好得/得着当时ɿ还不晓得一个事 他高考时他爷爷去世了,他幸亏当时还不知道这个事。

(103b) 渠高考时候ɿ渠家老ɿ无着,好得当时ɿ渠还不晓得一个事 他高考时他爷爷去世了,他幸亏当时还不知道这个事。

*(103c) 渠高考时候ɿ渠家老ɿ无着,得着当时ɿ渠还不晓得一个事。

以上前两组中的"好得"和"得着"语义指向的是谓语,均表示"由于某种有利条件而侥幸避免不良后果",但在用法上稍有区别:"好得"可以放在谓语前面,主语后面,也可以放在句首;而"得着"一般不放在句首。这两句中表示结果的小句均出现了"不然个话",带有一定的虚拟语气。第三组例句中的"好得"和"得着"语义指向的是时间状语"当时ɿ","好得"可以放句首,也可以放在主语之后、语义指向对象的前面,而"得着"一般不放句首。第三组例

---

① 北京大学中文系1955级、1957级语言班编:《现代汉语虚词例释》,商务印书馆1982年版,第446页。

句中，表示后果的小句没有出现，因为上文已经呈现了背景，语义明确。

以上例句中的"幸亏"类词都是表示"由于某种有利条件而侥幸避免不良后果"的意思，一般多用"不然"引出不良后果。除此，祁门方言中"幸亏"类词还可以表示具有某种有利的条件或情况，这种有利条件是本来就存在的，而不是偶然出现的。例如：

（104）好得我家里离学堂里近，我不用得住学堂里_{好在我家离学校近，我不需要住学校里。}

（105）好得渠从小儿读书都用心，无人管渠照样儿考取大学着_{好在他从小读书就用功，没人管照样考上大学了。}

（106）好得渠英语儿好，申请出国比别旺儿容易些_{好在他英语好，申请出国比别人容易些。}

以上三个例句中置于句首的"好得"也都可以移至主语后面，无论哪种位置，以上三句表示存在的某种有利条件而出现好的后果的"好得"一般都不能用"得着"来替换。可见，作为语气副词，"好得"的语义比"得着"丰富。但是，"得着"在祁门方言中除了副词还有动词用法，而"好得"没有。"得着"的动词用法表示的是因为某种好处是由某人带来的一种感激之情，意思接近于"多亏"或者"得力于"。例如：

（107）我能考取大学都是得着我高中班主任_{我能考取大学都是多亏了我高中班主任。}

（108）尔有今日个好生活还不是得着尔家爸儿_{你有今天的好生活还不是多亏有你爸爸？}

（109）不是得着晓尔还想调着县里去_{不是因为有我你还想调到县城里去？}

"得着"的副词用法应该是由动词用法虚化而来的，只不过虚化后，使用域发生了改变。

9.1.6.2 "算了"义语气副词

普通话中，"算了"作为语气副词是放在句末的，主要表示"作罢、不再计较"，与其他副词和句中其他成分存在修饰或限制关系不同的是，"算了"的独立性比较强，和其他成分没有直接的语法关系。祁门方言中，相当于普通话"算了"的词语有两个："算着"，"算数"。

作为语气副词，"算着""算数"所表示的语气至少可以细分为两种，一种是"无可奈何"，暗示说话人因为对当前情况觉得不满意，可又无法改变，最后想出一种消极而无奈的办法。例如：

(110) 锁匙寻不着着，分锁撬失算着/算数 钥匙找不到了，把锁撬了算了。

(111) 出院算着/算数，家里钱都搞空着 出院算了，家里钱都花光了。

(112) 覅读书算着/算数，我看尔不是那块料 别读书算了，我看你不是那块料。

以上三个例句中，"算数"和"算着"均表示言说者或当事人的无奈，虽然都属于表达情态的主观化成分，但两者语气强烈程度有区别，相比较而言，"算数"比"算着"语气更强烈，有时带有一种自暴自弃或赌气的情绪。

"算数"和"算着"除了表示无可奈何，还可以表示随意、轻描淡写的情绪。例如：

(113) 一心ㄦ一物ㄦ，让晓一个ㄦ拎算着/算数这点ㄦ东西，让我一个人拿算了。

(114) 不用得择来择去，干脆两个ㄦ都去算着/算数 不用选来选去，干脆两个人都去算了。

(115) 一心ㄦ一路ㄦ不用得搭车，走过去算着/算数 这点ㄦ路不用搭车，走过去算了。

祁门方言中，表示无奈或轻描淡写语气的"算数"和"算着"除了放句末还可以单用。例如：

(116) 算着/算数，我懒得跟尔嚼蛆算了，我懒得跟你废话。

(117) 算着/算数，一个事尔[两人]都覅吱声 算了，这件事你们俩都不要做声了。

(118) 算着/算数，我还是跟尔一堆ㄦ去哇 算了，我还是和你一起去吧。

单用的"算数"和"算着"比放在句末的独立性更强。

9.2 语气助词

语气助词是表达情绪最重要的手段。同样的一个句子，加上不同的语气助词，可以表达不同的情绪，有时候还可以表示不同的语义差别和语用要求。汉语中，语气助词在语法和语用表达中占有非常重要的地位。不过，由于语气助词一方面意义比较空灵，另一方面在句法结构上又没有确定的形式依据，进入句子时又多依赖于所处的环境和语用因素，所以对语气助词很难从意义上进行分类，也不能像其他虚词一样可以考究本源。对语气助词的研究大多只能受限于形式，很难把握所表语气的实质。鉴于此，本章对语气助词的分类主要基于形式。根据语气助词所处的位置，我们把语气助词分为句末语气词和句中语气词两大类。其中，句末语气词就是只能位于句子末尾的语气词；而句中语气词则是指可以位于句中的语气词。大部分句中语气词其实同时也可以位于句末，个别句中语气词还可以位于句首。根据所处位置的不同将语气词分为句末语气词和句中语气词，这只是最简单的分类。各类语气词还可以进行下位分析。

从形式上看，语气词具有一定的不稳定性。这种不稳定性主要表现在会随着所处环境的不同而出现一些语音变体，或者是两个语气词连用而形成合音形式。本书尽量根据语音形式的差异用不同的书写形式来表示。

9.2.1 句末语气助词

句末语气助词是指位于句子线性序列末端的语气助词。而语气和句类关联非常密切，语气的表达必须有形式标志，因此我们在这里会联系句类来讨论句末语气助词。我们把句末语气助词分为陈述语气词、疑问语气词、祈使语气词和感叹语气词这样四类。

9.2.1.1 陈述语气词

普通话中表示陈述语气的语气词有很多，最基本的有"的"和"了"。祁门方言中相对应的形式是"个"和"着"。关于"着"，我们在"8.1.2 'L2'的形式和用法"中曾给予分析，"着"是已然体标记，也是句末语气助词。因此不再赘述。这里主要讨论语气助词"个"。

祁门方言中，"个"同一个形式对应不同的意义，有实有虚。实词"个 [ko^{213}]"是一个量词。虚词"个"有两种读音：[ka^0] 和 [ko^0]，读 [ka^0] 的是状态形容词后缀，详见"2.3.1 状态形容词后缀'个'"；读 [ko^0] 的有两个用法，一个是结构助词，另一个是句末语气助词。

作为句末语气助词，"个"相当于普通话中的"的"，表示对命题的确认，在语法系统中属于句子范畴，是传信标记。具体用法可以分为两种：

第一种是表示肯定，有时会和加重肯定语气的"是"配合使用。用不用"个"意思相同，但用"个"后肯定的语气得到加强。例如：

(119) 一个事我问过渠个_{这个事我问过他的}。

(120) 渠今日要来家个_{他今天要回来的}。

(121) 渠是跟晓讲过渠要走个_{他是和我说过他要走的}。

第二种用法是表示已然，如果不用"个"，有些句子可能就表示事情尚未发生，而用了"个"后，则表示事情已经发生。例如：

(122a) 我走路去个，渠骑车去个_{我走路去的，他骑车去的}。（已去）

(122b) 我走路去，渠骑车去_{我走路去，他骑车去}。（未去）

(123a) 渠家儿子小学儿在市儿里读个_{他儿子小学在市里读的}。（已读）

(123b) 渠家儿子小学儿在市儿里读_{他儿子小学在市里读}。（未读）

除此，比较特殊的是，祁门方言中的"个"有时还可以用在疑问句的句末，主要表达言说者对疑问点的确定。不过，位于陈述句句末的"个"读轻声［ko⁰］，而疑问句句末的"个"会带上上扬的语调，读为［ko³⁵］，这样的"个"有时候可以换成表示已然的语气助词"着"。例如：

(124) 我昨日不是跟尔讲着个［ko³⁵］_{我昨天不是和你说了的}？

(125) 渠家老子娘老早就不在着，一个事尔都不晓得个［ko³⁵］_{他父母老早就不在世了，这个事你都不知道的}？

(126) 我还跟尔讲吙夔煮暗饭，尔不记得个［ko³⁵］_{我还和你说让你别煮晚饭，你不记得的}？

以上三例中，例（126）中的"个"可以换成"着"，其他两句不能换。大致是相应的肯定句中去掉不影响句子合法的"个"不能换成"着"，而去掉"个"会影响句子完整性的"个"可以换成"着"来表达。

9.2.1.2 疑问语气词

根据提问的手段和语义情况，疑问句可以分为是非问、特指问、选择问、正反问这样四类，不同类型的疑问句使用语气词的情况不完全相同。

9.2.1.2.1 是非问语气词

祁门方言中的是非问句，会因为问话者对信息真实性的确定程度不同而选用不同的语气词，我们据此把是非问句分为中性是非问句和揣测性是非问句。中性是非问句是问话者对答案全然不知，对信息是否真实没有确定的态度，有时候还对信息的真实性持怀疑态度。普通话中的部分中性是非问句在祁门方言中常常转化为正反问。例如普通话中"你会说英语吗"，祁门方言最自然的表达是"尔晓不晓得讲英语儿呐你知不知道说英语啊"；普通话中"外面下雨了吗"，祁门方言最自然的表达是"外流落没落雨唉外面下没下雨啊"。当然，祁门方言中也存在中性是非问句。中性是非问句所使用的句末语气词主要有"哦［o⁰］"和"啊［a⁰］"。揣测性是非问句主要用于揣测性询问，在询问之前，说话人对这个信息的真实性持比较确定的态度，但又不能完全确定，因此提出询问，要求对方回应确认。对于发问者而言有预设，就是认为被问者会倾向选择与发问面一致的答案。揣测性是非问句所使用的句末语气词主要有"哇［ua⁰］""好［xo⁰］"，新派偶尔也会用"吧［pa⁰］"。两类问句举例对比如下：

（127a）一个车是新买个哦？何令⁼车头那儿有心儿迹儿呢这个车子是新买的吗，怎么车头那有点污渍呢？

（127b）一个车是新买个哇/好？我还只刚看见这个车子是新买的吧，我还只刚看见。

（128a）尔今日去家个哦？我都没听尔讲呢你今天回家的吗，我都没听你说呢。

（128b）尔今日去家个哇/好？那我就跟尔一堆儿走你今天回家的吧，那我就跟你一起走。

（129a）茶冷了啊？要是冷着尔就倒一下茶冷了吗？要是已经冷了你就倒一下。

（129b）茶冷了哇/好？都囥那儿半拉个钟头着茶冷了吧？都放那里半个多小时了。

从上面三组例句我们看到，例（127a）、（128a）、（129a）均属于中性是非问句句，发问者对答案全然不知，所使用的句末语气词主要是"哦"和"啊"；例（127b）、（128b）、（129b）均属于揣测性是非问句，问话者带着一定的求证目的，使用的句末语气词主要有"哇""好"，"哇""好"也都可以换成"吧"，但老派倾向于用"哇""好"。

9.2.1.2.2 特指问语气词

特指问是真性疑问句，普通话中的特指问大致可以分为两种形式：一种是带有"谁、什么、怎样"疑问代词或"为什么、什么事、做什么"等短语的特指问句，"谁、什么、怎样"疑问代词或"为什么、什么事、做什么"等所代表的是疑问点，问话人希望对方就疑问点作出答复；另一种是由非疑问形式加语气词"呢"构成的减省式特指问句，这种问句的疑问信息需要从上下文来获得，"呢"本身并不负载疑问信息，对句子的疑问性质也不起决定作用。这两种特指问句也存在于祁门方言中，不同的特指问句所使用的语气词不同。普通话中，第一种特指问可以不用疑问语气词，例如，普通话可以说"你是谁""他拿了什么"等，而祁门方言这一类特指问句必须在句末带上表疑问的语气词。

祁门方言中，带有疑问代词或由疑问代词组合成的短语的特指问句有一般性询问和深究性询问之别。所谓深究性询问，就是询问时具有深究、追问甚至不耐烦、不友好的意味，这种语气词带有更多的主观情态意义，通常会和语气副词"到底"配合使用，深究性询问的语气词主要有"哝 [nõ⁰]"和"哦 [o⁰]"，具体用哪一个取决于上一个音节末尾，如果上一个音节末尾是鼻音收尾就用"哝 [nõ⁰]"，非鼻音收尾就用"哦 [o⁰]"。一般性询问所使用的语气词主要有"呐 [næ⁰]"和"唉 [æ⁰]"，具体用哪一个也是取决于上一个音节末尾，如果上一个音节末尾是鼻音收尾就用"呐 [næ⁰]"，其他就用"唉 [æ⁰]"。这些词两两之间互补分布，这种互补分布的格局同样适用于下文其他用法的同形词。例如：

（130a）尔是何旺儿呐？我一心儿都不记得着 你是谁呢？我一点儿都不记得了。

（130b）尔（到底）是何旺儿哝？我一般不跟不认得个人讲我个电话号码儿 你（到底）是谁啊？我一般不跟不认识的人说我的电话号码。

（131a）尔要去何儿呐？顺路儿个话我就带尔一经 你要去哪里呢？顺路的话我就带你一程。

（131b）尔（到底）要去何儿哟？我看尔转来转去都一大伙着你（到底）要去哪里啊？我看你转来转去都好大一会儿了。

（132a）渠什物时候儿到唉？我好去接渠他什么时候到呢，我好去接他。

（132b）渠（到底）什物时候儿到哦？我上班要迟到着他（到底）什么时候到啊？我上班要迟到了。

以上三组例句中，例（130a）、（131a）、（132a）中的前一分句均属于一般性特指问句，问话者询问时比较客观，不带有特殊感情色彩，所使用的句末疑问语气词主要是"呐"或者"唉"；例（130b）、（131b）、（132b）中的前一分句均属于深究性特指问句，问话者带有一定的主观情绪，与之相匹配的句末疑问语气词也是带有主观情态意义的"哟"或者"哦"。

需要说明的是，不是所有带上疑问代词的疑问句都是特指问句，因为疑问代词除了代指疑问点的功能外还有"任指"和"虚指"的功能。例如：

（133a）尔想吃心儿什物唉 [æ⁰] 你想吃点什么呢？

（133b）尔想吃心儿什物哇 [ua⁰] 你想吃点什么吧？

（134a）有何旺儿去过唉 [æ⁰] 有谁去过呢？

（134b）有何旺儿去过哇 [ua⁰] 有谁去过吧？

（135a）渠想去何里登呐 [n æ⁰] 他想去哪里呢？

（135b）渠想去何里登哇 [ua⁰] 他想去哪里吗？

以上三组例句中，例（133a）中的"什物"、例（134a）中的"何旺儿"、例（135a）中的"何里登"在句子中是实指，分别询问事物、人、处所，这三个句子是特指问。而例（133b）中的"什物"、例（134b）中的"何旺儿"、例（135b）中的"何里登"在句子中是虚指，问话者询问的目的不在于让答话者就这些疑问代词所代指的对象作出回答，而旨在让答话者作出"是"或"非"的回答，这三个句子属于是非问。三组句子两两之间除了句末语气词其他完全相同，却传达了不同的询问意图，这种区别主要靠句末语气词来体现，可见语气词非常重要。

第二种特指问是指减省式特指问。祁门方言中的减省式特指问句和普通话相似，大多由非疑问形式加语气词"呢 [nĩ⁰]"构成。例如：

（136）我过下儿再去，尔呢_{我过会儿再去，你呢?}

（137）渠讲渠走去学堂，尔旺儿呢_{他说他走着去学校，你们呢?}

（138）同尔旺儿过年去乡下过，渠旺儿呢_{咱们过年去乡下过，他们呢?}

减省式特指问句中，疑问点虽然没有出现，但可以根据上下文语境给予补足。如例（136），补足完整的特指问句应该是"我过下儿再去，尔什么时候去唉_{我过会儿再去，你什么时候去呢}"。但有时候前句信息点较多时，问话人需要使用一定的焦点暗示，或重读或添加焦点标记等，避免使用减省式特指问句时造成理解上的歧义。例如：

（139）我中秋节打算去市儿里，尔呢_{我中秋节打算去市里，你呢?}

例（139）中若没有焦点暗示，按照句末焦点原则，优先理解为针对"市里"询问处所，即一般把疑问句"尔呢"理解为"尔去何儿_{你去哪里}"，当然发问点也可以是针对"中秋节"询问时间，这时疑问句"尔呢"可以理解为"尔什么时候儿去市里_{你什么时候去市里}"。

9.2.1.2.3 选择问语气词

选择问，是指发问人提出并列选项供对方从中作出选择。选择问句便是由选择并列结构负载疑问信息构成的一种疑问句。选择问句可以仅通过上扬的语调来表达疑问语气，也可以兼用语气词来表达。普通话中，一般用"是、还是"来连接并列选项，常用的语气词有"呢、啊"。在双项选择问句中，语气词可以置于第一个选项之后，也可以置于第二个选项之后。祁门方言中选择问句的句末语气词比普通话丰富。

和特指问相同，祁门方言的选择问也可以分为一般性询问和深究性询问两种，不同类型的选择问句所使用的语气词也不相同。一般性询问所使用的语气词主要有"呐［næ⁰］"和"唉［æ⁰］"。这里的"唉［æ⁰］"有时候可以用"呢［ni⁰］"或"嘞［le⁰］"来替换。而深究性选择问句带有深究、追问甚至不耐烦、不友好的意味，所使用的句末语气词主要有"哝［nõ⁰］"和"哦［o⁰］"。"呐［næ⁰］"和"唉［æ⁰］"、"哝［nõ⁰］"和"哦［o⁰］"分布上的条件同与上文。例如：

（140a）尔是吃粥唉/呢/嘞，还是吃饭？厨下都有个_{你是喝粥呢，还是吃饭？厨房里都有的。}

（140b）尔（到底）是吃粥还是吃饭哦？一下儿一儿，一下儿那儿你（到底）是喝粥还是吃饭啊？一会儿这样，一会儿那样？

（141a）尔是坐车去唉/呢/嘞，还是走路去？我跟尔一堆儿你是坐车去呢，还是走路去？我和你一道。

（141b）尔（到底）是坐车去还是走路去哦？讲都不讲清楚你（到底）是坐车去还是走路去啊？说都不说清楚。

（142a）渠是七五年儿出世个还是七六年儿呐/呢/嘞？我记不清楚着他是七五年出生的还是七六年呢？我记不清楚了。

（142b）渠（到底）是七五年儿出世个还是七六年儿哝？尔千急嚜搞错着他（到底）是七五年出生的还是七六年啊？你千万别搞错了。

以上三组例句中，例（140a）、（141a）、（142a）属于一般性选择问句；例（140b）、（141b）、（142b）属于深究性选择问句，所使用的句末语气词和深究性特指选择问句所使用的句末语气词是相同的。

9.2.1.2.4　正反问语气词

正反问，又叫"反复问"，是由肯定形式和否定形式并列的格式构成。正反问句，是由正反并列结构负载疑问信息的一种疑问句。祁门方言的正反问句有的一定要使用句末语气词，而有的则可以单纯依靠语调而不使用句末语气词。总的来说，祁门方言正反问所使用的句末语气词主要有"呐 [næ⁰]" "唉 [æ⁰]" "哝 [nõ⁰]" "哦 [o⁰]"，前两个语气词适用于一般性正反问句，后两个语气词适用于深究性正反问句，"呐"和"唉"的分别以及"哝"和"哦"的分布规律与前面提到的其他几种类型的疑问句相同。

祁门方言的正反问句主要有三种格式：第一种是"V不V"和"V没V"式；第二种是"V没曾"式，和普通话不同的是，祁门方言没有"V不"式；第三种是附加问式，即陈述句后加"是不是""照不照""好不好""对不对"一类的正反并列问句结构。一般来说，除了第一种格式需要句末语气词强制出现外，其他两种格式的句末语气词不是必然需要出现的。例如：

（143）尔明日学堂里去不去唉你明天学校里去不去？

（144）渠今日来没来医院里拍片儿呐他今天有没有来医院拍片啊？

（145）我跟尔讲个话尔到底听没听进去哦我跟你说的话你到底听没听进去啊？

（146）尔吃饭没曾（唉）你饭吃了没？

（147）尔衣裳到底收没曾（哦）你衣服到底收了没有啊？

（148）尔［两人］到时儿一起儿来，照不照（唉）你们俩到时一起来，行不行？

（149）尔不应该跟一个老儿家争坐个地方儿，尔讲是不是（唉）你不应该和一个老人争座位，你说是不是？

（150）尔个祖宗，明日再去分尔买好不好（哦/唉）你个祖宗，明天再去给你买好不好？

以上例句中，前三句属于第一种格式，无论是"V不V"还是"V没V"式，这里的"V"都只能是单音节。例（146）和例（147）属于第二种格式，涉及的事件均是未然式（如果事件是已然的，则只能用第一种格式），如普通话中可以说"你去不"，祁门方言只能表达为"尔去不去唉"。例（148）至例（150）这三句属于第三种格式，"照不照"和"好不好"主要询问是否可行，祁门方言最常用的是"照不照"；"是不是"和"对不对"主要询问是否正确，祁门方言最常用的是"是不是"。

9.2.1.3 祈使语气词

从表达功能上看，祈使句的作用主要是要求（包括命令、希望、建议、请求、禁止、劝阻等）听话人做或者不做某事。因此，从具体的表义功能上看，祈使句可以细分为命令句、禁止句、建议句、劝阻句、请求句等。不同意义类型的祈使句用不用语气词以及用什么样的语气词都存在一定程度的不同。祁门方言中，祈使句有的也可以不用语气词，但以使用语气词为常。祁门方言祈使句所使用的语气词大致有"哇［ua^0］""啊［a^{213}］""啰［lo^0］"，其中最常用的是"哇［ua^0］"，这个"哇［ua^0］"也是适用度最广的，所涵盖的主观态度不如其他两个词明显。普通话中，有时同样的句子句末用上不同的语气词所表示的语气就会有所不同。例如"走啊"属于命令义祈使句，句末用的是语气词"啊"，主要表示催促，而"走吧"则属于建议或请求义祈使句，语气比较委婉。两种不同的祈使句在祁门方言中则可以使用相同的语气词，即可以都用"哇"，但需要配合不同的句调来使用，命令句用的是降调，请求或建议句用的是上扬调。"哇"的用

例如：

（151）明日同尔［两人］一堆儿去哇↗_{明天咱俩一起去吧}。

（152）吆渠也过来吃哇↗_{叫他也过来吃吧}。

（153）尔有本事尔就过来哇↘_{你有本事你就过来啊}。

（154）尔再分晓啰唆一句看看哇↘_{你再给我啰唆一句看看}。

以上例句中，前两句主要在征询听话人的意见，属于一般的请求句或建议句，后两句则则带有一定的挑衅意味，四句的语气词都是"哇"。

除了"哇"，祁门方言祈使句的句末还可以用"啊"或者"啰"，这两个语气词所包含的主观态度较为明显。例如命令式祈使句中，语气最强烈的是"啊"，这个"啊"带有拖长的尾音，调值近于系统中的阴去调 213 调，比起"哇"和"啰"，"啊"更能加重催促语气，还隐含一种威胁的意味。"啰"语气较弱，除了催促有时还带有一种无可奈何、哀求的意味。例如：

（155）尔再夒骂着啊，要是再骂个话我一脚尖分尔踢老远去_{你别再骂了啊，要是再骂的话我一脚给你踢得远远的}。

（156）快心儿啊，要是再不走尔就夒想去着_{快点啊，要是再不走你就别想去了}。

（157）囡儿呐，尔走快心儿啰，不然个话赶不上车着_{孩子啊，你走快点吧，不然的话赶不上车了}。

（158）尔一句一句讲清楚啰，夒急，我等尔_{你一句一句说清楚啦，不要着急，我等你}。

除此，还有一种祈使句表示的是征求对方同意自己即将做某事，也可以只是表示提醒和告知，有时候也带有一定的威胁意味。这种祈使句主要用于未然将然的事件，祁门方言主要用"着"和"欸"的合音形式"［着欸］[tşe⁰]"。例如：

（159）尔再不来我走［着欸］_{你再不来，我可走了哦}。

（160）尔换好没曾？我进来［着欸］_{你换好了没有，我进来了哦}。

（161）尔夒着哇？我全部吃失［着欸］_{你不要了吧？我全部吃了哦}。

以上例句中的"［着欸］"也可以换为"［着啊］"，相比较而言，"［着啊］"比"［着欸］"语气要强烈，威胁意味也更强一些。

9.2.1.4 感叹语气词

感叹句是一种以直接抒发感情为主要功能的句子，可以表达说话人喜爱、赞美、高兴、惊叹、感慨、愤怒、悲哀等情感意义，或者表示说话人的不满、讽刺、鄙视等情感意义。既表达感情，同时也传递信息。感叹句一般会有一些显性标志。这里说的显性标志可以包括高程度副词感叹标记，如普通话中的前位标记"太""真""多""好""怪"等，以及后位标记"极""透""死""坏"等；或者疑问代词如"哪里""多少"等；可以包括感叹语气词如"啊""呢""哟""啦""喽"及其变体；还可以包括感叹语调。

这里主要讨论语气词标志。语气词是感叹句中的常用表达手段，祁门方言中，表示感叹的句末语气词主要有"唉 [æ⁰]""呐 [næ̃⁰]"和"哦 [o⁰]""哝 [nõ⁰]"。作为感叹语气词，"唉 [æ⁰]"和"哦 [o⁰]"之间、"呐 [næ̃⁰]"和"哝 [nõ⁰]"之间没有区别。例如：

（162）一个地方ₙ几好唉/哦 这个地方多好啊。

（163）今日学堂里个人晓得几多唉/哦 今天学校里的人多么多啊。

（164）那家人晓得几不子＝进＝呐/哝 那家人多坏呀。

（165）尔一个物事ₙ真不是个人呐/哝 你这个东西真不是人哪。

以上四个例句中，我们可以看到，句末语气词和感叹标记"几"或者"晓得几"等配合使用，这些感叹标记表示程度很高，同时也含有夸张的语气和强烈的感情色彩，在句子中作状语。这时候，句末语气词是要求强制出现的。其中表示程度的"几"和"晓得几"，在祁门方言中还有一个词义相当的可替代的词"覅几"，虽然词义上都可以理解为"多么"，但在语气词的使用上却存在差异。"几"和"晓得几"一定要求语气词"唉"或"呐"或"哦"或"哝"与之共现，而"覅几"则一般不需要句末语气词与之共现。例如：

（166）渠那个人覅几犟 他那个人不知道有多犟。

（167）我一听渠讲话就覅几焦 我一听他说话就不知道有多生气。

（168）一个菜覅几辣，分晓辣着眼泪鼻涕一担挑 这个菜不知道有多辣，把我辣得眼泪鼻涕直冒。

这主要是因为"覅几"是表示一般陈述的一个程度副词，所以不需要语气词与之共现；而"晓得几""几"则是表示对极高程度的肯定和感叹的一个程度副词，一般用于感叹句，且常需要感叹语气词与之搭配使用。

9.2.2 句中语气助词

句中语气词这一名称主要是就其所处的位置来说的，"从历史来源看，现代口语里的句中语气词都是由句末语气词发展而来的。这个过程中，它们原来在句末所具有的明显的疑问语气、感叹语气都不同程度地减弱了。同时，在句首成分后的停顿位置上，又产生了一些新的语气意义。"① 从功能来看，句中语气词并不表示句子的语气类型，只是一种句中的停顿标记，"它主要有两个作用：一是预示停顿的作用，一是表达口气的作用。……句子语气词所表示的口气，则多为舒缓、委婉或延宕、迟疑的口气"②。

句中语气词在句中出现的位置有一定的规律，和普通话一样，句中语气词"既可以出现在不同的句子成分之间，也可以出现在不同句法成分之间，还可以出现在同一个句法成分之间"。③ 下面分别讨论祁门方言句中不同位置上出现的语气词。

9.2.2.1 句子成分之间的语气词

句子成分之间的语气词包括句首的修饰语、提示语、独立语之后的语气词。祁门方言这类语气词主要有"啊 [a⁰]""唉 [æ⁰]"以及"啊"和"唉"的各种语音变体，例如"哪 [nã⁰]""呀 [ia⁰]""呐 [nẽ⁰]"等。例如：

（169）昨日呀，尔不应该一个ᵣ跑着来昨天啊，你不应该一个人跑过来。

（170）在学堂里啊，小鬼ᵣ都听讲，就是去家不听讲在学校里啊，孩子都听话，就是回家不听话。

（171）一个人哪，尔何样ᵣ讲渠都不睬着尔这个人哪，你怎么说他都不理你。

（172）渠家两个老物啊，一个跟儿子，一个跟女ᵣ他家两个老人啊，一个跟儿子，一个跟女儿。

---

① 方梅：《北京话句中语气词的功能研究》，《中国语文》1994 年第 2 期，第 137 页。
② 张谊生：《现代汉语虚词》，张斌主编，华东师范大学出版社 2000 年版，第 281 页。
③ 张谊生：《现代汉语虚词》，张斌主编，华东师范大学出版社 2000 年版，第 279 页。

(173) 依晓讲唉，尔就住着一儿算数依我说啊，你就住在这里算了。

(174) 论讲唉，渠不得迟到个按说呢，他不会迟到的。

以上六句中，例（169）和例（170）句中语气词"呀""啊"分别位于句首时间状语和处所状语后面；例（171）和例（172）句中语气词"啊""哪"位于句首话题后面；例（173）和例（174）句中语气词"唉"跟在独立成分之后。这些语气词在分布上除了所附音节的语音条件不同外，在分布上没有什么规律。

9.2.2.2 句法成分之间的语气词

句法成分之间的语气词包括出现在主谓之间、述宾之间、述补之间、状中之间、近宾和远宾等之间的语气词，主要作用是表示语气的舒缓或迟疑等。祁门方言这类语气词较多，除了和句子成分之间使用相同的"啊""哪""呀"等外，还有"呢 [nĩ⁰]""嘞 [le⁰]"等。例如：

(175) 家里个物呢，都是尔个家里的东西呢，都是你的。

(176) 钱嘞，不多，一两百个样儿子钱呢，不多，一两百的样子。

(177) 我请木匠啊，来分因儿打个坐枷我请木匠，来给宝宝做个坐具。

(178) 我想吃啊，家里个腊肉我想吃啊，家里的腊肉。

(179) 尔看渠哭着啊，眼泪鼻涕一担挑你看他哭得呀，眼泪鼻涕一大堆。

(180) 我气着啊，都想分渠一巴掌我气得啊，都想给他一巴掌。

(181) 我昼时儿哪，来家吃饭我中午啊，回家吃饭。

(182) 渠三脚两脚个₂个₁啊，跑过来着他三步并作两步地啊，跑过来了。

(183) 渠买分渠家儿子啊，一重大老个屋他买给他儿子啊，一套很大的房子。

(184) 尔接个锅铲儿哪，分晓你递个锅铲啊，给我。

以上例句中，语气词有插在主谓之间的，如例（175）的"呢"和例（176）的"嘞"；有插入述宾之间的，如例（178）的"啊"，例（177）的"啊"则出现在兼语之后；有插在述补之间的，如例（179）和例（180）中的"啊"；有插在状中之间的，如例（181）中的"哪"和例（182）中的"啊"；有插在近宾和远宾之间的，如例（183）中的"啊"和例（184）中的"哪"。

9.2.2.3 句法成分之内的语气词

句法成分之内的语气词是指位于并列成分之间的语气词，包括主语内部、谓语内部、宾语内部、定语内部等,主要表示分项列举。祁门方言这类语气词主要有"哦[o⁰]"和"唉[æ⁰]",以及"哦"的语音变体"哝[nõ⁰]"和"唉"的语音变体"呐[næ̃⁰]"。例如:

(185)一班唉/哦、二班唉/哦、五班唉/哦,都选上着_{一班啊、二班啊、五班啊,都选上了。}

(186)老伯儿呐/哝、小叔儿呐/哝、大哥儿呐/哝今日都下县_{大伯啊、小叔啊、大哥啊今天都去县城。}

(187)一大班学生儿在那儿吃唉/哦、唱唉/哦、跳唉/哦,嫑几高兴_{一大班学生在那里吃啊、唱啊、跳啊,好不高兴。}

(188)一时候儿还在一儿讲唉/哦、笑唉/哦,一下儿就要哭着_{这时候还在这儿说啊、笑啊,一会儿就要哭了。}

(189)我分尔担着一心儿青菜唉/哦、香菇儿呐/哝、肉唉/哦,尔自家撸_{我给你拿了一点青菜啊、香菇啊、肉啊,你自己做。}

(190)渠今日买着鱼唉/哦、肉唉/哦、油唉/哦,一大些_{他今天买了鱼啊、肉啊、油啊,很多。}

(191)尔分前日[个唉]、昨日[个唉]、今日[个唉]单儿都担过来_{你把前天的啊、昨天的啊、今天的单据都拿过来。}

(192)我喜欢乌[个唉]、灰[个唉]、白[个唉]衣裳,尔呢_{我喜欢黑的、灰的、白的衣服,你呢?}

以上例句中,例(185)的"唉/哦"和例(186)的"呐/哝"位于三个并列主语之间;例(187)和例(188)的"唉/哦"位于三个并列谓语之间;例(189)和例(190)的"唉/哦"位于三个并列的宾语之间;例(191)和例(192)的语气词"唉[æ⁰]"和前面的结构助词"个[ko⁰]"合音为"[kæ⁰]",置于并列的宾语之间,表示对宾语的分项列举,这里也可以用语气词"哦",但因为"个[ko⁰]"和"哦[o⁰]"的韵母相同,合音为之后还是[ko⁰],似乎看不到语气词"哦"的痕迹。

9.2.2.4 复句的分句之间的语气词

复句的分句之间也可以用一些语气词,主要表示停顿。其中最常见的是假设关系复句,表示假设的偏句后可以用语气词来表示停顿。祁门方言复句的分句之间的语气词有"哇[ua⁰]""嘞[le⁰]""唉[æ⁰]"。

例如：

（193）尔讲不管渠哇/嘞，心里也下去不得；管渠哇/嘞，那是自家寻苦吃你说不管他吧，心里又过不去；管他吧，那是自己找苦吃。

（194）尔要是去哇/嘞，就跟晓讲一句你要是去呢，就和我说一声。

（195）渠个话讲掉之后嘞，我再慢慢个跟尔算账他话说完之后呢，我再慢慢地跟你算账。

（196）昨日讲好今日要去个嘞，我就走着昨天说好今天要去的呢，我就走了。

（197）渠心里不舒服唉，故只不耳着尔他心里不舒服啊，所以不理你。

（198）我看尔是肚里不饿唉，再好吃个尔都吃不下去我看你是肚子不饿啊，再好吃的都吃不下。

（199）渠不好好儿个读书嘞，还到处打流儿他不但不好好读书呢，还到处混日子。

（200）尔不讲分渠上规矩嘞，还教渠骂人你不说给他上规矩呢，还教他骂人。

以上八个例句中，例（193）和例（194）中的语气词"哇/嘞"是置于假设关系分句之间的；例（195）和例（196）均是表示顺承关系的复句，置于分句之间的语气词均为"嘞"；例（197）和例（198）均是表示因果关系的复句，置于分句之间的语气词均为"唉"；例（199）和例（200）均是表示转折关系的复句，置于分句之间的语气词均为"嘞"。除了"哇"和"嘞"在假设关系复句中可以互相替换外，其他关系的分句之间的语气词一般不能被替换，可见，不同的分句关系对语气词的选择也不同。概括起来大致是：假设关系分句之间的语气词一般用"哇"和"嘞"；顺承关系和转折关系分句之间的语气词一般用"嘞"；因果关系分句之间的语气词一般用"唉"。

第 10 章　否定

否定是语言中的普遍范畴，每一种语言中都存在表达否定的手段，这种手段可以是词汇手段，也可以是形态句法手段。汉语中的否定手段主要是词汇手段。从汉语否定词的词性来说，表达否定的词有动词性质的，也有副词性质的；从否定词的形式来说，有简单否定词，有复杂否定词，还有一些是复杂否定词的合音形式。

祁门方言的否定语素主要有三个基本形式："不""没""无"。其中"无"主要用于存在否定，只有动词用法。除此，还有一些否定词是在这些否定语素的基础上派生出来的，如"没曾没,没有""无□[xã²¹³]没,没有""不得不能""不照不行""不准""不什物不怎么""不大不太""不用得不用""不好得不好"等；还有一个否定词是由否定语素"不"和"要"合音而成的"嫑"。祁门方言的否定词主要是否定副词，因此本章主要讨论祁门方言的否定副词，在讨论否定副词时因为同形关系也会涉及否定动词。本章参照杨荣祥（2007），根据否定副词所否定的内容不同，将祁门方言的否定副词分为三个小类。

10.1　表示单纯否定的副词

祁门方言中，表示单纯否定的副词和普通话一样用的是"不[pa³⁵]"。"不"用在谓词性成分前面，表示对主观意愿、某种习惯、某种状态、判断等的否定，可指过去、现在和将来。例如：

（1）我现在不跟尔讲读书个事我现在不跟你说读书的事。
（2）渠不喜欢吃烟个他不喜欢抽烟的。
（3）我另日不去乡下养老着我以后不去乡下养老了。

（4）屋里个灯不亮着_{房子里的灯不亮了。}

（5）我看渠一心_儿都不聪明_{我看他一点儿都不聪明。}

和普通话一样，祁门方言中的"不"可以用于假设，这种假设可以是对过去已经发生的事情做出虚拟的否定，也可以是对未发生的行为进行假设。例如：

（6）尔昨日不那样讲个话我还觉得尔是个聪明人_{你昨天不那么说的话我还觉得你是个聪明人。}

（7）我要是不来就打电话跟尔讲_{我要是不来就打电话跟你说。}

"不"单用可以表示判断，如例（5）中的"不聪明"，除此，"不"也可以和判断动词"是"组合为"不是"来表示否定的判断。祁门方言中"不是"还可以放在句末，表示对原因的追述或者对听话者未做某事或做了不应该做的事表达一种遗憾、不满、责备的情绪。这种"不是"通常读轻声，有时候甚至可以合音为"［pi⁰］（← ［pa³⁵ ɕi⁴²］）"。例如：

（8）何旺_儿吆尔不早心_儿来［不是］_{谁叫你不早点来。}

（9）我早都跟尔讲覅吃酒，尔自家不听［不是］_{我早都跟你说不要喝酒，谁叫你自己不听。}

（10）我吆尔覅去，尔非要去［不是］_{我叫你别去，谁知你非要去。}

放在句末的这种"不是"无论是结构还是表义完整性上并不是必要的，即"不是"的有无并不影响前后语句句法上的合法性，它的有无也不影响语句的命题内容和真值条件。但删去后一方面语气上比较生硬，另一方面也缺少了说话者想要表达的对听话人做了本不应该做的事后所产生的后果是意料之中的意思以及遗憾、不满、责备的情绪。即"不是"属于情态性功能成分，主要辅助说话者表示确认的语气表达，这种表确认的"不是"没有要求听者回答的互动诉求，因为说话人已经有所认知。这种置于句末主要在语用上体现附加的责备义和意料之中意味的"不是"没有句法功能，只有表达功能。

10.2　表示对已然否定的副词

普通话中，否定动作或状态已经发生用的是"没"和"没有"，一一般而言,"口语中多用'没',后面带'了'又有宾语时尤其如此。但问句末了或单独回答问题都必须用'没有'"①。与普通话相同的是,祁门方言也用"没 [mæ⁵⁵]"来表示对过去、已然的否定,除此,还可以用"没曾 [mæ⁵⁵tsʰæ⁵⁵]"。"没"和"没曾"这两个词语义上没有区别,但"没"比"没曾"更常用。一般来说,否定词所否定的 VP 越复杂,就越倾向于单用"没",而不用"没曾"。例如:

(11)我家里有事,才后没/没曾去_{我家里有事,最后没去}。

(12)我没/没曾看见尔个笔_{我没看见你的笔}。

(13)我一回都没覰到过渠_{我一次都没见到过他}。

以上例(13)中否定词后面是"V + P + O + V"这样一个复杂的结构,口语中一般会选择"没"来对这样的一个复杂结构进行否定。

"没"和"没曾"可用于问句:其中"没"多用于正反问,所构成的格式是"V 没 V";"没曾"多用于句末,所构成的格式是"V 没曾"。和陈述句表达习惯相同的是,问句中,如果 VP 越复杂,就越倾向于单用"没",而不用"没曾"。"没"和"没曾"也可以单独回答问题。例如:

(14a)A:尔吃没吃唉_{你吃没吃啊}? B:没/没曾(吃)_{没(吃)}。

(14b)A:尔饭吃没曾_{你吃饭没有}? B:没/没曾(吃)_{没有(吃)}。

(15a)A:渠上没上学唉_{他读没读书啊}? B:没/没曾(上)_{没(读)}。

(15b)A:渠上学没曾_{他读书没有}? B:没/没曾(上)_{没有(读)}。

(16a)A:尔覰没覰到过我个笔唉_{你有没有看到过我的笔啊}? B:没/没曾没有。

(16b)A:我个笔尔覰到过没曾_{我的笔你看到过没有}? B:没/没曾没有。

以上三组例句中,前两组中的 VP 都是简单形式,可以用"没",也可以用"没曾",最后一组例句中,例(16a)中的 VP 由"V + P + O + V"这样一个复杂结构构成,对这样一个结构使用正反问的方式提问时,若用"没"则不需要调整顺序,如果要用"没曾",一般需要将宾语提至句首充当话题,以此减少谓语结构的句法负担。不管提问时用的是"V 没 V"结构还是"V 没曾"结构,简单的否定性的答句都是既

---

① 吕叔湘:《现代汉语八百词》(增订本),商务印书馆 1999 年版,第 383 页。

可以用"没",也可以用"没曾"。

除了以上对已然否定的副词用法,"没曾"还有一些特殊用法,构成一些固定短语,如"没曾心儿不到时候,还差点时间""没曾了下儿暂时还不到时候""没曾讲起为时尚早,还早着呢""没曾了很还早着呢","没曾讲起为时尚早,还早着呢"和"没曾了很还早着呢"可以互相替换,也可以用"没讲起"来替换。例如:

(17) 饭还没曾心儿,尔再等一下下儿饭还差点儿时间熟,你再等一小会儿。

(18) 车还没曾了下儿,尔还可以去上个茅司车子还有一会儿开,你还可以上个厕所。

(19) 结婚还没曾讲起/没曾了很/没讲起,篮儿都没挈结婚还早着呢,篮都没提(订婚礼都没办)。

普通话中的"没""没有"除了作副词,还可以作动词,用于存在否定,而祁门方言的"没""没曾"则不能用于存在否定。祁门方言用于存在否定的是"无[mã²¹³]"和"无□[xã²¹³]"。"无/无□[xã²¹³]"和"没/没曾"在祁门方言中分工明确,"没/没曾"分担了普通话中"没有"的副词功能,"无/无□[xã²¹³]"基本分担了普通话中"没/没有"的动词功能。

祁门方言中,"无"和"无□[xã²¹³]"除了表达的简洁与否之外,无论是语义还是句法功能都没什么区别,口语中"无"比"无□[xã²¹³]"更常用。下面以"无"为例来分析存在否定的用法。

第一,表示存在、领有、具有的否定。例如:

(20) 尔现在无家庭、无工作,尔连自家都供不起你现在没家庭、没工作,你连自己都养不活。

(21) 我身着一心儿钱都无我身上一点儿钱都没有。

(22) 真无渠法儿想,一心儿都不听讲真拿他没办法,一点儿都不听话。

第二,表示"不如、不及"的意思。例如:

(23) 尔班个学生儿无我班个学生儿多你班的学生没我班的学生多。

(24) 渠无尔聪明心儿他没你聪明(比你差一点儿)。

(25) 尔做生意无尔家弟呐在行你做生意没你弟弟内行。

第三,表示"不够、不到"的意思。例如:

(26) 一个小鬼儿还无八岁就晓得撸吃着这孩子还没八岁就知道做饭了。

（27）一登⁼十个人都无,何令⁼够哦_{这里十个人都没有,怎么够啊？}

（28）我身着无一许多,另日分尔照不照_{我身上没这么多,后面给你行不行？}

第四,表示否定某种估量,属于主观小量表达。例如：

（29）无好重哇,尔担不动_{没多重啊,你拿不动？}

（30）现在卖个话无几多钱_{现在卖的话没多少钱。}

（31）从一儿走到家里无几远心儿物儿_{从这里走到家没多远。}

以上"无"的四种用法"无口［xã²¹³］"也都有,所以,例（20）至例（31）句中的"无"都可以替换为"无口［xã²¹³］"。

10.3 表示禁止的副词

普通话中,表示禁止的副词主要有"别"和由"不"构成的几个否定词,如"不要""不准""不许""不得"等。祁门方言中,表示禁止的副词最主要是由"不"参与构词的几个词,如"不要"或"不要"的合音形式"嫑"以及"不准""不得"等,"不准"的意义和用法同与普通话,这里不予讨论。普通话中表示禁止的副词"别"不见于祁门方言,"别"在祁门方言中的对应成分是"不要/嫑"。

10.3.1 不要、嫑

祁门方言中,"不要［pa³⁵⁻⁵⁵iaa²¹³］"和"嫑［pia²¹³］"主要用在祈使句中,表示劝阻、命令、提醒、商议或请求等意义,和普通话中的"不要""别"等意义相当。作为禁止副词,"不要"和"嫑"可以互相替换,一般情况下,"嫑"比"不要"语气更急切,也更常用。下面仅以"嫑"为例：

（32）尔嫑焦着,小鬼儿大着都不由尔个_{你别气了,孩子大了都不由你的。}

（33）尔嫑吃算数,天光到暗事不做还择一儿择那儿_{你别吃算了,一天到晚不干活还挑这挑那的。}

（34）尔大家嫑走着哇,今日在一儿歇一夜_{你们别走了吧,今天在这里住一晚。}

祁门方言中,"不要"和"嫑"除了表示禁止,还有一些特殊用法。例如,"覅"用在复句(包括紧缩复句)中,表示估计、推测、猜想等意义,所估计、推测、猜想的事往往是言说者所不愿意发生或不希望看到的,和普通话的"别、别是"意义相当。这种情况下一般用合音形式"覅",不用"不要"。例如:

(35) 覅我一讲尔等下儿就不去着_{别我一说你等会儿就不去了}。

(36) 都一隔儿着,渠覅不来[着哦]_{都这时候了,他别是不来了吧?}

(37) 我还是倚一儿等渠,覅[两人]尔寻晓我寻尔_{我还是站这里等他,别两人你找我我找你}。

"覅"还可以构成程度副词"覅几",义为"非常、相当"。具体用例可参见"第6章程度"。

10.3.2 不得

普通话中,"不得 VP"可以表示禁止,而祁门方言中"不得[pa³⁵⁻⁵⁵ ta³⁵] VP"主要表示对客观情况的估计,也可以对主观意愿的表达,表示的是对命题真值的主观判断,不表示禁止,"不得 VP"中的"不得"属于"会、可能"义助动词;而祁门方言中,"VP 不得"倒是可以用来表示禁止或劝阻。例如:

(38) 一种个话同尔讲不得_{这种话咱们说不得}。

(39) 害人个事做不得,不然个话心里下去不得_{害人的事做不得,不然的话会良心不安}。

(40) 一是女生寝室儿,尔大家进来不得_{这是女生宿舍,你们不准进来}。

除此,"VP 不得"中的"不得"还可以表示不具备某种条件或条件不容许实现某一动作或变化,和"VP 得"相对,这时候的"不得"相当于普通话中的"不能"。例如:

(41) 西红柿儿还靛青个,吃不得_{西红柿还透青的,不能吃}。

(42) 人老着做不得[着哦],儿子女儿都嫌尔着_{人老了不能做喽,儿子女儿都嫌弃你了}。

(43) 门锁着那儿,我进去不得_{门锁着,我进去不了}。

在表达"客观条件不容许实现某种动作的结果或趋向"这种语义内涵时,"V 不得"有时候可以用"没 VP 得"来替换,这时候句子强调的重点是"尚且还不具备做某事的条件",句子中的事件属于未然事件。如例（41）可以替换为：

（44）西红柿儿还靛青个，没吃得_{西红柿还透青的，不能吃}。

祁门方言中，在没有具体语境的情况下，"VP 不得"会存在歧义。例如：

（45）你大家进去不得_{你们不准进去/你们进去不了}。

例（45）中的谓语部分可以做两种理解，一种是"不被允许进去"，另一种是"愿而不能进去"，第一种理解适应于祈使句，第二种理解适应于一般的陈述句。虽然这里的"不得"都属于能性范畴，但意义并不相同。

第 11 章　范围副词

范围副词是表达动作范围的副词。我们根据语义把祁门方言的范围副词分为总括副词和限定副词，前者主要标举其前边词语的范围，后者主要标举其后头的词语的范围。下面分别讨论。

11.1　总括副词

总括副词的语义特征表示总括无例外，能修饰动词性成分、形容词性成分。但在句法结构中范围副词与 VP 或 AP 并不发生语义上的直接联系，其语义指向一般是位于其前或其后的句法结构中谓语中心词的语义相关项，例如施事、受事或者处置对象等。祁门方言的总括副词主要有"都""全部""统统通通""一起儿""一下""一色全都"等，其中，"都""统统通通"和普通话的意义、用法相同，而"全部"和普通话的"全"用法相同，只是"全"在祁门方言中不能单说。如普通话说"大家全来了"，祁门方言一般说"大家全部来着"。这里主要讨论"一起儿""一下""一色全都"这三个范围副词。

11.1.1　一起儿

"一起儿 [i^{55}tɕʰin^{42}]"在祁门方言中用法很丰富，大致有情状方式副词、总括副词、统计副词三大类用法。其中，作为总括副词，"一起儿"表示总括全部，义为所指范围内无例外，相当于"都"。所总括的对象必须放在"一起儿"前，可以概括动作或状态变化的主体，即"一起儿"语义指向施事或当事。例如：

（1）几年没看到，渠头发一起儿白失着几年没见，他头发全白了。

(2) 一个班个小鬼ㄦ今年ㄦ一起ㄦ考取大学着这个班的孩子今年都考上大学了。

(3) 大家一起ㄦ同意着大家都同意了。

作为总括副词，"一起ㄦ"还可以概括动作所涉及的对象和范围，即"一起ㄦ"语义指向受事或处置对象。例如：

(4) 尔分锅里个饭一起ㄦ舀失渠你把锅里的饭都盛了。

(5) 渠分家里个钱一起ㄦ担走着他把家里的钱都拿走了。

(6) 尔覅分人一起ㄦ气走着你别把人都气走了。

前文提到，祁门方言表示总括的副词"一起ㄦ"相当于普通话中的"都"，其实，"都"也是祁门方言中一个常用的范围副词，不过，作为总括副词，祁门方言中的"一起ㄦ"和"都"用法不完全相同。一般来说，"一起ㄦ"所总括的事物是动作的主体或对象，不能是说话者加以判断、说明的对象。即"一起ㄦ"经常和行为动词搭配，一般不和判断动词或静态动词搭配，也较少和形容词性成分搭配。

(7) 渠跟渠家老子娘都当老师ㄦ他和他父母都是老师。

*渠跟渠家老子娘一起ㄦ当老师ㄦ。

(8) 一登=个书都便宜这里的书都便宜。

*一登=个书一起ㄦ便宜。

(9) 我跟渠都不喜欢吃辣我和他都不喜欢吃辣。

*我跟渠一起ㄦ不喜欢吃辣。

总括副词"都"可以和表示逐指的词语例如"每个人""每日""每样物"等搭配，而"一起ㄦ"没有这种用法。例如：

(10) 每个人手里都担着一本书每个人手里都拿着一本书。

*每个人手里一起ㄦ担着一本书。

(11) 每样物我看着都喜欢每样东西我看着都喜欢。

*每样物我看着一起ㄦ喜欢。

(12) 尔覅每日都不上班哦你别每天都不上班啊。

*尔覅每日一起ㄦ不上班哦。

"都"所总括的对象可以用表示任指的疑问代词，而"一起ㄦ"没有这种用法。

(13) 我什物都不要，就要尔身体ㄦ好我什么都不要，只要你身体好。

＊我什物一起ﾞ不要，就要尔身体ﾞ好。

（14）随尔吆何一个都照_{随便你叫哪一个都可以}。

＊随尔吆何一个一起ﾞ照。

（15）不管何里我都不想去_{不管哪里我都不想去}。

＊不管何里我一起ﾞ不想去。

另外，总括副词"都"还可以和"是"字合用，主要用来说明原因，带有责备的意思，而"一起ﾞ"没有这种用法。

（16）都是晓不好，尔夔焦着_{都是我不好，你别气了}。

＊一起ﾞ是晓不好，尔夔焦着。

（17）都是尔一句话分大家都得罪失着_{都是你一句话把大家都得罪了}。

＊一起ﾞ是尔一句话分大家都得罪失着。

（18）都是尔吧，不然个话渠何令⁼不肯来唉_{都是你，不然的话他怎么不肯来啊}？

＊一起ﾞ是尔吧，不然个话渠何令⁼不肯来唉？

"都"可以同时总括不同范畴的事物，而且"都"总括的除了施事、受事、当事，还可以是其他相关的语义成分，但"一起ﾞ"不能。例如：

（19）渠前日跟昨日都下县去着_{他前天和昨天都去县城了}。

＊渠前日跟昨日一起ﾞ下县去着。

（20）渠跟渠家老婆前日、昨日都下县去着_{他和他老婆前天、昨天都去县城了}。

（21）渠跟渠家老婆一起ﾞ下县去着_{他和他老婆都去县城了}。

＊渠跟渠家老婆前日、昨日一起ﾞ下县去着。

例（19）句总括的是时间状语"前日"和"昨日"，"都"不能用"一起ﾞ"来替换。例（20）中的"都"总括人物和时间，不能换用"一起ﾞ"，当去掉时间状语只剩下施事主语时，就可以用"一起ﾞ"来表示总括了，如例（21）。

另外，作为范围副词，有时候，"一起ﾞ"可以和"都"连用，连用的顺序比较灵活，可以是"一起ﾞ都"，也可以是"都一起ﾞ"。连用"一起ﾞ"和"都"与单用语义上没什么不同。例如：

（22）家里个钱一起ﾞ都/都一起ﾞ担来着_{家里的钱都拿来了}。

(23) 我手里个物一起ᵣ都/都一起ᵣ分尔着_{我手里的东西都一起给你了。}

(24) 渠家小鬼ᵣ一起ᵣ都/都一起ᵣ考取大学着_{他家孩子都考上大学了。}

祁门方言中,"一起ᵣ"除了是总括副词,还可以是情状方式副词和统计副词,所以,有时候不免会出现歧义现象。

作为情状方式副词,"一起ᵣ"主要表示"几个主体在同一时间同一地点发出同样的行为"或"同一主体对几个不同的事物采取同样的动作"。这种用法又可以细分为两类,一类表示同时,相当于普通话的"同时、一齐、一同"等,"表示某些行为动作或情况在同一时间进行、完成或发生、出现。"①。例如:

(25) 大家一起ᵣ收拾要快一些。

(26) 渠一三年读研究生、带小鬼ᵣ一起ᵣ来_{她这三年读研究生、带孩子(两件事)一起做。}

(27) 我喜欢清早起来扫地、听录音机两样事一起ᵣ做。

作为情状方式副词,祁门方言的"一起ᵣ"还可以"表示在同一地点或合到一处",② 强调在空间上合在一处或在同一地点发生的事情。例如:

(28) 我跟尔一起ᵣ进去_{我和你一起进去。}

(29) 我旺ᵣ[两人]一起ᵣ在乡下当老师ᵣ好几年_{我们俩一起在乡下当老师好几年。}

(30) 尔[两人]一起ᵣ去我放心一些_{你们俩一起去我放心一些。}

祁门方言中,"一起ᵣ"表示情状方式时,可以用"一堆ᵣ"来替换。以上例(25)至例(30)句子中的"一起ᵣ"都可以替换为"一堆ᵣ"。

除此,"一起ᵣ"还可以用作统计副词,表示数量的总计,相当于普通话中的"一共""总共"。"一起ᵣ"一般加在动词前面,动词后面一定有数量词或表示数量的疑问词;有时候也可以省略动词,"一起ᵣ"直接加在数量词的前面。例如:

(31) 今日一起ᵣ来着几个唉_{今天一共来了几个呢?}

---

① 马真:《现代汉语虚词研究方法论》(修订本),商务印书馆2016年版,第218页。
② 吕叔湘:《现代汉语八百词》(增订本),商务印书馆1999年版,第608页。

（32）我昨日一起儿花失五百块钱我昨天一共花了五百块钱。

（33）一个桌着我认得个一起儿六个这个桌子上我认得的一共六个。

前面提及，"一起儿"可以作总括副词、情状方式副词和统计副词，所以，有时候不免会出现理解上的歧义现象。不过，在具体的语境下，歧义现象并不容易出现。例如：

（34）五个人一起儿来个五个人一同来的。

（35）店里没事，五个人一起儿来家着店里没事，五个人都回来了。

（36）一起儿来着五个人一共来了五个人。

以上三个例句中的"一起儿"都不会引起歧义：例（34）中的"一起儿"是情状方式副词；例（35）中的"一起儿"是总括副词；例（36）中的"一起儿"是统计副词。相对而言，"一起儿"的统计副词用法最不容易引起歧义。因为作为统计副词，"一起儿"或者加在动词前面，而动词后面一定有数量词或表示数量的疑问词；或者后面直接跟数量词。而"一起儿"的情状方式副词用法和总括副词用法如没有具体语境制约有时会引起歧义。例如：

（37）五个人一起儿来着五个人一道来了/五个人都来了。

（38）尔旺儿要一起儿走你们别一齐走/你们别都走。

（39）今年渠［两人］一起儿进乡政府工作着今年他俩一同进了乡政府工作了/今年他俩都进乡政府工作了。

以上三个句子，都可以做两种理解：前一种理解强调"一块儿"的意义，这时候的"一起儿"属于情状方式副词；后一种理解强调"所指范围内无例外"的意义，这时候的"一起儿"属于总括副词。

语义演变具有规律性，"一起儿"的总括副词、统计副词、情状方式副词三种用法之间应该存在衍生关系。从词源来看，我们认为，副词"一起"最初产生的是时间用法，表示"一齐、一同"。"一起"的其他义项是以"一同、一齐"义为中心引申出来的。

11.1.2　一下

和"一起儿"一样，祁门方言中的"一下［$i^{55}xa^{33}$］"也是一个高频词，其中一种用法就是副词。作为副词，"一下"可以总括范围，表示"所指范围内无例外"，这种用法的"一下"相当于"都"，和前文

的"一起ㄦ"可以互相替换。除此,副词"一下"还可以表示"程度上的百分之百",义为"完全、彻底"。例如:

(40) 树着个雀ㄦ一下飞走失着_{树上的鸟都飞走了}。

(41) 几个儿子今日一下来家着_{几个儿子今天都回家来了}。

(42) 渠分两重屋一下卖失着_{他把两套房子全都卖了}。

(43) 老早那些事同尔旺ㄦ一下分渠丢失渠_{过去的那些事情咱们都/彻底把它丢了}。

以上例句前三句中的"一下"是表示总括的全称量化词,都可以用"都"或者是"一起ㄦ"来替换。例(40)和例(41)中的"一下"语义指向前面的主语,分别指的是对施事成分"树着个雀ㄦ"和"几个儿子"的总括。例(42)中的"一下"总括的是受事成分"两重屋"。例(43)句中的"一下"存在歧义,既可以理解为"都",这时候的"一下"是总括副词,既可以总括"老早那些事",表示"过去的事请都给丢了",也可以总括"同尔旺ㄦ",表示"咱们都给它丢了"。这种理解的"一下"可以用"都"来替换,也可以用"一起ㄦ"来替换,不过,用"一起ㄦ"来替换之后"一起"仅指向"同尔旺ㄦ我们",不会指向"老早那些事",这可能与"一起"词汇来源制约相关。例(43)句中的"一下"也可以理解为"彻底、完全",这时候的"一下"是不能用"都"或者是"一起ㄦ"来替换的。

作为副词,"一下"可能会造成歧义,类似的例子还有:

(44) 那些伞驮渠一下搞无益着_{那些伞被他全/完全搞坏了}。

(45) 尔两只鞋一下破失着_{你两只鞋都/完全破掉了}。

(46) 一些事尔不能一下怪渠_{这些事你不能都/完全怪他}。

以上例(44)至例(46)句中的"一下"均可以作两种理解:当理解为"都""全"时,"一下"指向句首的多数概念成分,表示对这些对象的总括;当理解为"完全、彻底"时,"一下"指向的是谓词性成分如"无益""破""怪",表示这些动作状态的程度达到的范围。

作为副词,"一下"也可能是单义的。例如:

(47) 那把伞驮渠一下搞无益着_{那把伞被他完全搞坏了}。

(48) 尔顺手边那只鞋一下脱胶着_{你右边那只鞋完全脱胶了}。

（49）一个事尔不能一下怪渠这件事你不能完全怪他。

以上这三句中的"一下"只能理解为"完全、彻底"义，因为这三句中的主语表示的都是个体概念的成分，"一下"表示动作状态完成程度高。对比例（44）至例（46），我们发现，当句子中的主语是表示含有若干个体组成的多数概念的成分时，"一下"的语义指向就有可能发生转移，即由指向动作或变化转为指向与动作或变化相关的人或事物，可以作不同的理解。但是，当"一下"所修饰的谓语动词不存在完成或实现程度的不同时，"一下"不再出现理解上的两可，而仅总括表示多数概念的成分。例如：

（50）家里香菇一下卖失着家里香菇都卖掉了。

（51）尔分菜一下倒失渠你把菜都倒掉。

（52）几个小鬼儿一下跑出去着几个孩子都跑出去了。

以上三句中的"一下"都只能理解为"都""全"，表示"所指范围内无例外"，不能理解为"完全、彻底"的意思，因为这三句中的"卖""倒""跑"无所谓实现的程度出现什么变化，这种情况下的"一下"不再指向谓语动词，而只可能指向与动作或变化相关的人或事物，即对动作所指向的人或事物的范围进行总括。

11.1.3　一色

祁门方言中，"一色 [i^{55}ṣa^{35}]"也是一个表示总括的范围副词，义为"全都"，大致相当于普通话中的"清一色"，但和普通话的"清一色"相比又略有不同。主要表现在，普通话中的"清一色"主要是"比喻全部由一种成分构成，全部一个样子"，多修饰体词性成分（例如"清一色的学生"）；而祁门方言的"一色"主要修饰谓词性成分，所总括的对象既可以是动作的主体或对象，也可以是说话者加以判断、说明的对象，这是"一色"和同是总括范围副词"一起儿"和"一下"不同的地方。作为总括副词，"一色"和"一起儿""一下"相比使用频率不高，且多出现于老派口语中。例如：

（53）我分家里个茶叶一色卖失着我给家里的茶叶全都卖了。

（54）渠做个那些事我一色没听到过他做的那些事我全都没听过。

（55）跟渠嬉得来个一色是用心读书个和他玩得来的全都是用心读书的。

以上三个例句中，能够用"一起ɪ"和"一下"来替换的仅有例(53)。例(54)中的"一色"有"一概"的意思，多用于否定句；例(55)中的"一色"和判断动词搭配。"一起ɪ"和"一下"一般不用于否定句，也不和判断动词等静态动词搭配。

"一色"还可以和形容性成分搭配。例如：

(56) 房间里个物一色新个_{房间里的东西全都新的}。

(57) 尔看看尔洗个衣裳一色乌滋滋个₂个₁_{你看看你洗的衣服全都黑乎乎的}。

(58) 渠家亲对一色难剃头_{他家亲戚全都不好说话}。

以上三个例句中的"一色"也不能用"一起ɪ"和"一下"来替换，因为所修饰的是形容词性成分。

11.2 限定副词

限定副词表示对事物的范围、数量或动作行为的限定。祁门方言的限定副词大致有"净/光""只/就/就只""光光""单单""不只/不光/不单""物/物事ɪ""基本着_{基本上}"，等等。不同的副词所限定的对象存在一定程度的不同。这里主要讨论"净""就/只/就只""物/物事ɪ"之类的用法。

11.2.1 净

普通话中，"净 [tsʰæ̃³³]"可以表示限制，义为"光、只"；也可以表示频率，义为"总是、老是"；还可以表示总括，义为"全、都"。祁门方言中，"净"只有前两种用法。具体来看：

"净"表示限制，相当于"只"。作为限定副词，"净"置于动词短语前面，一般用来限定动作范围。例如：

(59) 尔看渠净吃菜不吃饭_{你看他只吃菜不吃饭}。

(60) 尔覅净捞进不捞出_{你别只捞进不捞出}。

(61) 渠一个人呐，净讲好话不做好事_{他这个人啊，只说好话不做好事}。

在祁门方言中，"净"所限定的对象通常会与语义相对的其他对象成对出现。如例(59)句中的"吃菜"和"吃饭"，例(60)中的

"捞进"和"捞出",例(61)中的"讲好话"和"做好事"。

作为限定副词,"净"和"光""只"是近义词,但"净"和"光""只"并不是任何语境下都可以互相替换,这三个词在用法上存在一定程度的差异。

首先,从搭配角度来看,"光"和"只"都可以直接放在名词或代词等体词性短语前面,这时候的"光"和"只"一般是对事物的范围或数量进行限定,而"净"大多放在谓词性短语前面,很少放在体词性成分前面,但偶尔也可以。例如:

(62) 渠家光屋就有好几重_{他们家光房子就有好几套}。

*渠家净/只屋都有好几重。

(63) 只渠还不晓得,大家都晓得着_{只他还不知道,大家都知道了}。

*光/净渠还不晓得,大家都晓得着。

(64) 不光/不只渠一个人没来,还有许多人都没来_{不只他一个人没来,还有很多人都没来}。

*不净渠一个人没来,还有许多人都没来。

(65) 光/净/只学生儿何令照唉,还要老师儿一起_{光学生哪里行啊,还要老师一起}。

其次,从语义上来看,"只"一般表示除此以外没有别的,而"净"和"光"不强调"除此以外没有别的"这种意思,所以很多可以用限定副词"只"的场合都不能用"净"和"光"来替换。例如:

(66) 一许多大城市我只去过北京_{这么多大城市我只去过北京}。

*一许多大城市我光/净去过北京。

(67) 我只认得渠,其他个都不认得_{我只认得他,其他的都不认识}。

*我光/净认得渠,其他个都不认得。

(68) 我到现在只坐过一回飞机。

*我到现在光/净坐过一回飞机。

(69) 我去晏着,只看着一个结尾_{儿我去晚了,只看了一个结尾}。

*我去晏着,净/光看着一个结尾。

以上四句中,前两句所限定的是与动作有关的事物,后两句所限定的是与动作有关的事物的数量。因为强调的是"除此以外没有别的",所以一般不用"光"或"净"。

除此，当所限定的是动作的可能性时，只能用"只"，不能用"光"或者"净"。例如：

（70）现在讲什么都来不及着，只能坐一儿等 现在说什么都来不及了，只能坐这里等。

＊现在讲什么都来不及着，光/净能坐一儿等。

（71）看渠焦着一样儿，只得不吱声着 看他气成那个样子，只能不做声了。

＊看渠焦着一样儿，光/净得不吱声着。

由此看来，"净"与"光""只"的最根本的区别还是表现在所限定的对象上，"净"一般只限定动作本身的范围，所以大多放在谓词性短语的前面。而"光"和"只"可以放在体词性短语前面，对事物的范围或数量进行限定；但"光"和"只"在语义上有细微的差异，"光"的使用范围比"只"要窄。

除了表示限定，祁门方言中的"净"还可以表示频率，但一般与判断动词"是"连用，相当于"总、老"，表示某一动作行为是经常的、反复的，侧重于表示动作行为重复的次数多。同时"净"在语用上具有一个较为明显的特征，含"净"的句子倾向于表达隐性否定的意义，即发话人往往会流露出对某一惯常发生的动作行为不满的主观情绪，这就使得句子带有一定程度的消极的语用倾向。例如：

（72）渠净是半夜三家个哭 他总是半夜三更地哭。

（73）我在家里净是驮骂 我在家总是挨骂。

（74）尔净是讲话不过头脑，一样儿容易得罪人 你总是说话不过头脑，这样容易得罪人。

普通话中的"净"还可以表示总括，例如"地上净是垃圾""他买的净是贵的东西"，祁门方言的"净"没有这样表示总括的用法，以上普通话例句中表示总括的"净"，祁门方言一般用"都"来表达。

11.2.2 就、只、就只

祁门方言可以用"就 [tsʰe³³]""只 [tsɿ⁴²]"来限定范围或强调数量少，也可以将"就"和"只"连用成复合副词"就只"来表示限定。作为限定副词，"就""只""就只"属于主观小量标记，表示确定范围或强调数量多寡。其中，"只"和"就只"基本可以互换，相比较而言，作为限定副词，"就"的使用范围不如"只"和"就只"广。

在表示限定范围时，限定副词可以限制与动作有关的事物，可以是表示动作只适用于宾语所代表的事物，不适用于宾语所代表的事物以外的。具体格式是"限定副词+动词+宾语"，其中，限定副词要重读。"只""就"和"就只"均可以出现在这种格式中。例如：

（75）一些大城市，我就/只/就只去过合肥_{这些大城市，我只去过合肥}。

（76）渠那个人呐，天光到暗就/只/就只晓得寻钱_{他那个人啊，一天到晚就知道挣钱}。

（77）我就/只/就只要一个，蠹其他个_{我只要这个，不要其他的}。

当"限定副词+动词+宾语"格式中的动词表示存在时，可以省略，"限定副词+动词+宾语"格式就简省为"限定副词+名词性成分"。例如：

（78）渠家就/只/就只一重屋_{他家就一套房子}。

（79）书架儿着就/只/就只几本书_{书架上就几本书}。

（80）我看尔就/只/就只那心儿本事儿_{我看你就那点本事}。

在表示限定范围时，限定副词可以排除主语以外的事物，表示行为、性状只适用于某些人或事物。具体格式是"限定副词+主谓短语"，其中的限定副词也要重读。"只""就"和"就只"均可以出现在这种格式中。例如：

（81）昨日就/只/就只渠一个儿没来上学_{昨天就他一个人没来上学}。

（82）一个班里就/只/就只两个学生儿用心_{这个班里就两个学生用功}。

（83）就/只/就只我不晓得渠生病，尔大家都晓得着_{就我不知道他生病，你们大家都知道了}。

限定副词还可以限制与动作有关的事物的数量，通常指说话人认为数量少、要求低等。这里的限定副词多用"只"或"就只"，较少用"就"。但如果句末用了小量标记"物"，"就"也可以用来限制数量。例如：

（84）我只/就只看着前两章，后儿还没看到_{我只看了前两章，后面还没看到}。

我就看着前两章物，后儿还没看到_{我就看了前两章，后面还没看到}。

（85）渠只/就只读着三年级ⅱ他只读了三年级。

渠就读着三年级ⅱ物他就只读了三年级。

（86）一个屋只/就只住着两三年ⅱ，还跟新个一样ⅱ这个房子只住了两三年，还跟新的一样。

一个屋就住着两三年ⅱ物，还跟新个一样ⅱ这个房子只住了两三年，还跟新的一样。

限定副词"只"和"就只"还可以限制动作本身或者限制动作的可能性，而"就"没有这样的用法。例如：

（87）一本书我只/就只翻翻，还没来得及仔细看这本书我只翻翻，还没来得及仔细看。

（88）尔只/就只跳，不用得唱你只跳，不需要唱。

（89）一个事只/就只能慢慢来，急不得这件事只得慢慢来，急不得。

（90）只/就只可以进去，不能出来。

综上，祁门方言中的"就/只/就只"作为范围副词，主要表示对范围和数量的限定，能够受限定副词"就/只/就只"修饰的成分有动词或动词性结构、数量名结构、句子形式。限定副词"就/只/就只"的语义指向可以是句子中的主语、谓语、宾语、定语，但无论是哪一种，副词一定是位于限定对象之前，即只能后指。

另外需要说明的是，祁门方言中，"就只"除了作限定副词外，还可以作连词，表示唯一的条件、非此不可，相当于普通话中的"只有"。例如：

（91）就只晓最心痛尔，其他人都是假个只有我最心疼你，其他人都是假的。

（92）就只一本书没付钱，其他都付失着只有这本书没付钱，其他都付了。

（93）就只尔来，渠再只来只有你来，他才来。

以上三个例句中的"就只"可以用"只有"来替换。但祁门方言的"只有"最常见的用法不是表示唯一条件、非此不可，而是表示没有别的选择，相当于"只好"。例如：

（94）我只有不吱声着我只好不做声了。

（95）渠只有令⁼去法ⅱ呐他只好算了，还能怎么办呢。

（96）顺手跌断着，只有反手担筷子ⅱ吃饭右手摔断了，只好左手拿筷子吃饭。

11.2.3 物、物事儿

前面我们分析了"净/光""就/只/就只"等限制副词的用法，这些副词一般都位于谓语前面，我们称为前置副词。祁门方言中，除了前置副词外，还有后置副词"物［mæ³³］/物事儿［mæ³³ ¢in³³］"。"物/物事儿"用在数量词、名词等词的后面，表示限制事物的数量或与动作有关的事物及其数量或限于某个范围，表达的是主观小量。这种主观小量与预期有关：当说话人认为事物的量小于预期量时就是主观小量，说话人在表示数量之小、重量之轻等小量时是带有自己的主观态度和评价的。

祁门方言中，"物/物事儿"作限定副词时，意义比较虚，而除了限定副词，"物/物事儿"还可以做名词，义为"东西"。"物/物事儿"作名词的用例如下：

（97）来就来不用得买物/物事儿_{来就来不用买东西。}

（98）一个物/物事儿真不是个好物/物事儿_{这个家伙真不是个好东西。}

（99）尔讲个那些物/物事儿我听都懒得听_{你讲的那些东西我听都懒得听。}

以上例句中，例（97）中的"物/物事儿"作为名词，意义很实在，指称的是具体有形的物体，而例（98）中"物/物事儿"相较前例意义有了变化，指的是人。例（99）中的"物/物事儿"指的是抽象的事物。

相比较而言，作为名词，"物事儿"不如"物"常用。而作为后置限定副词，"物事儿"则更不如"物"常用，特别是后置限定副词后面还有其他词语时，很少会用"物事儿"。"物/物事儿"作限定副词时，可以用在数量结构之后，这里的数量结构在句中可以充当宾语，也可以充当其他成分如补语等，这种情况下的"物"所限制的多是动作的数量，即"物/物事儿"前的量词多是动量词。例如：

（100）渠一回数学（只）考一百零几分物/物事儿_{他这回数学只考一百零几分。}

（101）渠（只）来一回物就记得着何令＝坐车着_{他只来一次就记得怎么坐车了。}

（102）（只）一千块物何令＝够哦_{只一千块怎么够啊？}

以上例句中的数量词后面带上"物/物事ᵣ"后蕴含了说话人的主观态度，表示数量距离目标值尚有一定的差距，属于主观表小。

"物/物事ᵣ"可以用在表示时间的词语后面，这些时间的词语通常具有量级意义，带有说话人的主观态度。例如：

（103）（只）两三年物渠就长一老长个着 才两三年他就长这么高了。

（104）小个（只）三岁物渠家老子娘就出去打工着 小的才三岁他父母就出去打工了。

（105）今日还（只）星期二物/物事ᵣ，我都巴不得要放假着 今天才星期二，我都巴不得要放假了。

以上例句中的时间名词后面带上"物/物事ᵣ"，蕴含了说话人的主观态度，表示时间相对于动作的常规时间或目标时间而言是早的。

"物/物事ᵣ"还可以用在一般名词的后面，"限制与动作有关的事物的范围，强调说话人对所陈述的事态在范围方面的主观评价"①。例如：

（106）讲着现在还只讲到渠读小学ᵣ个事物 讲到现在还只说到他读小学的事。

（107）走着个把个钟头还只走着路口ᵣ物/物事ᵣ 走了个把小时还只走到路口。

（108）一许多大城市我只到过北京、上海物/物事ᵣ 这么多大城市我只到过北京、上海。

以上三例中的"物/物事ᵣ"均需要前置限制副词"只"与之共现。相比较而言，一般名词后的"物/物事ᵣ"不如数量结构、时间名词常用，而且数量结构、时间名词后若带上"物/物事ᵣ"时，并不要求前面表限制的"只"强制出现，即数量结构、时间名词后若带上"物/物事ᵣ"可以单独表示限制义，而一般名词则不行。

总之，祁门方言中，"物/物事ᵣ"可以放在数量结构、时间名词、一般名词后面，限制与动作有关的事物及其数量或限于某个范围，表达主观小量，相当于普通话中的"只、才"。不过，"物/物事ᵣ"除了可以单独表示限定外，还可以和前置限定副词"只/还只"等呼应使用。

---

① 赵日新：《绩溪荆州方言研究》，安徽教育出版社2015年版，第289页。

单用"物/物事ㄦ"和与"只/还只"等呼应使用语义上没什么不同,但在使用群体上有一定的倾向性:就数量结构和一般名词而言,老年人或文化水平低的倾向于单用"物/物事ㄦ"来表示限定,而年轻人或文化水平较高的群体则倾向于兼用"只/就只/还只"和"物/物事ㄦ"。我们认为,"只/还只"是后起的。

第 12 章　情状、方式副词

所谓"情状"就是"情形、状况"的意思,"方式"就是"方法和形式"的意思,情状、方式语义是和整个句子有关的高层次语义。表达情状、方式语义的手段很多,情状、方式副词就是其中一种。和其他副词不同的是,情状、方式副词一般只能修饰 VP,不修饰 AP 等其他成分,可以描述动作行为进行时的情景状态,或者表示动作行为发生后结果的状态,或者表示动作行为进行的方式、形式、手段等。史金生认为:"……方式可以认为是情状的一部分,是动作本身的一种样态,情状副词中除方式情状外,还包括意志、依据、状态、量度等情状。"①

我们借鉴史金生(2011:31-35)情状副词的分类体系,将祁门方言的情状、方式副词分为六个小类:意志类、时机类、同独类、状态类、方式类、依照类。下面重点讨论每个小类中与普通话相比显得比较特殊的情状、方式副词,其中依照类较少,和普通话用法差别不大,因此这里不予讨论。

12.1　意志类副词

意志类副词主要表示动作发出者的强烈的主观意志。祁门方言中,较为特殊的意志类副词主要有"专门 [tɕỹ:ɐ¹¹mæ̃⁵⁵]""专为 [tɕỹ:ɐ¹¹ui³³]""下恶心 [xa⁴²ŋo³⁵sæn¹¹]""一心居命 [i³⁵sæn¹¹tɕy¹¹mæ̃³³]"等,其中"一心居命"和普通话的"专心致志"意义和用法基本相同,这里不予讨论。下面主要讨论"专门""专为""下恶心"。

---

① 史金生:《现代汉语副词连用顺序和同现研究》,商务印书馆 2011 年版,第 23 页。

12.1.1 专门、专为

作为副词,"专门"在普通话里大致有三个义项:①专从事某一项事;②特地;③表示动作仅限于某个范围。祁门方言中的"专门"除了具有普通话中"专门"的第①、②两个义项外,还有"故意"的意思,其中表示"故意而为之"时可以用"专为"来替换。

"专门"与"专为"都与"专"义有关,"专"是[+意志]语义特征的负载,"特地"和"故意"义便很好地体现了[+意志]义。不过,两种义项是有区别的,"特地"义表示的是"专门为了某一件事",属于中性语义;而"故意"义是"明知不应或不必这样做而这样做",常含贬义。"故意"的主观性比"特地"更强。

表示"特地"的"专门"一般用在连动句第一个动词前。例如:

(1) 渠专门(个)打电话ᵣ来问尔去不去_{他特意打电话来问你去不去}。

(2) 一些物都是专门为尔准备个_{这些东西都是特意为你准备的}。

(3) 为一个事,渠还专门(个)跑去北京寻尔_{为这个事,他还特意跑去北京找你}。

"故意"义的"专门/专为"的用法如下所示:

(4) 尔是专门/专为(个)不带来个好_{你是故意不带来的吧}?

(5) 渠专门/专为(个)着许多盐,就是不想撸饭_{他故意放很多盐,就是不想做饭}。

(6) 我专门/专为(个)学一样ᵣ讲,看渠晓不晓得_{我故意这么说,看他知不知道}。

普通话中,情状副词在句法结构中一般紧靠谓语中心成分,充当黏合式状语。而祁门方言中,"专门/专为"后面有时却可以带上结构助词"个",这在共同语中是较为少见的。

表示"故意"的"专门/专为"还可以用在"是……个"中间,有时候"是"还可以省略。例如:

(7) 昨日迟到,我看尔是专门/专为个_{昨天迟到,我看你是故意的}。

(8) 算着算着,渠也不是专门/专为个_{算了算了,他也不是故意的}。

(9) 覅跟渠一样ᵣ个,渠专门/专为个_{别跟他一般见识,他是故意的}。

相比较而言,在表示"故意"时,"专为"比"专门"更常用。

12.1.2 下恶心

祁门方言中的"下恶心"不是短语，而是一个副词，义为"使劲""拼命"，充当状语修饰动词时一般不需要带状语标记"个"，偶尔也可以带。例如：

（10）尔要下恶心（个）读书，不然个话考不上你要拼命读书，不然的话考不上。

（11）看见渠越走越远，我下恶心忍着不哭看见他越走越远，我拼命忍住不哭。

（12）不下恶心（个）寻钱，何里来个钱分儿子讨亲呐不拼命挣钱，哪里来的钱给儿子娶亲？

"下恶心"在祁门方言中属于老派说法，同样的意思新派大多会用"用劲"或"拼命"来表达。

12.2 时机类副词

时机类副词与时间、机会有关系，是指借助或利用可利用的便利条件或情势做某事或某事在具备/不具备条件或情势时发生。祁门方言中，这样的副词主要有"就着 [tsʰe³³ tʂo³³]""接手 [tsi:ɐ³⁵ ʂe⁴²]""顺带ᵣ [ʂuæn³³ tan²¹³]""无事无痨 [u⁵⁵ çi³³ u⁵⁵ lo¹¹]""好痨痨ᵣ [xo⁴² lo⁵⁵ lon¹¹]"等，"顺带ᵣ"和普通话的"顺带"意义和用法相同，这里不予讨论。下面主要讨论其他几个时机类副词。

12.2.1 就着

"就着"在普通话中主要用作介词，义为"趁着、借着"，后面可以跟饮食类具体事物名词，也可以跟"机会"等抽象事物性名词，表示利用条件或机会。祁门方言中，"就着"也有类似的介词用法，只不过"就着"后面跟着的是非饮食类名词性成分。例如祁门方言的"就着"就没有诸如普通话中的"就着冷水吃馒头"这样的用法。祁门方言中的"就着"作介词的用例如下：

（13）就着电筒个火ᵣ分浴洗失着就着电筒的光把澡洗了。

（14）尔要就着年轻多学心儿本事儿你要趁着年轻多学点本事。

（15）就着落雨天分两双鞋做起来趁着下雨天把两双鞋做出来。

除此，祁门方言中的"就着"还有副词用法，表示借势做什么，一般都有前句，表示后一个动作或事情是在前一个动作所创造出来的便利条件或情势下进行或发生的，所以这种用法的"就着"多出现在后一个分句中。例如：

（16）尔大家都在一儿，那就着商量一下明日去何儿你们都在这儿，那顺势商量一下明天去哪里。

（17）尔也下县啊，我就着坐尔个车去照不照你也去县城啊，我趁便坐你的车去行不行？

（18）一块地调下来，就着做个边屋儿这块地换下来，趁便做个边房。

除了介词和副词用法，祁门方言的"就着"还可以作形容词，义为"刚好赶上的""非刻意的"。不过，作为形容词，"就着"只能充当谓语，没有修饰功能。例如：

（19）尔一起儿来吃哇，就着个你一起来吃吧，刚好凑巧的。

（20）坐我个车去，覅客气，就着个坐我的车去，不要客气，方便的。

（21）覅撸着，到我家里随便儿吃心儿，都就着个不要做了，到我家里随便吃点，都很方便的。

12.2.2　接手

"接手"在普通话中主要用作动词，义为"接替（前人的工作）"。祁门方言中，"接手"除了"接替"义的动词用法外，还有副词用法。祁门方言中的副词"接手"很难在共同语中找到意思完全对应的词语，大体上表达的是后一个动作行为是顺着前一个动作行为发生的，而前一个动作创造了后一个动作行为可利用的便利条件或情势。这里说的"可利用的便利条件或情势"可以是说话人所认为的便利条件或便利情势范围，即具有一定的主观性。例如：

（22）尔头洗好之后，就接手分衣裳洗失渠你头洗好后，就顺手把衣服洗了。

（23）横直都要去个，尔就接手担分渠，顺带儿问问渠今日来不来家反正都要去的，你就顺手拿给他，顺便问问他今天回不回家。

(24) 我接手送着渠家里去，省得不记得着 我接着送到他家里去，省得不记得了。

例（22）中"洗衣裳"是对"洗头"这一动作行为的顺势行为，说话人认为这两种动作行为接续发生是自然的；例（23）中的"担"是对前一动作行为"去"的顺势而为。从时间上来说，"接手"所修饰的动词所代表的动作行为是后发生的，如例（22）中的"（分衣裳）洗失"这个动作行为发生在"洗（头）之后"；例（23）中的"接手"所修饰的动词"担"所代表的动作是发生在"去"之后。当然，有时代表前一个动作行为的动词在句子中不一定都出现，如例（24）中"接手"修饰的动词"送"前面就没有出现其他动词，但可以推测在"送"动作发生之前已经有前序动作发生了。从上面的例句我们看到，祁门方言中的副词"接手"强调时间的紧凑和趁着做上一件事所处的某种便利的状态，语义上可以理解为"顺应情境形势（做某事）"。

12.2.3 无事无痨、好痨痨ₙ

祁门方言中，"无事无痨"和"好痨痨ₙ"中的"痨"义为"端由"，本字不明，这两个词都可以解释为"无端"，但在使用时却有细微的差别，究其原因，是因为两个词的表义侧重点不同："无事无痨"侧重于"没来由"，而"好痨痨ₙ"侧重于"突然"。另外，"无事无痨"所修饰的谓语动词大多是自主动词，而"好痨痨ₙ"既可以修饰自主动词，也可以修饰非自主动词。所以，一般而言，"无事无痨"出现的地方都可以用"好痨痨ₙ"来替换，而"好痨痨ₙ"出现的场合并不都能用"无事无痨"来替换。例如：

(25) 尔覅都是无事无痨/好痨痨ₙ个发脾气 你别总是无缘无故地/好端端地发脾气。

(26) 何旺ₙ无事无痨/好痨痨ₙ冤枉尔呐 谁无缘无故地/好端端地冤枉你啊？

(27) 渠今日又无事无痨/好痨痨ₙ分晓骂一餐 他今天又无缘无故/无端把我骂一顿。

(28) 渠好痨痨个就跌着地里着 他好端端地就跌倒在地上了。

　　*渠无事无痨个就跌着地里着。

（29）夋何令⁼搞个，小鬼ₙ好痨痨个就发烧着 不知道怎么回事，孩子突然就发烧了。

　　＊夋何令⁼搞个，小鬼ₙ无事无痨个就发烧着。

（30）衣裳好痨痨个就破失一个洞 衣服好端端地就破了一个洞。

　　＊衣裳无事无痨个就破失一个洞。

以上例句中，例（25）至例（27）"无事无痨"和"好痨痨ₙ"可以自由替换，只不过替换后表义侧重点发生了变化，如例（25）句用"无事无痨"后表义的重点是"无缘无故发脾气"，而用"好痨痨"后表义的重点是"突然发脾气"。例（28）至例（29）三句中的"好痨痨ₙ"均不能替换为"无事无痨"，其中前两句是因为整个句子想要传递的是"毫无征兆"或者"突然"发生某件事，所以不能用"无事无痨"，而例（30）句是因为"破"在这里是非自主动词，所以也不能用"无事无痨"。

12.3　同独类副词

同独类副词主要指的是行为主体对客体采取什么方式去做某事，其中，主体可以是多个，也可以是单个；采取的方式可以是多种的，例如可以是分批进行的，可以是各自进行的，可以是亲身经历的，也可以是竞相进行的；客体可以是几个对象，也可以是单个对象。史金生（2011）将同独类副词细分为"分别"类、"共同"类、"独自"类、"亲自"类这样四个小类。祁门方言比较特别的是几个"共同"类副词"一起ₙ"[i⁵⁵tɕʰin⁴²]"一堆ₙ"[i⁵⁵tyən¹¹]"一路ₙ"[i⁵⁵lun³³]"。其中"一起ₙ"在"范围副词"章节中已分析过，这里主要讨论"一堆ₙ"和"一路ₙ"。

12.3.1　一堆ₙ

祁门方言中，"一堆ₙ"义为"一起"，可以表示"几个主体在同一时间同一地点发出同样的行为"，和"一起ₙ"可以互相替换。例如：

（31）我等下ₙ跟尔一堆ₙ去 我等会儿和你一起去。

（32）同尔［两人］一堆ₙ收拾要快些 咱们俩一起收拾要快一些。

（33）我大家明日一堆ₙ坐车走 我们明天一起坐车走。

"一堆ᵣ"还可以表示"同一主体对几个不同的事物采取同样的动作"。例如：

（34）尔分作业跟书一堆ᵣ担着办公室ᵣ来你把作业和书一起拿到办公室来。

（35）裤ᵣ跟衣裳覅一堆ᵣ洗裤子和衣服不要一起洗。

（36）我分书跟衣裳一堆ᵣ寄走着我把书和衣服一起寄走了。

"一堆ᵣ"除了作情状方式副词修饰动词性成分外，还可以用于介词"着在，到""在"的后面，或者直接放在"徛站""坐""困"等动词后面，表示同一个处所。例如：

（37）渠［两人］徛着一堆ᵣ跟亲兄弟一样ᵣ个他俩站一起跟亲兄弟一样的。

（38）我跟渠在一堆ᵣ当老师好几年着我和他在一起当老师好几年了。

（39）尔［两人］要调一堆ᵣ就好着你俩要调一起去就好了。

以上例（31）至例（39）中的"一堆ᵣ"都可以替换为"一起ᵣ"。其中例（31）和例（33）中的"一堆ᵣ"还可以替换为"一路ᵣ"。

另外，作为情态副词的"一堆ᵣ"中的"儿"尾是不能省略的，如果少了"儿"尾，"一堆［i⁵⁵ty:ɐ¹¹］"就是一个普通的数量短语。

12.3.2 一路ᵣ

祁门方言中，"一路ᵣ"可以作副词，义为"一起""一道"，但和"一起ᵣ""一堆ᵣ"不同的是，"一路ᵣ"能修饰的动词很少，基本只有几个表示移动义的动词，诸如"来""去""走"等。例如：

（40）尔［两人］要一路ᵣ去，一路ᵣ来家你俩要一道去，一道回来。

（41）同尔大家一路ᵣ去坐车吧咱们一起去坐车吧。

（42）我跟尔是一路ᵣ进来个，尔都当校长着我和你是一起进来的，你都当校长了。

祁门方言中，"一路ᵣ"作副词表示"一起""一道"之外，还可以用作表时段的时制副词，后面带上"来"后相当于普通话中的"一直""一向""向来"等。"一路ᵣ来"后接的谓词性成分一般都是可持续的，且带有"恒常性"。例如：

（43）渠一路ᵣ来跟晓都不什物讲话他一向跟我都不怎么说话。

(44）一路ₙ来我都不喜欢跟人家争一直以来我都不喜欢跟别人争吵。

(45）一个人一路ₙ来都好高得很这个人一向来都好高骜远。

无论是情态副词，还是时制副词，"一路"后面都必须带名词后缀"n"尾，否则，"一路"就只能是实词性质的成分。我们以"一路来"和"一路ₙ来"为例：

(46）渠一路来话蛮几多他一路走来话特别多。

(47）渠一路ₙ来话蛮几多他一向话特别多。

例（46）中的"一路来"是"沿途"的意思，表示的是空间域中的位移；而例（47）中的"一路ₙ来"表示的时间域中的持续进行或状态保持不变的意思。副词"一路ₙ来"应该是源于表示"一路走来"的"一路来"，与"一路"的用法发展相关。

12.4 状态类副词

状态类副词主要指的是用于句中谓语动词前面表示动作行为进行时所呈现出来的状态的一类副词。这一类副词意义比较具体实在。祁门方言中这一类副词不多，比较特殊的有"苦 [kʰu⁴²]""无捻ₙ [u⁵⁵ nan³³]""乱ₙ式 [lũən³³ ɕi³³]"等。

12.4.1 苦

祁门方言中，"苦"除了和普通话中的"苦"一样作形容词外，还可以作副词，义为"竭力、勉强"。例如：

(48）尔一苦做据物事ₙ啰，要顾自家个身体ₙ你这么使劲儿做干什么，要顾好自己的身体。

(49）不喜欢吃就蛮吃哇，苦吃据物事ₙ呐不喜欢吃就不要吃啊，这么勉强自己吃干什么呢。

(50）尔蛮苦担心事，小鬼ₙ有小鬼ₙ个生活你不要总操无谓的心，孩子有孩子的生活。

"苦"作副词时，所修饰的大多是单音节动词，一般不修饰双音节动词。普通话中的"苦"也可以作副词，有"尽力、竭力"的意思，如"苦读诗书""冥思苦想""埋头苦干"等。而祁门方言的"苦"除了"尽力、竭力"这样的义素外，比普通话的"苦"还多了附加义，即祁门方言的"苦"一般表示的是勉强自己去做超出自己能力范围或忍受力范围的事情。

12.4.2 无捺儿、乱儿式

祁门方言中，"无捺儿"和"乱儿式"都可以解释为"胡乱"，但用法并不相同，一般也不能互相替换。"无捺儿"主要表示动作、行为马虎随便，侧重于表现行为者的敷衍了事。而"乱儿式"主要表示动作、行为毫无章法和头绪、不受限制，这里的"式"有"……样子"的意思，所以"乱儿式"修饰谓语动词时不带状语标记"个"，而"无捺儿"修饰谓语动词时可以带状语标记"个"，也可以不带。例如：

（51）吆渠扫地渠无捺儿（个）扫下儿就跑失着_{叫他扫地他随便扫一下就跑了。}

（52）渠分头发无捺儿（个）抓两把就走_{他把头发胡乱抓两把就走。}

（53）尔覅无捺儿（个）讲几句胡差事，要用心跟渠讲_{你别随便说几句敷衍了事，要认真跟他说。}

（54）尔不晓得做就问老师儿，覅乱儿式做_{你不会做就问老师，别乱做。}

（55）听渠在那儿乱儿式讲都是焦个_{听他在那儿胡说八道气得不行。}

（56）家里个物乱儿式放，寻都寻不着_{家里的东西乱放，找都找不到。}

从例（51）至例（53）句中，我们可以看到，"无捺儿"所修饰的谓语动词后都有宾语或补语，而且宾语和补语大多是数量短语。祁门方言中，"无捺儿"所修饰的不能是光杆动词，而"乱儿式"可以，如例（54）句中的"乱儿式做"、例（55）句中的"乱儿式讲"，所以，例（54）至例（56）句中的"乱儿式"都不能用"无捺儿"来替换，因为这几个例句中"乱儿式"修饰的都是光杆动词。例（51）至例（53）句中的"无捺儿"可以换成"乱儿式"，但换用"乱儿式"后，首先，不能用状语标记"个"；其次，没有了原来句子所凸显的"敷衍了事"这种语用义；最后，如果换用"乱儿式"，最自然的表达是"乱儿式一V"。例如：

（57）吆渠扫地渠乱儿式一扫就跑失着_{叫他扫地他胡乱一扫就跑了。}

（58）渠分头发乱儿式一抓就走_{他把头发胡乱一抓就走。}

(59）尔覅乱ₙ式一讲胡差事，要用心跟渠讲你别胡乱一说就了事，要认真跟他说。

12.5　方式类副词

方式类副词主要是描述谓语所指称的动作以什么方式进行，是副词中数量最多的一个次类。方式类副词意义相对比较实在，语法功能也比较单一。祁门方言中，比较特殊的方式类副词有"一下头ₙ［i³⁵xa³³tʰen⁵⁵］""白白ₙ［pʰa³³pʰan³³］""尽［tsæn⁴²］""一径［i⁵⁵tɕiæn²¹³］""连……实……［nĩːɐ⁵⁵……ɕi³³……］""加换［ka¹¹xũːɐ³³］""前后［tsʰĩːɐ⁵⁵ɕie⁴²］""接着［tsiːɐ⁵⁵tʂo³³］""亲亲［tsʰæn¹¹tsʰæn¹¹］""徒［tʰu³⁵］""堵面［tu⁴²mĩːɐ³³］"等。下面主要讨论几个最特殊的方式类副词。

12.5.1　一下头ₙ

祁门方言中，"一下头ₙ"是个词义非常丰富的副词，基本语法意义是表示短时、快速，同时具有"立刻、马上""突然""一次性"等附加意义，相当于普通话中的"一下子"。"突然"义的"一下头ₙ"是时间副词，"一次性"义的"一下头ₙ"是方式副词，都可以解释为"一下子"。例如：

（60）讲着担钱个时候ₙ，渠一下头ₙ不吱声着说到拿钱的时候，他一下子就不作声了。

（61）桌着个物一下头ₙ跌着地里，碎失着桌上的东西一下子掉到地上，碎了。

（62）渠一吆，大家一下头ₙ都跑过来着他一喊，大家一下子都跑过来了。

以上三句中的"一下头ₙ"表示的就是"突然"义。

（63）吆晓一下头ₙ担一许多钱，我担不出来叫我一次性拿这么多钱，我拿不出来。

（64）尔覅一下头ₙ分渠吃掉哦，要留着慢慢ₙ吃你别一口气吃完了，要留着慢慢儿吃。

（65）我跟尔一下头ₙ全部算清楚，省得另日麻烦我跟你一次性全部算清楚，省得日后麻烦。

以上三句中的"一下头儿"表示的是"一次性"义。

其实祁门方言中的"一下头儿"除了作副词，还有实义，语义结构是"数量词'一下'+后缀'头儿'"，后缀"头儿"表示的是短暂时间内的一个完整性、一次性的动作。词义实在的"一下头儿"可以充当补语和状语。例如：

(66) 只准尔丢一下头儿，丢不准就算数只许你扔一次，丢不准就算了。

(67) 我一下头儿就打着着我一次就打中了。

(68) 渠做什么事都是一下头儿，无长性他做什么事都是一时兴起，没长性。

上面三例中，例(66)和例(67)句中的"一下头儿"意义很实在，和普通话中的数量短语"一下"意义相同，但加了"头儿"之后，就凸显了数量的有限性。例(68)中的"一下头儿"意义有所虚化，[+数]的语义特征逐渐被[+时量]的语义特征所替代，"一下头儿"的副词用法应该源于数量短语，是数量域向时间域映射的一个表层反映。

12.5.2 白白儿

普通话中，"白白"做副词时至少有两个义项：①徒然；②无代价，无偿。祁门方言中，作为副词，"白白儿"只有"徒然"义，"无代价，无偿"义通常用"白"来表示。

作为副词，"白白儿"修饰谓语时可以带状语标记"个"，也可以不带，不过以不带为常。例如：

(69) 今日白白儿(个)花失许多个钱，买一物一心儿益都无今天白白花了很多钱，买的这个东西一点用都没有。

(70) 尔白白儿(个)读着一多年个书，一心儿规矩都不懂你白白读了这么多年的书，一点儿规矩都不懂。

(71) 家里个钱白白儿(个)驮渠败掉家里的钱被他白白败光。

和普通话的"白白"不同，祁门方言的"白白儿"带上助词"个"后可以单说。例如：

(72) 一桌菜驮尔打翻失着，白白儿个一桌菜被你打翻了，白白浪费了。

(73) 一个屋卖亏失不少钱，白白儿个这个房子卖亏了很多钱，白白辛苦了。

（74）读一许多年个书，连个工作都找不着，白白儿个读这么多年的书，连个工作都找不到，白白浪费了。

从以上三个例句可以看到，"白白儿"所指向的对象并不是很明确，但对交谈者双方来说，这个语义指向是可以补出来的，这很好地体现了会话含义中的合作原则。如例（72）中"白白儿"指向的是"做一桌菜的辛苦"。

12.5.3 尽

祁门方言中，"尽"可以用在谓词性成分前作状语，表示"老是""一直"或"一直不停地""一个劲儿地"的意思，隐含着说话人不满、责怪或劝诫、无可奈何等感情色彩。"尽"所构成的格式主要是"尽VP"，"尽VP"也可以重复为"尽VP尽VP"，后者比前者更能表现说话人的不满、不耐烦等情绪。例如：

（75）一句话尽讲尽讲，听着都烦人家—句话老是说老是说，听得都烦。
（76）尔覅尽跑，我追不着你别一直跑，我追不上。
（77）渠分那衣裳尽洗尽洗，不讲还是洗不下来他把那衣服使劲洗使劲洗，不过还是洗不下来。

祁门方言中，"尽"除了可以直接修饰谓语，还可以后带助词"着"，构成"尽着VP"格式，"尽着VP"也可以重叠为"尽着VP尽着VP"。例如：

（78）那个小鬼儿跌着地里，尽着哭那个小孩子跌倒在地上，一个劲儿地哭。
（79）渠分渠家儿子尽着骂尽着骂他把他家儿子一个劲儿地骂着。
（80）再好吃个物，尽着吃都变着不好吃着再好吃的东西，一直吃都会变得不好吃了。

祁门方言中，"尽VP/尽VP尽VP"和"尽着VP/尽着VP尽着VP"在表义上没什么区别。"着"在祁门方言中最主要的用法是表完成、持续的体助词和"在、到"义介词，除此还有补语标记。加在"尽"后的"着"究竟是什么性质的成分暂时不知，但无论是哪一种，都和"尽"的性质相关。

"尽"在祁门方言中是个多义词。祁门方言中的"尽"有两读：$[tsæn^{42}]$ 和 $[ts^hæn^{33}]$。"尽$[tsæn^{42}]$"对应的是《广韵》中的"即忍切"，"尽［tsʰæn³³］"对应的是《广韵》中的"慈忍切"。

"尽［tsæn⁴²］"在祁门方言中有五个义项：

①一任；听凭。如：

（81）我今日有空，到何里嬉尽尔讲我今天有空，到哪里玩随你说。

②尽先；让某些人或事物占先。如：

（82）渠最小，家里有好吃个都尽渠吃起他最小，家里有好吃的都先尽着他。

③尽可，足可。如：

（83）女小鬼ₙ当个老师ₙ尽够着女孩子当个老师足够了。

④一个劲儿地；老是，一直。见例（74）至例（76）。

⑤最（后面只能跟方位词）。如：

（84）渠分物囥着橱ₙ尽里头，何旺ₙ寻得着啊他把东西放在厨子最里面，谁找得着啊？

"尽［tsʰæn³³］"在祁门方言中有两个义项：

①止；终。如：尽头。②全部使出。如：尽量，尽力。

从用法上看，"尽［tsæn⁴²］"主要作副词和介词，"尽［tsʰæn³³］"主要作动词，两种读音的"尽"词义上应该有一定的联系。齐晓燕（2014）考察《十三经注疏》中"尽"字在《经典释文》中的注音情况后，认为："精母是'尽'的原始词，义为全部使出或用出，表动作；从母是'尽'的滋生词，义为完了、没有了，表示状态或者结果。"① 而我们单从"尽"在祁门方言中的读音和对应的义项来看，"尽［tsæn⁴²］"比"尽［tsʰæn³³］"的词义虚、搭配面广，因此，根据词义发展的规律，似乎更应该将从母读法的"尽"处理为原始词，而将精母读法的"尽"处理为滋生词。

12.5.4 一径

祁门方言中，"一径"用作副词，主要有三种用法：一是表示顺着一个方向不变；二是强调所指的范围；三是表示动作持续不断或状态持续不变，是时制副词。第一种用法是方式副词，常常修饰表示方向的词

---

① 齐晓燕：《从〈经典释文〉看"盡"字的变声构词》，《南开语言学刊》2014年第2期，第48页。

语，或者所修饰的动词前后常带表示方向的词语，相当于普通话中的"一直"或者"径直"。例如：

（85）尔一径望里头走，覅转弯儿_{你一直往里面走，别转弯}。

（86）渠自家一径在前流走，也不管小鬼儿_{他自己一直在前面走，也不管孩子}。

（87）尔看渠一径开，都过头着还没注意着_{你看他径直开，开过头了都没注意到}。

以上三个例子中，"一径"修饰的是与空间位移有关的动作，如"走""跑""开"等。除此，"一径"还可以表示范围，通常出现的格式是"从……一径到……"相当于"一直"，不过这种用法并不多见。例如：

（88）一个学堂从幼儿园一径到高中都有□[xã²¹³]_{这个学校从幼儿园一直到高中都有}。

（89）一个地方儿从嬉、吃一径到住，都覅钱个_{这个地方从玩、吃一直到住，都不要钱的}。

（90）那地方儿从一楼一径到三楼都是渠家个_{那个地方从一楼一直到三楼都是他家的}。

祁门方言中，"一径"最常用的是时制副词，表示动作持续不断或状态持续不变，相当于"一直（以来）"，通常和"都"搭配使用。"一径"后面还可以带"来"，作为时制副词，"一径来"和"一径"意义和用法没什么不同，和前文讨论过的"一路儿来""一贯儿来"可以互相替换。例如：

（91）渠一径都爱干净_{他一直以来都很爱干净}。

（92）渠两家一径都不对_{他们两家一直以来都不对付}。

（93）我晓得尔一径都不喜欢浪费个_{我知道你一直都不喜欢浪费的}。

"一径"应该是先演变为情状方式副词，之后再虚化为时间副词，这是"一径"由空间域逐渐向时间域扩展的结果，由表示位移的空间距离到某地发展为动作行为状态在时间上的持续进行或状态保持不变。

12.5.5 连……实……

祁门方言中，"连……实……"是一个框式结构副词，表示连续不停或毫不松动，相当于普通话中的"一个劲地"。"连"和"实"中间插入的是相同的单音节动词，即"连 V 实 V"。这里的"实"是不是本字暂不可知，从读音形式来看，也可能是"十"，用"十"来泛指重复进行某一动作次数之多，这也是契合词义的。例如：

（94）我连跑实跑，总算赶着尔着_{我一个劲儿地跑，总算赶上你了。}

（95）尔在一儿连讲实讲，都讲一下昼儿着_{你在这里一个劲儿地说，都说了一下午了。}

（96）渠连拜实拜，好话都讲尽着_{他一个劲地行拜礼，好话都说尽了。}

从以上例句可以看到，插在"连……实……"中间的动词可以是可持续性动词，如例（94）的"跑"、例（95）的"讲"，也可以是瞬时完成动作的动词，如"连跳实跳"中的"跳"、"连点实点"中的"点"等。如果插入的是可持续性动词，"连 V 实 V"表示的是连续不停地进行某动作；如果插入的是瞬时动词，"连 V 实 V"表示的是重复进行某动作。不论是可持续性动词还是瞬时动词，"连 V 实 V"中的"V"一般都是动作性强的动词。

第13章 结构助词

普通话结构助词读轻声"de",在书面上一般被分化为三个:"的""地""得"。这三个结构助词的基本功用是分别充当定语、状语、补语的标志。祁门方言对应于普通话"的""地""得"的形式一共有6个:"个$_1$[ko^0]""个$_2$[ka^0]""家[ka^0]""得[ta^0]""着[tʂo^0]""来[la^0]"。从各种形式彼此之间在功能上的关系来看,这六个形式大致可以分为两组:"个$_1$[ko^0]""个$_2$[ka^0]""家[ka^0]"为一组,功能上大致相当于普通话中的"的"和"地"的功能集合;"得[ta^0]""着[tʂo^0]""来[la^0]"为一组,功能上大致相当于普通话中的"得"。其中的"个$_2$[ka^0]"是个状态形容词后缀,详见前文"2.3.1 状态形容词后缀'个'"的分析,这里不予赘述。下面将分组讨论五个结构助词的意义和功能。

13.1 "个$_1$"和"家"

祁门方言中,"个$_1$[ko^0]"主要有三个功能,可以作定语标记、状语标记、转指标记,其中作定语标记的功能小部分被"家[ka^0]"分担。状态形容词后缀"个$_2$[ka^0]"和"个$_1$[ko^0]"放在状语后面时偶尔表面上出现交叉和叠用的现象。下面分别讨论"个$_1$[ko^0]"和"家[ka^0]"的用法。

13.1.1 定语标记"个$_1$"和"家"[1]

祁门方言中,出现在定语和中心语中间充当定语标记的主要是

---

[1] 本节部分内容曾以单篇论文《安徽祁门方言的后附性成分"个[·ko/·ka]"》刊发在《方言》2021年第2期上,此处略有修改。

"个₁"。例如：

（1）托尔分我个₁箱ᵣ带去家麻烦把我的箱子带回家。

（2）昼时ᵣ个₁太阳晒人家，下昼ᵣ再去中午的太阳很晒，下午再去。

（3）走路个₁人都到着，坐车个₁人还没到走路的人都到了，坐车的人还没到。

（4）要分软失个₁柿呐择起来要把软掉的柿子挑出来。

以上例句中，"个₁"有出现在名词性成分和中心语之间的，如例（1）的"个₁"出现在代词和名词之间，表示领属关系；例（2）的"个₁"出现在时间名词和其他名词之间；有出现在动词性成分和名词之间的，如例（3）；有出现在形容词性成分和名词之间的，如例（4）。

有时候，普通话中定语和中心语中间不能插入结构助词"的"，而同样的搭配祁门方言却可以插入"个₁"。例如普通话一般不说"那种的人""两种的物品"等，而祁门方言却可以说"那种个₁人""两种₁个物"。另外，在表示质地时，除非强调，普通话中定语和中心语中间一般不插入结构助词"的"，特别是当修饰语是双音节而中心语是单音节时，一般不加"的"，而祁门方言却可以插入"个₁"。例如普通话一般不说"塑料的凳子""木头的房子"，而祁门方言却可以说"塑料个₁凳""木头个₁屋"。

需要注意的是，祁门方言中，当中心语和定语之间存在领属和被领属关系时，联系定语和中心语的标记出现了分化。试看以下例句：

（5）尔个₁物我分尔装好着你的东西我给你装好了。

（6）老师ᵣ个₁办公室ᵣ离学生ᵣ个₁教室ᵣ近来很老师的办公室离学生的教室近得很。

（7）尔家儿子来家着你儿子回来了。

（8）老师ᵣ家家里就在边着老师的家就在边上。

从上面四个例句可以看到，前两个例句中领属关系标记用的是"个₁"，后两个例句领属关系标记用的是"家"，同属于定中短语，同属于领属结构，为什么会存在这样的区别呢？究其原因，在于定语所限制的成分。当中心语是亲属称谓词（如：爸ᵣ、老ᵣ爷爷、叔ᵣ、弟呐弟弟、老公、老婆等）或"屋、家里"等表"家庭的住所""家庭"义的成分时，领属标记用的是"家"，其他情况下一般用的是"个₁"。

例如：

　　　　……家+NP　　　　　　　　　……个₁+NP
小张ᵣ家儿子小张的儿子｜叔ᵣ家家里叔叔的家　＊小张ᵣ个₁儿子｜＊叔ᵣ个₁家里
＊小张ᵣ家书｜＊叔ᵣ家车　　　　　小张ᵣ个₁书小张的书｜叔ᵣ个₁车叔叔的车
渠家弟呐他的弟弟｜我家老婆我的老婆　　＊渠个₁弟呐｜＊我个₁老婆
＊渠家老师ᵣ｜＊尔家包　　　　　渠个₁老师ᵣ他的老师｜尔个₁包你的包

我们看到，祁门方言中，同属于领属结构中的领属标记，"家"和"个₁"形成了互补分布的格局。需要说明的是，亲属称谓词后的"家"是强制出现的。例如"渠家老ᵣ他的爷爷"一般不能说成"渠老ᵣ"；"家庭的住所""家庭"义的"屋、家里"前的"家"可以省略，但以不省略为常。

"人称代词/表人名词+家+NP"表示的是"某人占有某个家庭的住所或与某人存在亲属关系"，其中被限制成分"NP"所表示的均与"家庭"义密切相关。可见，"家"尚有一定的词汇意义，应该源于表"家庭的住所""家庭"义的"家[ka¹¹]"。

"家"的本义是表居住之地，是方所名词。"人称代词/表人名词+家+NP"结构表示"某个家庭或家族占有某些物品或与某人存在亲属关系"，当 NP 为亲属称谓词或表示"家庭的住所""家庭"义的"家里、屋"等时，"家"的"家庭"义被其后的"NP"所分担而被淡化，"领属"义得到凸显，此时"家"充当的是一个临时的领属标记。与"家庭"义中心语语义上的相谐，使"家"得以牢牢占据"……家+[+家庭义]NP"中联系项的位置，从而抵制语义抽象的领属标记"个"的侵入。

13.1.2　转指标记"个₁"

祁门方言中，"个₁"除了充当定语标记还可以充当转指标记，当谓词性成分 VP 后头附上"个₁"时，原来表示陈述的 VP 就转化为表示指称的"VP个₁"了。祁门方言的转指标记"个₁"除了有语法功能的转化，即我们说的"名词化"，还有语义功能的转化，即，"个₁"还能在名词性成分后头出现，虽然语法功能没变，但语义变了。例如：

（9）一个包我个₁，那个是尔个₁这个包是我的，那个是你的。

(10) 我喜欢甜个₁，酸个₁不喜欢_{我喜欢甜的，酸的不喜欢。}

(11) 唱歌儿个₁唱歌儿，跳舞个₁跳舞，几闹热唉_{唱歌的唱歌，跳舞的跳舞，多热闹啊。}

以上例句中，例（9）中的"个₁"跟在代词后面，"我个₁"在前一个小句中充当谓语，"尔个₁"在后一个小句中充当宾语。例（10）中的"个₁"跟在形容词后面，"甜个₁"在前一个小句中充当宾语，"酸个₁"在后一个小句中充当主语。例（11）中的"个₁"跟在动词后面，两个"V个₁"短语在句中均充当主语。

需要说明的是，祁门方言中，"个[ko⁰]"还可以作语气词，表示确认，当转指标记"个₁"也位于句末时，和句末语气词"个[ko⁰]"表面上容易相混，这里我们暂且把句末语气词标为"个₃"。例如：

(12) 一是专门分尔买个₁_{这是专门给你买的。}

(13) 尔覅只买我喜欢个₁，再买就买尔自家喜欢个₁_{你不要只买我喜欢的，再买就买你自己喜欢的。}

(14) 不喜欢我个₁我肯定不会喜欢个₃_{不喜欢我的我肯定不会喜欢的。}

(15) 渠今日横直是要走个₃_{他今天反正是要走的。}

以上四个例句中，句末位置上出现的虽然都是"个"，但性质不同，一类是附着在"VP"后，一类则是附着在整个句尾。例（12）句末的"买个₁"和例（13）句末的"喜欢个₁"以及例（14）句中的"不喜欢我个₁"中的"个₁"均是结构助词，其句法功能是把一个动词性成分VP转变为名词性成分"VP个"，这里的"个"是转指标记，其后有一个句法空位，我们可以根据上下文补出"买"的名词。而例（14）和例（15）句末的"个₃"后没有句法空位，我们说不出该补出或是可以补出哪一个名词，这时候的"个"主要是对整个句子所表达的命题表示确认，在语法系统中是属于句子范畴的，是传信标记。只是这种传信标记与结构助词同形，有时还会和增强肯定语气的焦点标记"是"配合使用，如例（15）中的"是要走个"。

13.1.3 状语标记"个₁"

祁门方言中，"个₁"除了充当定语标记、转指标记，还可以充当状语标记。例如：

（16）渠一听到女儿来家就无命个₁跑去家着他一听到女儿回来就飞快地跑回家了。

（17）尔亸无捺儿个₁扫一下就照着啊你可别随便扫一下就行了啊。

（18）我是下恶心个₁吃再只吃下去个我是拼命吃才吃下去的。

（19）渠专门个₁跑过来跟晓讲明日几点钟动身他特意跑过来跟我说明天几点出发。

（20）我用劲个₁**攒都攒**不上去我使劲推都推不上去。

（21）一个妇儿家分三个小鬼儿领大确实个₁不容易一个妇道人家把三个孩子带大确实不容易。

以上六个例句中，从所对应的普通话说法来看，有些状语标记一般是不出现的，如例（19），普通话中较少说"特意地跑过来"，一般说"特意跑过来"。再如例（21），普通话中一般说"确实不容易"，不会说"确实地不容易"。其他几句所对应的普通话例句中，状语标记"地"可出现也可以不出现。而在祁门方言中，以上例句中的"个₁"都可以出现，也都可以不出现，但加上状语标记"个₁"，状语就被突出和强调了。

在前文"2.3.1 状态形容词后缀'个'"中曾提到过，祁门方言状态形容词后面出现"个₂个₁"和"个₁"两种后附成分，这两种后附成分有时候可以互相替换。只是"个₂"不是句法层面的成分，而是属于词法层面的一个重叠式后缀，只不过这个重叠式后缀所占据的位置与普通话句法层面的助词"的/地"表面上相同而已。所以，"个₁"与"个₂"的相互替代其实不是句法层面对等的替代关系。

总之，祁门方言中"个₁"可以充当定语标记、状语标记、转指标记，而"家"是一个有着一定词汇意义但已经有虚化倾向表示领属关系的词，可以看成一个准领属标记，"家"分担了"个₁"作为定语标记的功能；而"个₂"是一个重叠式后缀，出现在重叠式或"并立结构"式状语后面时与助词"个₁"相互替代。

13.2 补语标记"着""得""来"

祁门方言中的"着 [tʂo⁰]""得 [ta⁰]""来 [la⁰]"在功能上大

致相当于普通话中的补语标记"得"。朱德熙（1982）根据形势特征把现代汉语的述补结构分为组合式和黏合式两类。前者如"洗得干净""拿得动"等，后者如"跳起来""听清楚"等。组合式包括状态补语结构和可能补语结构，其中状态补语结构既有组合式，也有黏合式，可能补语结构一般只有组合式，趋向补语结构一般只有黏合式。普通话中，组合式结构中连接述语和补语的标记词是"得"。普通话的"V 得 C"这类格式中的"得"语法功能十分强大，是个多功能语素，可以表示可能、程度、结果等，因此普通话的"V 得 C"类格式就有可能存在歧义，这里的"C"可以是可能补语，也可以是状态补语，因为表层结构完全相同，深层差异需要靠转换来区分。而祁门方言与普通话相比情况则有所不同，这首先表现在不同类的组合式结构可能会采用不同的标记词来区分。总的来说，组合式述补结构中可能补语结构的补语标记主要用"得"和"来"；状态、程度、趋向补语结构中的补语标记主要用"着"，但偶尔也会用"得"。具体情况如下：

13.2.1 可能补语标记"得"和"来"

祁门方言中的可能补语标记有"得"和"来"，两者意义上没有区别，相比较而言，"来"比"得"更土俗一些。我们推测，"来 [la⁰]"有可能是"得 [ta⁰]"声母弱化后的形式。可能补语标记"得"和"来"所构成的"V +得/来 + C"中的"C"可以是单个动词、简单形容词，也可以是半虚化的成分"着""住""倒""掉"等。例如：

（22）覅大喉咙吆，我听得/来见_{不要大声叫，我听得见}。
（23）尔放心，我洗得/来干净_{你放心，我洗得干净}。
（24）一老重个，尔担不担得/来起哦_{这么重，你拿不拿得动啊}？
（25）一个事也不晓得渠扛不扛得/来住_{这个事也不知道他扛不扛得住}。
（26）化验单ㄦ今日拎得/来倒_{化验单今天拿得到}。
（27）一心ㄦ一物ㄦ，我老牌子吃得/来掉_{才这么点儿，我肯定吃得完}。

以上"得/来"的用法和普通话中的"得"没有区别。

普通话中，当述补结构中的补语是可能补语时，一般需要补语标记来显示语法关系。而祁门方言中，少数几个由可能补语构成的述补结构不需要补语标记来联系述语和补语。这几个述补结构有"看见/看倒"

"听见/听倒"等，只不过这种黏合式述补结构的用法仅见于老派口语中。例如：

（28）不用得拉灯，我看见不用开灯，我看得见。

（29）尔一大喉咙据物事ㄦ啰，我听倒个你这么大嗓门干什么啊，我听得到的。

从以上例句可以看到，即使没有能性补语标记，"看见/看倒""听见/听倒"等也一样可以表达能性意义。

祁门方言中，与"V+得/来+C"结构相对的否定式大多是"V不C"，而与上面提到的述补结构"看见/看倒""听见/听倒"相对应的否定式则有"V不C"和"不V C"式两种，即否定词"不"既可以置于述语之后也可以置于述语之前。例如：

（30）尔自家补，我眼睛不看倒/看不倒你自己补，我眼睛看不见。

（31）尔讲什物啊，我不听见/听不见你说什么啊，我听不见。

（32）尔讲臭，我何令⁼都不□[pʰəŋ²¹³]见/□[pʰəŋ²¹³]不见唉你说臭，我怎么都闻不到呢？

从表义角度看，"V不C"和"不V C"没有差别，但从使用的情况来看，"不V C"对述语和补语限制很多，且一般只活跃于老年人的口语中，甚少见于青年人。这种格式的出现大概与"看见/看倒""听见/听倒""□[pʰəŋ²¹³]见/□[pʰəŋ²¹³]倒闻到"这种黏合性述补结构中动词和补语的凝固化有关系。

13.2.2 状态补语标记"着"

祁门方言的状态补语与普通话一样，有形容词性补语、动词性补语、主谓结构补语等，连接中心语和状态补语的标记主要是"着"。例如：

（33）渠一心ㄦ字ㄦ写着几好唉他一手字写得多好啊。

（34）我今日比昨日来着晏我今天比昨天来得晚。

（35）尔看渠高兴着尽蹦你看他高兴得直跳。

（36）我一脚尖踢着渠飞老远去我一脚踢得他飞很远去。

以上例句中，例（33）和例（34）中的状态补语都是形容词性成分，其中例（33）中的补语由"程度副词+形容词"构成，例（34）

中的补语由单个形容词即性质形容词构成，这一类多建立在比较的基础上，因此常用于比较或对举的句子。例（35）中的状态补语是一个状中式的动词性短语。除此，补语还可以由述补结构充任，状态补语标记"着"跨层叠用，构成"V_1/A_1 + 着 + < V_2/A_2 + 着 + C >"格式。例如：

（37）尔看渠高兴着笑着尽跌_{你看他高兴得笑得直晃}。

（38）渠分小偷儿打着痛着在地里打滚儿_{他把小偷打得痛得在地上打滚儿}。

状态补语除了可以由形容词性成分、动词性成分、主谓短语充任，还可以由指示词充任。这时候的状态补语标记"着"相当于普通话中的"成"。例如：

（39）尔分渠气着一样儿，还不快心儿去赔礼_{你把他气成这样，还不快点去认错}。

（40）渠家生活穷着那样儿，渠都要分小鬼儿读书_{他家生活穷成那样，他都要给孩子读书}。

祁门方言中，"着"作为状态补语标记，大多要求命题所表达的事件是过去事件或惯常事件，较少用于叙述将来事件的语境里。而当命题所表达的是将来事件时，"得"偶尔可以代替"着"进入状态补语构成的述补结构中充当补语标记。例如：

（41）过来过来，看尔大家何旺儿跳得高_{过来过来，看你们谁跳得高}。

（42）尔［两人］何一个算得准我就奖励渠一本书_{你们俩谁算得准我就奖励谁一本书}。

除此，少数祈使句中的述补结构也可以用"得"来标记状态补语。例如：

（43）跑得快_{跑快点}！

（44）走得好_{走好}！（送别用语）

以上例（41）至例（44）所表示的是将来事件，且补语都是单音节形容词，这种语境下的补语标记可以用"得"。当补语不是单音节形容词时，即使命题表示的是将来事件，这时的状态补语标记也不能用"得"，而只能用"着"。

除了"着"和"得"，祁门方言连接述语和补语的还有一个性质不明的"个"。例如：煎个七分熟｜哭个乌天黑地_{哭得昏天黑地}｜吃个昏隆隆喝得晕乎乎的。相较"着""得","个"在述补结构中不具有强制性，使用场合极其有限，不能出现在疑问句和表示否定结果的格式里；"个"后不允许有趋向动词充当补语。动词和"个"之间还可以插入事态助词"着"。例如：哭着个乌天黑地哭了个昏天黑地｜焦着个半死气了个半死｜跑着个要死跑了个要死。述补结构中的"个"也可以换成"一个"或"渠个"。如：问一个清楚/问渠个清楚问他个清楚｜跌一个张天辫尸/跌渠个张天辫尸跌他个仰面八叉｜吃一个饱/吃渠个饱吃他个饱｜痛一个两三日/痛渠个两三日痛他个两三天。这里的"渠"没有具体的指代意义，连接述语和补语的"个"也并不表示具体的指量意义，但其实还带有量词的残迹，能起到使整个结构体词化的语法作用。从动词和"个"之间可以插入"着"或者"渠"来看，"个"与动词的结合比较松散。

13.2.3　程度补语标记"着"

程度补语表达述语所指动作/状态所达到的程度，构成程度补语的成分不同，对程度补语标记的使用要求也不尽相同。从补语的构成来看，程度补语大体可以分为三类：

第一类补语是表示程度很高的词，一般由强调程度的副词或词汇化了的俗语性成分充当。单音节的有"很、多"，不过，"多"不如"很"常用，一般多见于年轻人口语中；多音节的有"要死、要命、不得了ᵣ"等，这一类补语所表达的大多是极限义。标记这一类补语的主要是"着"，但是当补语是单音节的副词性补语时，程度补语标记除了"着"还可以用"得"；而多音节补语则只能用"着"来标记。例如：

（45）跟小路ᵣ走要近得多从小路走要近得多。

（46）渠还年轻得/着很，不急着退休他还年轻得很，不急着退休。

（47）听讲渠分学堂里开除着，渠家老子娘焦着要死听到他被学校开除了，他父母气得要死。

（48）好几个月没接着儿子个电话ᵣ，渠急着要命好几个月没接到儿子电话，他急得要命。

（49）一个题目难着不得了ᵣ，老师ᵣ都做不出来这个题目难得不得了，连老师都做不出来。

以上例句中，前两句述补结构中的程度补语是单音节的词语，补语标记偶尔可以用"得",例(46)中"着"和"得"还可以交替使用。从语义上看,使用"着"或是"得"并无区别,但从"着"和"得"的使用情况来看,年轻人或文化程度较高的人倾向于选择"得",而老年人或文化程度较低的群体倾向于选择"着"。只是"得"字侵入"着"的分布范围表现为年轻人的用法,并且限于单音节补语,显然是后期普通话的渗透所致,尽管目前来看,"着"作为单音节程度补语的标记用法已显颓势。如例(45)中的"近得多"一般就不能替换为"近着多",因为"多"作为组合式述补结构中的程度补语用法本身主要见于新派,老派倾向于用黏合式"近多着好多了"来表达。而例(47)至例(49)三句述补结构中的程度补语不是单音节的词语,补语标记只能用"着",不能用"得"。

第二类补语是"通过描述某种状态,强调动作或状态变化的结果达到某种高程度",① 一般由主谓结构构成,句中多有语气副词"都"与之搭配使用。这类补语构成的述补结构所使用的补语标记只有"着",这时候的"着"含有"致使"的意思。例如:

(50)渠个字儿草着何旺=儿都认不得他的字潦草得谁都认不得。

(51)渠家里乱着脚都蹿不进去他家乱得脚都踏不进去。

(52)我一登=个书多着房间里都无地方儿困我这里的书多得房间里都没地方放。

这类补语与前面提到的由主谓短语构成的状态补语从形式上看并无不同,两类述补结构的差别主要在于述语的不同,程度补语结构式的述语一般是能受程度副词修饰的心理动词或性质形容词。如例(50)中的"何旺=儿都认不得"是用来强调"渠个字儿"潦草的程度,其中的述语"草"是形容词,因此被归在程度补语中;而像"渠个字写着何旺儿也认不得他的字写得谁也认不得"中的"何旺=儿也认不得"是用来说明"渠个字儿"呈现出来的状态,其中的述语"写"是行为动词,因此被归在状态补语中。

第三类表程度的补语是由"跟……一样儿""比……还"等构成的比况结构,这类比况结构引进可资比较的事物,对述语主要起衬托的作

---

① 陈泽平:《福州方言的结构助词及其相关的句法结构》,《语言研究》2001年第2期,第62页。

用。这类补语构成的述补结构所使用的补语标记只有"着"。例如：

（53）渠高兴着跟个囝儿家一样儿个他高兴得跟个孩子似的。

（54）渠个面嘴肿着跟发包儿一样儿个他的脸肿得跟发糕一样。

（55）我心里苦着比黄连儿还要苦我心里苦得比黄连还要苦。

总之，程度补语的标记主要用"着"，只有在程度补语是单音节高程度副词的情况下，才可以用"得"来替换。

13.2.4 趋向补语标记"着"

趋向补语是指由趋向动词充任的补语。普通话中的趋向补语结构通常是黏合式的，不需要助词来连接述语和趋向补语。而祁门方言中的趋向补语结构可以是组合式的，也可以是黏合式的。例如：

担着来/担来拿来	担着去/担去拿去	担着去家/担去家拿回家
担着来家/担来家拿回家	跌着下去/跌下去掉下去	跌着下来/跌下来掉下来
跑着来家/跑来家跑回家	跑着去家/跑去家跑回家	跑着出来/跑出来
跑着出去/跑出去	讲着出来/讲出来	蹦着出来/蹦出来
走着来家/走来家走回家	走着去家/走去家走回家	爬着起来/爬起来

从表意来看，"V着C"和相对应的"VC"没什么不同，但两种格式的分布环境存在细微的区别："V着C"表示动作致人或物体出现移动，一般多用于已然事件，较少用于未然事件；而"VC"没有这样的限制。例如：

（56a）何一个分办公室儿里个茶瓶担着来/担来着哪一个把办公室的热水瓶拿来了？

（56b）何一个等下儿分办公室儿里个茶瓶担来唉哪一个一会儿把办公室的热水瓶拿来呀？

*（56c）何一个等下儿分办公室儿里个茶瓶担着来唉？

（57a）我刚命˭看见尔个锁匙跌着下地/跌下地着我刚才看见你的钥匙掉下地了。

（57b）尔锁匙囥着欤，招皇˭一下儿跌下地着你钥匙放好哦，小心一会儿掉下地了。

?（57c）尔锁匙囥着欤，招皇˭一下儿跌着下地。

（58a）尔何令一时候儿跑着来家/跑来家［着唉］你怎么这时候跑回来了？

（58b）尔覅明日就跑来家着_{你别明天就跑回来了}。
？（58c）尔覅明日就跑着来家。

以上三组例句中，例（56a）、例（57a）、例(58a）三句是已然事件，动趋式"V 着 C"和"VC"均可入句。例（56b）、例(57b）、例（58b）和例（56c）、例（57c）、例(58c) 六句都是未然事件，动趋式"VC"均可入句，而"V 着 C"入句后接受度较低，其中例（56c）动趋式"担着来"和句子的未然义则完全不能相容。从这一点来看，祁门方言动趋式"V 着 C"中的"着"也可以看成完成体标记，相当于普通话中的"了"。从使用群体来看，趋向补语结构"V 着 C"多出现于老年人或文化程度较低的群体中，"VC"则多见于年轻人或文化程度较高的人群。从目前使用的情况来看，趋向补语结构"V 着 C"已呈逐渐萎缩的状态。

综上，祁门方言中，状态补语、可能补语、程度补语、趋向补语结构所用的标记词主要有"着""得""来"以及零形式。其中，"来"主要见于可能补语结构，与补语标记"得"分布基本相同，"来"可能只是"得"语音弱化的结果。作为补语标记，"着"和"得"基本形成互补分布的格局："得"主要用于可能补语结构；"着"主要用于状态补语结构和程度补语结构以及趋向补语结构中，但"着"的部分位置已有被"得"逐渐替代的趋势。

第 14 章　处置句

处置句是汉语中的一种特殊且常用的句式。从形式上看，这种句式的特点是宾语位于动词的前面，且宾语之前有一个显示句法关系的标记；从意义上看，这种句式一般表示一种有目的的行为，一种处置或者使某个事件因为这个动作获得某种结果或使动作达到某种状态。处置句的显性标记在标准语中有"把"和"将"等，而汉语方言中，处置标记可谓复杂多样，据李蓝、曹茜蕾（2013），"把单音节标记和双音节标记分别计算，现代汉语方言中现在使用的处置标记是 113 个"[①]。现代汉语方言处置句的句式有的也远比标准语来的复杂。

按照祁门方言处置句中处置式句法结构和形式特点，我们将祁门方言的处置句分为三大类：介词型处置句、介词和复指代词共现型处置句、其他处置句。其中，介词型处置句是祁门方言中最常用的处置句，祁门方言中的处置标记主要是"分"，词源是给予义动词，具体可参见"7.2 介引施事、受事的介词"部分；介词和复指代词共现型处置句指的是"处置标记'分'+ NP + VP + 渠"型处置句，句末"渠"是处置标记，是第三人称"渠"复指功能的虚化；其他处置句主要包括命名式处置句和对待型处置句，这两种处置句中引出处置对象的不是介词"分"，而是"叫喊"义动词来源的"吆"和"持拿"义动词来源的"拎/担"，这两种处置句在祁门方言中使用场合受限较多。下面分别讨论。

[①] 李蓝、曹茜蕾：《汉语方言中的处置式和"把"字句（上）》，《方言》2013 年第 1 期，第 15 页。

14.1 介词型处置句

祁门方言介词型处置句中的介词主要是"分",从语义上来看,典型的介词型处置句中,"分"所介引的宾语是后面及物动词的受动者,这种处置句的处置义很强,我们可以称之为"强处置句"。例如:

(1) 渠分书全部烧失着_{他把书全部烧掉了}。
(2) 尔去分衣裳收一下来_{你去把衣服收一下}。
(3) 尔走个时候儿要分门锁好着_{你走的时候要把门锁好了}。

以上三个例句中,"分"所介引的"书""衣裳""门"分别为各句谓语动词"烧""收""锁"的受事。除了这种强处置句,"分"后所介引的可以是兼语式的处置对象,整个句子带有明显的致使义,后面的动词多为动结式。例如:

(4) 尔分喉咙吆哑着都无益,无人来开门_{你把嗓子叫哑了都没用,没人来开门}。
(5) 今日走一许多路,分脚都走痛着_{今天走了这么多的路,把脚都走痛了}。
(6) 一天几冷呀,分我手都冻木着_{这天多冷啊,把我的手都冻僵了}。

以上三个例句中,"分"所介引的对象"喉咙""脚""手"不是各句后面的谓语核心动词"吆""走""冻"的受事,而是这些动词所代表的动作施行后的结果所影响的对象,即语义上可以构成直接关联的分别是"喉咙哑着_{喉咙哑了}""脚痛着_{脚痛了}""手木着_{手僵了}"。这种致使义的处置句,有时候动词或形容词后面常常用补语标记"着"引进状态补语。例如:

(7) 渠一句话分同尔将着跳脚儿_{他一句话给咱们呛得直跳脚}。
(8) 许多人分学堂围着拍满个_{许多人把学校围得水泄不通}。
(9) 一个小鬼儿分渠家老子娘焦着饭都吃不下去_{这个孩子给他父母气得饭都吃不下去}。

除了表示处置和致使,有时候,"分"所介引的还可以是动作的处所或范围。例如:

(10) 我分家里到处儿寻尽着都没寻着_{我把家里到处找遍了都没找着}。

（11）等尔分一儿嬉尽着尔肯定就不舍得走着等你把这儿都玩透了你肯定就不舍得走了。

（12）一几日收香菇儿渠分村里都跑尽着这几天收香菇他把村子都跑遍了。

除此，作为介词，"分"还有"拿"义，这时候"分"的处置义较弱，主要表示对待。例如：

（13）我一贯儿来分渠当自家人我一直以来把他当成自家人。

（14）渠一个醒儿家还能分尔何样儿呐他一个孩子还能把你怎么样呢？

（15）我就坐一凳⁼不动，看尔能分晓何令⁼我就坐这里不动，看你能把我怎么样？

以上例句中的"分"有对待义，不过，这时候的"分"还是介词，偶尔可以用持拿义动词来源的"拎"来替换，不过，能够替换表示对待的"分"的"拎"并不是持拿义，而是由持拿义发展出了工具义。大概是受词源所限，"分"和"拎"并不是可以无条件相互替换的。下文将对此详作分析。

祁门方言中，由"分"构成的介词型处置句和普通话中由"把"构成的介词型处置句用法上有同有异。

就处置介词后面的宾语而言，所指事物必须是有定的、已知的；处置宾语不能空置。有时为了凸显处置对象，会将原本置于"分"后的处置对象提至句首做话题，这时候"分"后就用代词"渠"复指前置的宾语。例如：

（16）一只篮儿尔分渠挈去担分老儿这只篮子你把它提去拿给爷爷。

（17）我个书包儿尔分渠还分晓我的书包你把它还给我。

（18）盆里个衣裳尔今日分渠洗一下盆里的衣服你今天给它洗一下。

就处置句里的谓语动词而言，动词一般不能是光杆动词，通常要带结果补语。普通话的"把"字句其动词谓语后带上动态助词"了"可以成句，例如普通话可以说"把饭吃了"。普通话中表示完成或已然的"了"在祁门方言中的对应成分是"着"，但是祁门方言却不能像普通话那样表达为"分饭吃着"，最自然的表达是"分饭吃失/分饭吃失着"，祁门方言的"失"在功能上介于结果补语和完成体标记之间，可以视为准完成体标记，但"分饭吃失/分饭吃失着"中的"失"更像是结果补语。

另外，祁门方言的"分"兼属处置标记和被动标记，充当处置标记时谓语动词不能是光杆动词，但是充当被动标记时谓语动词可以是光杆动词。例如：

（19）我一个老儿家分个年轻人骂，讲起来都是焦个<small>我一个老人被年轻人骂，说起来都是气的。</small>

（20）当学生儿个分老师儿批评，正常儿得很<small>当学生的被老师批评，正常得很。</small>

（21）尔今日分校长儿开除，都是尔自家不争气<small>你今天被校长开除，都是你自己不争气。</small>

当"分"前后的语义成分同为生命度高的对象而又没有具体的语境限制时，一般来说会引起语义角色定位的歧义。例（19）至例（21）句却不会引起歧义，"分"在这里不能被解读为处置标记，只能被解读为被动标记，因为句子中的谓语动词都是光杆动词，没有体现处置结果的成分。

作为处置标记，与普通话中的"把"不能叠用不同的是，祁门方言中的"分"可以叠用成"分不分"或者"分没分"，而普通话一般不能叠用成"把不把"或者"把没把"的格式。祁门方言的用例如下：

（22）尔分没分地扫失唉<small>你有没有把地扫了？</small>

（23）尔跟晓讲，尔明日分不分茶叶带去卖唉<small>你告诉我，你明天会不会把茶叶拿去卖啊？</small>

（24）我分没分作业做掉是我自家个事<small>我有没有把作业做完是我自己的事。</small>

以上是介词型处置句，虽然处置义有强有弱，但基本都有表示动作结果或状态的成分，所以都可以视为处置句。

14.2　介词和复指代词共现型处置句

祁门方言中，处置标记构成的处置句格式一般是"NP_1 + 分 + NP_2 + VP"，当句子中的"VP"是个动结式时，祁门方言有时可以在句末加一个看上去属于羡余成分的"渠"，这个"渠"表面上看好像是用来回指前面的"NP_2"，构成"NP_1 + 分 + NP_2 + VP + 渠"。这种结构中的"渠"读为[tɕi⁰]，通常又轻又短，可以省略，且省略后不改变句义。

祁门方言中，"NP_1 + 分 + NP_2 + VP + 渠"句式多出现在祈使句中，

句末的"渠"有加强命令语气的作用。例如:

(25) 分雷＝屑倒失（渠）把垃圾倒了!

(26) 分门锁失（渠）把门锁了!

(27) 尔分桌着个饭捡起来吃失（渠）你把桌子上的饭捡起来吃了!

除此,"NP$_1$ + 分 + NP$_2$ + VP + 渠"句式也可以出现在陈述句中。例如:

(28) 我昨日总算分屋卖失（渠）着我总算把房子卖掉了。

(29) 我还吆尔分馊个菜倒失（渠）呢我还叫你把馊的菜倒了呢。

(30) 等渠分衣裳脱失（渠）之后,大家再只看见渠肩胛出血着等他把衣服脱了之后,大家才看见他肩膀出血了。

从以上例句可见,"NP$_1$ + 分 + NP$_2$ + VP + 渠"还可以出现在小句里,如例（30）句中的"渠"出现在前一分句中,其后还有表示时间的"之后"。

除了祈使句和陈述句,祁门方言中的"NP$_1$ + 分 + NP$_2$ + VP + 渠"格式还可以出现在疑问句中。例如:

(31) 尔分衣裳洗失（渠）着你把衣服洗了吗?

(32) 渠昨日分老虎钳儿还失（渠）着哇他昨天把老虎钳还掉了吧?

(33) 尔何隔儿可以分作业做掉失（渠）唉你什么时候能把作业做完啊?

祁门方言的"NP$_1$ + 分 + NP$_2$ + VP + 渠"可用于现实句,如例(28)和例(30),也可以用于非现实的表达意愿的句子中。例如:

(34) 我等下儿就去分地扫失（渠）,尔覅尽讲我一会儿就去把地扫了,你不要一个劲地说。

(35) 我想分一个屋买失（渠）我想把这个房子卖了。

(36) 还是等渠分饭吃掉（渠）再讲还是等他把饭吃完了再说。

以上是非现实句。再如虚拟句:

(37) 要是去年儿就分一个屋卖失（渠）着,那今年就少赚不少要是去年就把这个房子卖了,那今年就少赚不少钱。

(38) 昨日尔要是分物还失（渠）就好着昨天你要是把东西还掉就好了。

(39) 渠端头要是没分婚离失（渠）个话,现在生活要好过得很他当初要是没把婚离掉的话,现在生活会好过得很。

"NP$_1$ + 分 + NP$_2$ + VP + 渠"还有一种变换式,就是将"NP$_1$ + 分 +

NP₂＋VP＋渠"中的"NP₂"提至"NP₁"前充当话题,"分"后用"渠"回指前面的"NP₁",在听说双方对施行者知晓的前提下甚至可以删除"NP₁",整个句子的格式变换为"NP₂＋(NP₁)＋分＋渠＋VP＋渠"。例如:

(40) 饭跌着到处ₙ都是,分渠吃失(渠)饭掉到到处都是,把它给吃了!

(41) 地里个物分渠扫失(渠)地上的东西给它扫了。

(42) 胸边前个油渍ₙ要分渠洗干净失(渠)胸前的油渍你要给它洗干净了。

以上例(40)至例(42)每一句中均出现了两个"渠",第一个"渠"是回指代词,有实义,需要强制出现,因为"分"不能出现介词悬空的现象。而句末的"渠"是可以省略的,其复指功能已弱化。

"NP₂＋(NP₁)＋分＋渠＋VP＋(渠)"还可以简省为"NP₂＋(NP₁)＋VP＋渠",这个时候句末的"渠"是不能删除的。例如:

(43) 锅里个饭吃失渠锅里的饭吃了。

(44) 我个书尔凭什么□[xua³⁵]失渠我的书你凭什么扔掉?

(45) 鞋我洗失渠着鞋我洗了。

以上三句"VP"后的"渠"表面上看是回指前面的"NP₂",但从整个句子可以扩展为"NP₂＋(NP₁)＋分＋渠＋VP＋(渠)"格式,我们认为这里的"VP"后的"渠"复指功能已弱化。

以上所举的例子中,"NP₁＋分＋NP₂＋VP＋渠"中的"NP₂"都是指称具体事物的名词性成分,或者用"渠"回指前面指称具体事物的名词性成分。除此,"NP₁＋分＋NP₂＋VP＋渠"中的"NP₂"还可以是人称代词,这个人称代词可以是第一、二、三人称单数形式。例如:

(46) 都分晓焦死(渠)着都把我气死了。

(47) 尔再啰唆我就分尔赶出去(渠)你再啰唆我就把你赶出去。

(48) 渠敢来,来个话分渠打死(渠)他敢来,来的话给他打死。

以上三个例句,VP后的"渠"和"分"后的宾语从字面上看是不匹配的。特别是前两句,"分"后的宾语是"晓我"和"尔你",这里的"渠"显然不能用"他"来对译。我们认为,这里的"渠"不宜看成普通的复指代词。

"NP₁＋分＋NP₂＋VP＋渠"中的"NP₂"还可以是第一、二、三人称复数形式。例如：

（49）尔分渠大家送走失（渠）再来家洗衣裳 你把他们送走了再回来洗衣服。

（50）尔旺儿再欺负人，我就要分尔大家骂死失（渠）你们再欺负人，我就要把你们骂死了。

（51）看渠分不分我大家赶出去（渠）看他会不会把我们赶出去。

例（46）至例（51）句中，位于 VP 后的"渠"语义上已不具备指代功能，应该视为一种处置标记。因为"渠"总是出现在动结式后面，这个动结式的补语大多是表示不如意状态或结果的补语"失""掉""死"等，所以我们认为位于 VP 后的"渠"是一个处置标记，主要凸显处置的结果或状态。从以上句末带已然体标记"着"的例句如例（37）、例（45）、例（46）来看，但凡这些句子在 VP 后可以出现"渠"的，"渠"均位于"着"之前，可见这个"渠"的句法位置没有"着"高，和动结式的补语结合紧密，应该不是句法层面的成分。

以上所分析的介词和复指代词共现型处置句中的 VP 其谓语动词均为及物动词，祁门方言中位于动结式后面有所虚化的"渠"还有特殊的用法，即可用于 VP 中的谓语动词是不及物动词的句子中。例如：

（52）一个讨饭个大雪那日死失（渠）着 这个要饭的大雪那天死了。

（53）等尔困着失（渠）我再走 等你睡着了我再走。

（54）我钱包跌失（渠）着 我钱包丢了。

以上这三例中的"渠"就更不能视作复指代词了。

总之，祁门方言中的介词和复指代词共现型的"NP_1 + 分 + NP_2 + VP + 渠"句式，既可以出现在祈使句中，也可以出现在陈述句和疑问句中；既可以用于现实句，也可以用于非现实句；"NP_1 + 分 + NP_2 + VP + 渠"可以有几种变换句式，当"NP_2"提至句首充当话题句时，处置介词"分"可以删除，"渠"单独表现处置义。鉴于此，祁门方言中，位于处置句中"VP"后的"渠"不能看成简单的复指代词，其复指功能已弱化，可以视为后置的处置标记。

14.3　其他处置句

祁门方言中，除了由处置介词"分"单独构成的介词型处置句和

"分……渠"式处置句外，还有两种特殊的处置句，处置标记分别由"叫喊"义动词来源的"吆"和"持拿"义动词来源的"拎/担"充当，和典型的处置句不同的是，这两种处置句主要通过命名和对待的方式来呈现处置的结果，本书姑且称为"命名型处置句"和"对待型处置句"。

14.3.1 命名型处置句

普通话中有一种命名式处置句，格式是"把/管 + O_1 + 叫/叫作 + O_2"，其中的"把/管"在祁门方言中没有对应的处置介词，而是用动词"吆喊，叫，称呼"来表达对某人某物的称名，所构成的格式是"吆 + O_1 + 吆 + O_2"。例如：

（55）我吆渠吆叔老儿我管他叫叔爷爷。

（56）渠吆那个妇儿家吆嫚他管那个妇人叫伯母。

（57）我旺儿一登⁼吆一种个物吆青草豆腐我们这里管这种东西叫青草豆腐。

（58）尔旺儿那儿个定亲在我旺儿一登⁼吆渠吆挈篮儿你们那里的定亲在我们这里管那叫提篮。

祁门方言的"吆 + O_1 + 吆 + O_2"是连动式。以上前三个例句中的第一个"吆"后跟着的是代词或者名词性成分，后一句中的第一个"吆"后面跟着的是代词"渠"，这个"渠"复指前面的"定亲"。从语义角色上看，第一个"吆"后带的宾语接近于处置对象，但我们不把这里的"吆"看成处置介词，因为"吆"还有很明显的动词义，除了这种句式，"吆"不能用于其他类型的处置句。后一个"吆"是"称呼"义的动词，在句中不是必然存在的成分，可以省略。省略后和一般的双宾句没什么区别。如例（55）句也可以变换为：

（59）我吆渠叔老儿我叫他叔爷爷。

不过，当"O_1"是复杂短语时，通常会被提至句首充当话题。如我们可以把例（57）变换为：

（60）一种个物我旺儿一登⁼吆渠吆青草豆腐这种东西我们这里叫青草豆腐。

例（60）句中后一个"吆"可以省略，甚至第一个"吆"后的"渠"也可以省略，整个句子可以减省为：

（61）一种个物我旺ᵣ一登⁼吃青草豆腐_{这种东西我们这里叫青草豆腐}。

相比较而言，例（57）、例（60）、例（61）三句中，例（61）的表达是最为自然简洁的。例（61）句中"O_1 + S + 吃 + O_2"中的"吃"是动词，没有处置义，而"吃 + O_1 + 吃 + O_2"中第一个"吃"有所虚化，带有一定的处置义，但仍然是动词。

14.3.2 对待型处置句

祁门方言中，"拎/担"是"持拿"义动词，也有表示材料用具的介词用法，详见"7.4.1 材料用具类介词"。除此，还有相当于普通话中的"把、对"的用法。不过，这一用法的"拎/担"其后的动词限于"当、无法ᵣ、开玩笑ᵣ、开胃"等少数几个。其中，当后面的动词是"当"时，前面表示对待的一般不用"担"，因为"担"和"当"同音，这时候整个句子的格式是"拎 + O_1 + 当 + O_2"。例如：

（62）大家都喜欢拎渠当小鬼ᵣ看_{大家都喜欢拿他当孩子看待}。

（63）有钱人拎钱不当钱，当纸_{有钱人拿钱不当钱，当纸花}。

（64）尔覅拎别旺ᵣ都当孬子哦_{你别拿别人都当傻子哦}。

当后面的动词是"当"时，"拎 + O_1 + 当 + O_2"中的"拎"可以用典型的处置介词"分"来替换。所以，以上例（62）至例（64）中的"拎"都可以自由替换为"分"。

"拎/担"后面的动词是"当"以外的动词时，整个句子的格式是"拎/担 + O_1 + VP"。例如：

（65）唉，真拎/担渠无法ᵣ想欸唉_{真拿他没办法啊}。

（66）尔不能拎/担自家个前途开玩笑ᵣ_{你不能拿自己的前途来玩笑}。

（67）渠尽是拎/担晓开胃，我覷渠就戳眼睛子_{他总是拿我开涮，我看他就讨厌}。

当后面的动词是"当"以外的其他动词时，"拎/担 + O_1 + VP"中的"拎/担"不能用"分"来替换。

总之，祁门方言的处置句有介词型处置句、介词和复指代词共现型处置句、其他处置句。这三种处置句中，最常用的是处置介词"分"介引的处置句，这种处置句的处置义也是最强的，由"吃"和"拎/担"充当准处置标记的两种处置句受限较多，使用范围也较窄。

第 15 章 被动句

语言中表达动作有主动和被动两种态，其中表达被动态的句子就是被动句，汉语被动句在《马氏文通》中被认为是"受事居前"的一种句式。语言中表达被动态时大多会使用一些标记，被动标记主要的功能是引入施事成分，指示动作行为的发出者，强调动作的被动性，凸显某个事物遭受某种动作行为的影响而出现某种变化或结果。现代汉语中，被动态的标记主要有"被"，除此还有"叫""让"等。

祁门方言中的被动句分为有被动标记和无被动标记两种类型，其中，无被动标记句因为缺乏明确的语法标记，在形式上和一般的主动句没有分别，主要判断标准是看句子中的谓语动词。当一个及物动词后面没有宾语，而前面的名词或名词性短语是这个动词的受动者，那么这种句子就可以看成无标记被动句。例如：

(1) 饭都吃完着，还吆晓来吃饭饭都被吃完了，还叫我来吃饭。

(2) 茶叶都挈进来了茶叶都被提进来了。

(3) 旧个手巾□[xua³⁵]失着，尔去拎一条新个出来旧的毛巾被扔掉了，你去拿一条新的出来。

我们主要讨论的是有标被动句。从被动标记来看，祁门方言的有标被动句有"分"字句和"驮"字句，关于这两个被动标记的用法详见"7.2 介引施事、受事的介词"。有标被动句完整的结构格式是"$NP_1 + M_{被动标记} + NP_2 + VP$"，但在实际口语中，会出现一些成分的缺失，从而产生一些被动句省略式，或者因为结构成分移位，出现一些变换句式。有标被动句的整体语义特征及各个成分构成和语义特征也是需要重点关注的。下面将分别讨论。

15.1 有标被动句的结构类型

祁门方言有标被动句大致有 4 种类型。具体如下：

15.1.1 "NP_1 + 分/驮 + NP_2 + VP"

祁门方言中，有标被动句完整结构类型便是"NP_1 + 分/驮 + NP_2 + VP"，这也是祁门方言中最普遍的结构类型。例如：

（4）碗分/驮渠打碎失着_{碗被他打碎了}。

（5）我个笔分/驮渠搞无益着_{我的笔被他搞坏了}。

（6）我分渠一句话讲着心里难过着要死_{我被他这句话说得心里难过得要死}。

15.1.2 "分/驮 + NP_2 + VP"

祁门方言"NP_1 + 分/驮 + NP_2 + VP"结构类型中，当 NP_1 是听说双方都明确的，可以略去不提，或者前文出现过，这里可以承前省略；或者 NP_1 在后文被作为焦点提出来。例如：

（7）尔不用得寻着，都分/驮渠担走着_{你不用找了，都被他拿走了}。

（8）一是尔自家个钱，覅分/驮渠几句话就骗走着_{这是你自己的钱，别被他几句话就骗走了}。

（9）不能分/驮尔一个_儿吞下去着，一是大家赚来个_{不能被你一个人独吞了，这是大家赚来的}。

以上三个例句中，例（7）中的 NP_1 是隐而未现的，这种情况在交谈双方信息透明的前提下也是很常见的；例（8）中的后一分句便是被动句，承前省略了 NP_1 "钱"；例（9）的前一分句是被动句，虽然被动句所在的分句没有出现 NP_1，但后一个分句中 NP_1 作为焦点信息出现了。

15.1.3 "（NP_1）+ V + 都 + 分/驮 + NP_2 + VP"

祁门方言中，还有一种略带夸张语气的有标被动句"（NP_1）+ V + 都 + 分/驮 + NP_2 + VP"，这个格式中的"V"与后面"VP"的核心动词"V"是相同的。这种表达主要起强调作用，突出事情出乎意料。这个格式中的 NP_1 是可以不出现的，省略原则与上面的"NP_1 + 分/驮 +

NP$_2$ + VP"格式相同。"(NP$_1$) + V + 都 + 分/驮 + NP$_2$ + VP"格式一般会以小句形式使用,通常会有另一个表示反向情况的分句与之对举。例如:

(10) 我今日要是不来,尔打都分/驮人家打死着我今天要是不来,你打都被别人打死了。

(11) 还好意思讲,笑都分/驮娘家人笑死着还好意思说,笑都被娘家人笑死了。

(12) 担都要分/驮渠担走着,尔还坐一儿笑拿都要被他拿走了,你还坐这儿笑。

15.1.4 "NP$_1$ + 驮 + NP$_2$ + 分 + NP$_3$ + VP"

祁门方言中,除了单用被动句,还存在被动句和处置句嵌套的现象。因为"分"兼属处置标记和被动标记,为了避免同标记共现,被动标记会用"驮",处置标记则用"分"。具体格式有"NP$_1$ + 驮 + NP$_2$ + 分 + NP$_3$ + VP"。这种格式中的"NP$_1$"和"NP$_3$"之间往往存在从属或者包含等逻辑关系。有时候,这种格式中的一些成分也可以调换顺序,如可以是先处置再被动;句子中的成分也可以移位。例如:

(13) 渠昨日驮开水分手烫着着他昨天被开水把手给烫着了。

(14) 渠驮烟分面嘴都呛着通红个他被烟把脸都呛得通红的。

(15) 我一边个子驮渠分最重要个"车"吃失着我这边的棋子被他把最重要的"车"给吃了。

(16) 渠驮学生儿气着分面嘴□[xua^{35}]着下来他被学生气得把脸都拉了下来。

(17) 我分地里驮渠□[xua^{35}]失个笔拾着起来我把地上被他扔掉的笔捡了起来。

以上五个例句中,只有前三句属于真正的被动句和处置句的嵌套。例(13)、例(14)中的句首主语"渠"和处置标记"分"后的宾语"手"和"面嘴"之间有领属关系;例(15)中的句首主语"我一边个子"和"分"后的宾语"最重要的'车'"之间存在包含关系。例(16)和例(17)中的处置结构和被动结构不是一个句法层面的,例(16)中的处置结构是作为前面被动结构 VP 后的补语成分出现的;而例（17）中的被动结构是作为前面处置结构标记"分"后宾语的修饰成分出现的，所以这两句都不算真正的被动句和处置句嵌套现象。

15.2 有标被动句的构成成分

祁门方言有标被动句"NP_1 + 分/驮 + NP_2 + VP"的构成成分与普通话大同小异，下面依次讨论各个构成成分的性质及语义特征。

15.2.1 NP_1的构成及语义特征

NP_1在句子中充当主语，主要由名词、代词等名词性成分构成。

从语义角色上看，NP_1最典型的语义角色是受事论元。例如：

（18）饭分/驮小鬼儿吃掉着 饭被孩子吃完了。

（19）家里个树分/驮别旺儿斫完着 家里的树被别人砍光了。

（20）渠捉起来一个事分/驮村里人晓得着 他被抓起来这个事被村里人知道了。

以上例句中的NP_1分别由名词"饭"、定中短语"家里个树"、同位短语"渠捉起来一个事"充当，NP_1所代表的是受动者，一般代表的是有定的事物。而这些句子中的VP基本是由动结式充当，句末也都有事态助词"着"。

NP_1也可以充当与事。例如：

（21）渠分/驮小偷儿偷着五百块钱去 他被小偷偷了五百元钱去。

（22）我分/驮尔吃失一个"车"、两个"马"，不消讲我要输着 我被你吃了一个"车"、两个"马"，不必说我要输了。

（23）老子娘都分/驮尔败失一重屋着，尔还不改 父母都被你败掉一栋房子了，你还不改。

以上例句中的NP_1均是人称代词或指人名词性短语，不是句子中的谓语核心动词直接支配的对象，因为句子中的VP是动宾短语，直接支配对象是谓语动词后面的宾语，如例（21）"偷"的对象是"钱"、例（22）中"吃"的对象是"车"和"马"、例（23）中"败"的对象是"屋"，而NP_1是受VP影响所关涉的对象。

有时候，VP是动宾短语，动词后的宾语与NP_1有部分和整体关系或从属关系。例如：

（24）小鸡儿分/驮黄塞⁼拖去不少只 小鸡被黄鼠狼叼走好几只。

（25）身着个一万块钱分/驮渠借着一大半去 身上的一万块钱被他借了一大半走。

（26）班着个学生儿分/驮渠骗着好几个 班上的学生被他骗了好几个。

以上这种被动句比较特殊，与例（21）至例（22）句中 NP_1 和 VP 没有直接支配关系不同的是，例（24）至例（26）中动宾短语中的宾语和 VP 存在支配关系，只不过只是 NP_1 所代表的事物中部分成员受某种动作的影响因而出现某种结果。

NP_1 除了充当受事、与事论元，还可以作方位或处所论元。例如：

（27）家里分/驮几个小鬼儿翻着一塌糊涂 家里被几个小孩翻得乱七八糟。

（28）面着分/驮那个妇儿家挖着好几条痕 脸上被那个妇女抓了好几道痕。

（29）昨日夜下儿，地里分/驮野猪拱着红薯藤到处儿都翻出来着 昨天晚上，地里被野猪拱了，山芋藤翻得到处都是。

以上三个例句中，NP_1 "家里""面着""地里"均是表处所的名词性成分，是后面谓语动词所代表的动作发生的场所。

15.2.2　NP_2 的构成及语义特征

在构成成分上，和 NP_1 相同的是，NP_2 主要由名词、代词等名词性成分构成。作为被动介词所介引的对象，NP_2 充当的是宾语，却是谓语 VP 的实际施动者、执行者，所以在句中主要担任施事论元。例如：

（30）渠手指头儿分/驮蛇咬着着 他手指头被蛇咬了。

（31）渠分/驮老师儿骂着一长餐，倚着那儿动都不敢动 他被老师骂了一顿，站在那儿动都不敢动。

（32）好茶叶都分/驮渠家新妇摘完着 好茶叶都被他儿媳妇摘完了。

除了充当施事论元，NP_2 也可以充当其他语义角色，如工具、原因。例如：

（33）我分/驮菜刀切着手指头儿着 我被菜刀割到手指了。

（34）渠分/驮石头砸断着一只脚 他被石头砸断了一只脚。

（35）尔嘴皮儿分/驮雪冻着靛青个 你的嘴唇被雪冻得发紫。

以上三个例句中的 NP_2 都是无生命的普通名词，无法充当动作的施行者，如例（33）中的"菜刀"不是"切"这个动作的施行者，例（34）中的"石头"不是"砸"这个动作的施行者，例（35）中的"雪"不是"冻"的施行者。前两例的 NP₂ 和 VP 的谓语动词之间形成的语义关系是"动作—工具"，最后一例的 NP₂ 和 VP 的谓语动词之间形成的语义关系是"动作—原因"。

前文"7.2.1 分"曾提及，与普通话不同的是，祁门方言中被动标记必须与其介引的成分同现，如果所介引的成分不是具体实在的，也可以补一个虚指的"渠"；如果所介引的成分不出现，那被动标记也不能出现。所以，祁门方言的被动句中 NP₂ 不存在被省略的现象，即不能出现介词悬空的现象。但祁门方言有几个固定搭配"驮打挨打""驮骂挨骂""驮批挨批"，这些词中的"驮"表面上看很像被动标记，事实上，这里的"驮"是动词，义为"承受"，不是被动标记。

从以上例句我们可以看到，NP₂ 可以是有生命的人，也可以是无生命的表工具和原因的事物。

15.2.3　VP 的构成及语义特征

VP 主要由动词等谓词性短语构成。具体来看，VP 主要有以下几种构成类型。

15.2.3.1　VP 是光杆动词

和处置句中的 VP 不能是光杆动词不同的是，祁门方言被动句中的 VP 可以是光杆动词。例如：

（36）何旺儿喜欢分人家笑谁喜欢被人笑？

（37）我一个大旺儿分/驮一个小鬼儿骂，想想都焦人家我一个大人被一个孩子骂，想想都气人。

（38）一个事要是分/驮渠晓得，那还得了儿这个事要是被他知道，那还得了。

相比较而言，被动句中的 VP 虽然可以是光杆动词，但这种情况并不算常见，更常见的是动词后面加动态助词"着""过"等。例如：

（39）渠分/驮一个小偷儿打着他被一个小偷打了。

（40）渠没考上个事分许多人晓得着他没考上的事被很多人知道了。

（41）大家都分/驮渠欺负过大家都被他欺负过。

15.2.3.2 VP 是动补短语

动补短语作被动句谓语的情况是最为常见的，其补充成分可以是数量补语、结果补语、程度补语、趋向补语、处所方位补语等。例如：

(42) 我又分老师儿表扬一回我又被老师表扬了一次。

(43) 书包儿分／驮渠撕破着书包被他撕破了。

(44) 渠天光到暗分／驮一家人骂着要死他一天到晚被一家人骂得要死。

(45) 痞子分派出所个人抓起来着痞子被派出所的人抓起来了。

(46) 手机分／驮因㞘着地里手机被孩子掼到地上。

(47) 老子娘分小儿子接着县里去着父母被小儿子接到县里去了。

15.2.3.3 VP 是状中短语

被动句中的 VP 也可以是状中短语，不过，谓语动词后面通常需要再带补语或动态助词等。例如：

(48) 手机分／驮渠一下头儿拆开着手机被他一下子拆开了。

(49) 我又分渠无事无㾿骂一餐我又被他无缘无故骂了一顿。

15.2.3.4 VP 是动宾短语

被动句中的 VP 也可以是动宾短语，这种结构通常被称为"保留宾语"结构，主要特点是谓语之前有一个受事名词，而动词之后又带一个宾语，但动词后的宾语限于以下几种情况：

第一种情况，动宾短语中的宾语是主语的一部分或属于主语。例如：

(50) 那个老儿家一回又分／驮骗子骗着好几百块那个老人这次又被骗子骗了好几百。

(51) 渠家小鬼儿在学堂里分／驮人家打断一只手他家孩子在学校里被人打断一只手。

第二种情况，动宾短语中的宾语是受动作支配而达成的结果。例如：

(52) 渠一回分大家选上班长着他这次被大家选为班长了。

(53) 一条背带分渠改作絮包儿着这条背带被她改成包裙了。

第三种情况，VP 中的谓语动词是双及物三价动词，VP 中的宾语是间接宾语。例如：

(54) 书分渠家弟呐借分班里个同学儿着书被他弟弟借给班里的同学了。

（55）尔担来个饺儿分渠送分隔壁邻居着_{你拿来的饺子被他送给隔壁邻居了。}

15.2.3.5　VP 是连谓短语

（56）山着个树分/驮人家斫着卖失渠着_{山上的树被人家砍了卖掉了。}

（57）脚拉车儿分/驮渠借去骑着县里去着_{自行车被他借去骑到县城里去了。}

作为被动句，VP 中的谓语动词应该都是及物性的，大部分动词属于动作动词，动作性较强。不过，VP 中的谓语动词除了由动作性强的动词充当外，还可以由心理动词充当。例如：

（58）我分/驮一个死小鬼儿气着话都讲不起来_{我被这个熊孩子气得话都说不出来。}

（59）床铺着个毛因儿分/驮一个大雷吓着尽哭_{床上的婴儿被一个大雷吓得直哭。}

（60）渠家老子娘分/驮一个事愁着觉儿都困不着_{他父母被这个事烦得觉都睡不着。}

从所表达的语义来看，祁门方言被动句主要涉及的是不如意事件，特别是"驮"字句，仅限于不如意事件，而"分"字句除了表示不如意的，也可以用于积极义或者中性义的表达，积极义事件如例（42），中性义事件很多，如例（52）、例(53)、例(55) 等。

第 16 章 比较句

根据一定标准，在两种或两种以上有某种联系的事物间辨别高下、异同，就是比较。而比较句就是指谓语中含有比较词语或比较格式的句子。比较范畴有相同比较域和不同比较域两种，所以比较句也相应分为两大类，一类是基于同一比较域的"实比句"，包括差比句、极比句、递比句和等句比；另一类是是基于不同比较域的"比拟句"。本章主要讨论的是前一种基于同一比较域的"实比句"。典型的比较句主要包括比较主体、比较基准、比较标记、比较属性，其中"比较主体""比较基准""比较属性"属于比较句的内部变量，对汉语方言而言，更值得关注的是比较句的格式和比较标记的选用。

根据比较标记的数量我们可以把比较句分为单标记比较句和双标记比较句。单标记比较句顾名思义就是句子中只有一个词显示主、客体存在比较关系。普通话中这种比较句的典型结构便是"X + 比 + Y + W"，其中比较标记就是比较词"比"；而双标记比较句指的是含有两个表示比较关系的标记，如普通话中的"X + 比 + Y + 副词 + W"结构，其中，显示主、客体之间存在比较关系的除了"比"还有副词"都""要""还要""更"等。

而根据比较句的语义特点，比较句又可以分为差比句、极比句、递比句、等比句四类。下面我们将根据两个不同的区别标准来分析祁门方言的比较句。

16.1 单标记比较句和双标记比较句

祁门方言中，单标记和双标记比较句都会出现比较词，比较词主要有"比"和"似"两种：其中"比"既可以出现在单标记比较句中，也可以出现在双标记比较句中；而"似"只能出现在单标记比较句中。下面分别讨论两种比较句的格式和使用情况。

16.1.1 单标记比较句

祁门方言的比较标记主要有"比"和"似"两种，两种比较句使用频率和格式均不相同。"比"字单标记比较格式既可以出现在肯定句中，也可以出现在否定句中，而"似"字单标记比较格式一般只出现在否定句、疑问句中。

"比"字单标记比较句的格式有肯定式"X + 比 + Y + W"和否定式"X + 不/没 + 比 + Y + W"。例如：

(1) 我头发比尔个长_{我头发比你的长}。
(2) 渠个衣裳不比尔个衣裳贵_{他的衣服不比你的衣服贵}。
(3) 我看尔也没比渠聪明何里去_{我看你也没比他聪明哪里去}。

祁门方言中，"比"字单标记肯定句相对应的否定句除了"X + 不/没 + 比 + Y + W"外，还有"X + 无/无□[xã²¹³] + Y + W"。例如：

(4) 渠无/无□[xã²¹³]渠家姐_儿聪明_{他没他姐姐聪明}。
(5) 一个村何旺_儿都无尔/无□[xã²¹³]尔家里有钱_{这个村子谁都没有你家有钱}。
(6) 渠家无/无□[xã²¹³]我家远_{他家没有我家远}。

从前文"7.3.5 表示比较的介词'比'和'似'"可知，"似"分布的环境较为有限，多用于否定句和疑问句中，一般不出现在肯定句中。"似"字单标记比较句的格式主要有否定句式"X + 不 + W + 似 + Y"和疑问句式"X + W + 似 + Y"，其中，疑问句中通常会在"W"前添加副词"还"来加强反问语气。例如：

(7) 我家小鬼_儿不差似尔大家任何一个_{我家孩子不比你们任何一个差}。
(8) 我觉得一个工作不好似那一个_{我觉得这个工作不比那个好}。
(9) 我还孬似尔_{我还能比你傻}?
(10) 尔一个大旺_儿还差似一个小鬼_儿_{你一个大人还能比一个孩子差}?

16.1.2 双标记比较句

祁门方言中，双标记比较句格式和普通话相同，主要是"X + 比 +

Y+副词+W",副词主要有"都""还""还要""更""越外""格外"等。这些副词所起的作用可以分为两种类型,一种是使得比较主体和比较客体处于"同中有异"的关系,即主、客体都具有"W"这样的性质或者特点,但程度上存在不同。这一类副词主要有"还""还要""更""格外"。例如:

(11) 渠比尔更长些_{他比你要更高点}。

(12) 我家比渠家还要远心_凑_{我家比他家还要远一点}。

(13) 一个班比那个班还难管_{这个班比那个班还难管}。

(14) 渠今年儿身体儿比去年儿格外差_{他今年的身体比去年更差}。

还有一类副词只是为了体现比较主体具有"W"这样的性质或者特点,而客体未必有,客体只是作为参照物存在,这样的副词主要有"都""越外"。例如:

(15) 一回个题目儿比老早都难_{这次的题目比以前都难}。

(16) 渠比渠家哥儿越外要懂事一些_{他比他哥哥要懂事不少}。

从以上的例句可以看到,有时候为了细化程度的差异,还会在"W"后加上数量补语如"尘儿/一尘儿""一些"等。

双标记比较结构的否定义的表达和单标记类比较结构不同,表示否定的成分一般不能加在"比"的前面,而大多会作为比较结果的否定词项存在。从逻辑角度来看,这样的句式并没有构成否定判断,因此实际上是肯定式而不是单纯否定式。例如:

(17a) 渠家个生活比村里何一家都不差_{他家的生活比村里哪一家都不差}。

*(17b) 渠家个生活不比村里何一家都差。

(18a) 尔读书比渠还要不用心_{你读书比他还要不用功}。

*(18b) 尔读书不比渠还要用心。

(19a) 渠比渠家老子格外不老实一些_{他比他爸爸更不老实一些}。

*(19b) 渠不比渠家老子格外老实一些。

但是当副词是"更"时,双标记类增量比较结构的否定式偶尔可以在"比"前面加否定词"不"。例如:

(20) 一样儿买不比单买更便宜_{这样买不比单买更便宜}。

(21) 渠心里不会比尔更舒服_{他心里不会比你更舒服}。

和普通话相同,这种否定句式所表达的可以是负差比,也可以是等比。如例（20）可以表达"这样买比单买贵"的意思，也可以表达"这样买和单买一样贵"的意思。

16.2 比较句的语义类型

我们可以根据比较句的语义特点，将祁门方言的比较句分为差比句、极比句、递比句、等比句四类。除了等比句的比较词是"跟……一样ᵣ"之外，其他几种比较句的比较词主要有"比"和"似"，也有不使用比较词的。下面分别讨论差比句、极比句、递比句和等比句。

16.2.1 差比句

差比句是通过比较显示两个或多个对象在某一属性上存在程度差异的一种比较句。

16.2.1.1 有标差比句和无标差比句

从是否使用比较标记来看，祁门方言的差比句可以分为有标记差比句和无标记差比句。其中，比较典型和常用的是有标记差比句。而无标记差比句主要有两种类型，第一种类型是通过复句意会比较对象的差异，有时候这种差比句会在比较结果后面添加一些表示程度差异的数量词"尐ᵣ/一尐ᵣ""一些"等。例如：

（22）尔［两人］倚一起ᵣ就看出来着，尔要矮心ᵣ你两个站一起就看出来了，你要矮一点。

（23）渠家穷着要死，我家好一些他家穷得要死，我家好一些。

（24）一个成绩ᵣ最好，那个要差心ᵣ这个成绩最好，那个要差点。

这一类差比句还可以将比较标准前置为话题，这时候话题后面可以停顿或者出现话题标记"呢/啊"等。例如：

（25）成绩ᵣ呐，尔要好一些，不讲，做人呢，那渠要聪明得多成绩呢，你要好一点，不过，做人呢，那他要聪明得多。

（26）书呀，尔读着多，我没什物读过书啊，你读得多，我没怎么读过。

（27）讲寻钱啊，渠旺ᵣ两兄弟老大要厉害不少说到赚钱啊，他们两兄弟老大要厉害得多。

无标记差比句另一种类型是依靠语序来表达差比，这种情况可以视为隐含了比较标记的差比句。这种差比句的格式是"X + W + Y + Nump",其中数量结构表示的是比较主、客体之间的差异量,这种数量结构是这一类差比句的必有成分。例如:

(28) 渠要长尔一个头他要比你高一个头。

(29) 一个班平均分要高那个班十几好几分这个班平均分要高那个班十几分。

(30) 今日清早我快渠五分钟到学堂今天早上我比他快五分钟到学校。

16.2.1.2 "胜过"义差比句和"不及"义差比句

差比句根据语义可以细分为"胜过"义差比句和"不及"义差别句。祁门方言中"胜过"义差比句除了无标记的比较句之外最常见的就是"比"字有标差比句。祁门方言的"比"字有标差比句和普通话的"比"字句用法基本相同,基本格式是"X + 比 + Y + W"。其中,比较客体和比较基准可以是体词性成分,也可以是谓词性成分。比较属性可以是单个形容词,也可以是形容词性短语。可以在"比"字前加副词,或者也可以把副词加在比较属性前面。例如:

(31) 我头发要比尔个长/我头发比尔个要长我头发比你头发长。

(32) 坐车肯定比走路要快许多/坐车比走路肯定要快许多坐车去肯定比走路要快很多。

(33) 我觉得住乡下比住城市里舒服得多我觉得住乡下比住城里要舒服得多。

其中比较成分中表示领属性的成分可以和中心成分分离,使得中心成分变成话题。例如:

(34) 钱我比尔多得多钱我比你多得多。

(35) 住来讲乡下比城市里舒服得多就住来说乡下比城里舒服得多。

(36) 学堂一个比那个要远一些学校这个比那个要远一些。

祁门方言中,"不及"范畴的差比句一般由否定句构成,主要格式有两种:"X + 无/无□[xā²¹³] + Y + W"和"X + 不如似 + Y + W"。例如:

(37) 我无/无□[xā²¹³]渠工资高我没他工资高。

(38) 现在来讲,当老师儿无/无□[xā²¹³]当医生吃香现在来说,当老师不如当医生吃香。

（39）今年儿冬天不如似旧年儿冬天暖和今年冬天不如去年冬天暖和。

（40）到尔家家里不如似到我家家里方便到你家里不如到我家里方便。

"X + 无/无口[xã²¹³] + Y + W"和"X + 不如似 + Y + W"这两种格式从语义上看并没有什么不同，表达的都是"负差比"，不过相比较而言，"X + 无/无口[xã²¹³] + Y + W"更为简洁，因此使用频率略高。用"不如似"构成的比较句中，"不如似"更常用的是作为谓词性成分存在，后面一般不出现"W"。例如：

（41）渠七十岁着还能自家搞自家吃，我不如似渠他七十多岁了还能自己做给自己吃，我不如他。

（42）都是要去个，等下儿去还不如似现在去都是要去的，等会儿去还不如现在就去。

（43）一种个话都讲来出口，我看尔还不如似一个小鬼儿这种话都说得出口，我看你还不如一个小孩子。

前文提过，"不及"范畴一般由否定句构成，但是，否定句并不都表示"不及"范畴。祁门方言中，表示否定的比较句除了上文提到的由"无/无口[xã²¹³]"和"不如似"构成之外，还有三种否定比较句："X + 不/没 + 比 + Y + W"，"X + 不 + W + 似 + Y"，"X + 不 + 跟 + Y + 一样儿 + W"。前两种否定比较句所包含的语义均有两种，一种是"略高于"，另一种是"差不多"，即这两种否定句所表达的可以是负差比，也可以是等比。例如：

（44）论读书成绩儿来讲，我一尐儿都不比尔差论读书成绩来说，我一点儿都不比你差。

（45）尔不比渠长你不比他高。

（46）我家今年茶叶收入不少似旧年儿我家今年茶叶收入不少于去年。

（47）现在城市里个生活也不好似农村里现在城市里的生活也不比农村里好。

以上四个例句中的比较关系均可以解读为差比和等比，如例（44）"我一尐儿都不比尔差"的意思可以是"我和你（成绩）差不多"和"我（成绩）比你还要好"。作前一种理解时这个句子是等比句，作后一种理解时这个句子是差比句。

祁门方言中，相比较而言，"X + 不/没 + 比 + Y + W"不如"X +

"不+W+似+Y"常用。

"X+不+跟+Y+一样儿（+个）+W"表达的是差比，这里的"一样儿"还可以换成指示代词"一（样）儿"或者"那（样）儿"。这个格式大致相当于普通话中的"X+不如+Y+W"。例如：

（48）我不跟渠那样儿个臭劲我不像他那样的骄傲。

（49）现在个生活不跟老早那穷着现在的生活不像过去那么穷了。

（50）工作不跟读书一样儿舒服工作不像读书一样舒服。

以上这种差比句和一般的"不及"义差比句相比略有不同，主要表现在这种差比句是使用等比或者比拟句的标记"跟……一样/这样/那样"构成否定句来表达"不及"义。

16.2.2 极比句

极比是一种特殊的差比，表示的是与同类所有事物进行比较。极比句就是表示人或事物的性状特征达到了最高的程度。吕叔湘（1982）曾经指出："'尤、最'即通常所谓'极比'，意思是说某一事物在某种性质上胜过（或不及）其余的同类事物。"① 和一般的差比句不同的是，极比句的被比对象多是遍指或任指。祁门方言的极比句有三大类，一类是由"最大量"程度副词"最"或者"顶"构成；一类是由比较词"比"构成；一类是由否定词"无/无□[xā²¹³]"或者"不如似"构成。具体如下：

16.2.2.1 "最/顶"构成的极比句

祁门方言"最/顶"字极比句和普通话的极比句一样，通常在句首表明比较范围。例如：

（51）几个小鬼儿里头渠最/顶懂事几个孩子里面他最懂事。

（52）一个班里算渠读书最/顶用心这个班里他读书最用功。

（53）一几个书包儿里头中间那个最/顶好看这几个书包里面中间那个最好看。

有时候这种极比句还会在句首表明比较的标准。例如：

（54）讲做生意，那还是渠家小儿子最/顶扎实说做生意，那还是他的小儿子最厉害。

---

① 吕叔湘：《中国文法要略》，商务印书馆1982年版，第363页。

（55）要讲读书，我家几个小鬼儿是末脚儿最/顶用心要说读书，我家几个孩子是最小的最用功。

（56）要是比收入，那一个村里渠家最/顶多要是比收入，那这个村里他家最多。

从以上例句中，我们看到有时候被比较对象不出现也不影响理解，如例（54）句，这是因为在具体语境中，被比较对象在对话双方已知的前提下是可以省略的。

16.2.2.2 "比"构成的极比句

"比"是差比句里最常用的比较词，但有时候也可以用来构成极比句。祁门方言中，"比"字构成的极比句从比较主体角度来说可以表示"胜过"义，也可以表示"不及"义。其中，表示"胜过"义的极比句格式为"X＋比＋Y遍指/任指义代词＋都＋W"。这种格式是用差比的形式表达极比的概念。比较基准"Y"一般由表示遍指或任指的代词如"何旺儿谁""何一个哪一个""何里/何儿/何登/何里登哪里""什物""任何（事、物、人、地点）"等充当。整个句式含有"把事情往大里、高里、重里说"的意思，主要是通过比较的形式来说明比较主体在某一方面的表现达到极致。这种句式和一般的差比句相比，具有较为强烈的主观评价性。例如：

（57）渠比班里何一个都用心他比班里哪一个都用功。

（58）我比何旺儿都心痛渠我比谁都心疼他。

（59）我家里比何儿都好嬉我家里比哪里都好玩。

（60）乡下个猪肉比什物都香乡下的猪肉比什么都香。

（61）一登⁼比任何一个地方都要舒服这里比任何一个地方都要舒服。

（62）读书比任何事都重要。

以上这种由"比"字构成的极比句"X＋比＋Y遍指/任指义代词＋都＋W"主要表达的是"胜过"义，除此，祁门方言中"比"字还可以构成另一种极比句式"Y遍指/任指义代词＋都＋比＋X＋W"。这种句式表达的是比较主体"不及"被比对象。例如：

（63）何里登⁼都比一登⁼闹热哪里都比这里热闹。

（64）吃什物都比吃尔撸个饭有味吃什么都比吃你做的饭有味道。

（65）去何儿都比登着家里要好去哪里都比呆在家里要好。

（66）不管何重屋都比一重划得来不管哪套房子都比这一套划算。

16.2.2.3 "无/无□[xã²¹³]/不如似"构成的极比句

祁门方言还有一种极比句的格式是由否定词"无/无□[xã²¹³]/不如似"构成的。具体又可以细分为两种句式，一种是被比较对象在前的"Y遍指、任指义代词＋都＋无/无□[xã²¹³]/不如似＋X＋W"。例如：

（67）何旺儿都无/无□[xã²¹³]/不如似渠净样谁没有她漂亮。

（68）何一个都无/无□[xã²¹³]/不如似渠家老子娘焦哪一个都没有他父母焦心。

（69）何里登都无/无□[xã²¹³]/不如似一登好嬉儿哪里都没有这里好玩。

（70）什物人都无/无□[xã²¹³]/不如似自家老子娘好什么人都没有自己父母好。

（71）任何药都无/无□[xã²¹³]/不如似中药有益任何药都没有中药有用。

（72）不管什物都无/无□[xã²¹³]/不如似身体儿重要不管什么都没有身体健康重要。

除了"Y遍指、任指义代词＋都＋无/无□[xã²¹³]/不如似＋X＋W"格式外，还有一种极比句是由"无/无□[xã²¹³]"和"有/有□[xã²¹³]"参与构成的"无/无□[xã²¹³]＋Y遍指、任指义代词＋有/有□[xã²¹³]＋X＋W"。例如：

（73）无/无□[xã²¹³]何旺儿有/有□[xã²¹³]渠那好脾气没有谁有他那好脾气。

（74）无/无□[xã²¹³]何个地方儿有/有□[xã²¹³]渠家一样儿干净没有哪个地方有他家里这么干净。

（75）无/无□[xã²¹³]何一个有/有□[xã²¹³]晓一样儿倒霉没有哪一个有我这么倒霉。

（76）无/无□[xã²¹³]什么事有/有□[xã²¹³]吃饭一重要没什么事有吃饭这么重要。

"无/无□[xã²¹³]＋Y遍指、任指义代词＋有/有□[xã²¹³]＋X＋W"格式中的"有/有□[xã²¹³]"有时候也可以换成"比"来表达。这时候，在比较结果前通常会加上"更""还"等副词。例如：

（77）无/无口[xā²¹³]何旺⁼个老子娘比渠家老子娘更容因ⱼ没有谁家的父母比他父母更宠孩子。

（78）无/无口[xā²¹³]何一个比得上渠能吃苦没有比得上他能吃苦。

（79）无/无口[xā²¹³]何家新妇比我家那个还要不子⁼进⁼没有谁家儿媳妇比我家那个还要坏。

16.2.3 递比句

递比是表示程度逐渐递增或递减。递比句是一种特殊的比较句，参与比较的对象可以是同一对象，也可以是不同对象。形式上构成递比句的要素主要有比较对象、比较词、比较结果以及指称比较对象中比较个体的"一+量词"短语。其中，"一+量词"可以指称不同的人或物，或不同时间的行为，因为具有可比性，所以可以进入比较句的框架中。当"一+量词"指称的是不同时间的行为时，整个递比句表示的是动作变化的规律性，属于历时递比句。如普通话中的"生活一天比一天幸福"。当"一+量词"指称的是不同的人或物时，整个递比句表示的是事物之间的差异，属于共时递比句。如普通话中的"这些人一个比一个聪明"。

祁门方言的递比句有肯定式，也有否定式。相较而言，否定句不如肯定句常用。祁门方言的递比句一共有四种格式，具体如下：

16.2.3.1 "一+量词+比+一+量词+W"

祁门方言递比句中最常见的就是由"比"构成的"一+量词+比+一+量词+W"。例如：

（80）就望着同尔家一个比一个有出师就盼着咱们家一个比一个有出息。

（81）一学期渠个成绩ⱼ一回比一回有进步这学期他的成绩一次比一次有进步。

（82）渠买个那些衣裳一件比一件贵她买的那些衣服一件比一件贵。

上面所举例句中的比较结果"W"均是肯定词项，除此，祁门方言中由"比"构成的极比句中的"W"还可以是否定词项。例如：

（83）一些死小鬼ⱼ一个比一个不听讲这些熊孩子一个比一个比不听话。

（84）现在农村里出个大学生ⱼ一年比一年不容易现在农村里出个大学生一年比一年不容易。

(85) 疫情时候ⵏ,一些饭店里一家比一家无生意_{疫情时候,这些饭店里一家比一家没生意。}

在"一+量词+比+一+量词+W"句式中,"W"无论是肯定词项还是否定词项一般都是形容词性的成分,而有时候,这个句子中的"W"还可以是"不如"。例如:

(86) 尔看看一登⁼一年比一年不如_{你看看这里一年比一年不如。}

(87) 我家老头子个身体ⵏ一日比一日不如_{我父亲的身体一天比一天不如。}

(88) 来多几回之后,渠家老婆个面色一回比一回不如_{来多几次后,他老婆的脸色一次比一次不如。}

"一+量词+比+一+量词+不如"句式中,虽然没有明确表示比较的维度,如例(86)中并没有表示"一登⁼这里"的什么一年比一年不如,但在听说双方认知里这个比较维度是不言自明的。

16.2.3.2 "一+量词+W+似一+量词"

祁门方言中,递比句还可以用"似"构成。不过,"似"多用于否定句,很少用于肯定句,但在老派口语中偶尔能听到"一+量词+W+似+一+量词"这样的表达。例如:

(89) 我看渠个病一日好似一日着_{我看他的病一天比一天好了。}

(90) 尔那些侄呐一个强似一个_{你那些侄子一个比一个强。}

(91) 覅急哇,醒ⵏ家一年大似一年_{不要着急啊,孩子一年比一年大。}

在"一+量词+W+似一+量词"句式中,"W"基本是单音节形容词。

以上两种格式都是肯定式。下面再看递比句的否定式。

16.2.3.3 "一+量词+不如似+一+量词+(W)"

祁门方言中,"不如似"相当于普通话中的"不如、比不上"。由"不如似"构成的递比句否定式"一+量词+不如似+一+量词+(W)"中,比较结果"W"以不出现为常。例如:

(92) 渠担来个物一回不如似一回多_{他拿来的东西一次不如一次多。}

(93) 我个身体一日不如似一日着_{我的身体一天不如一天了。}

(94) 现在农村里个收入一年不如似一年_{现在农村里的收入一年不如一年。}

16.2.3.4 "一+量词+无/无□[xã²¹³]+一+量词+W"

上文"一+量词+不如似+一+量词+W"中的"不如似"也可

以换成"无/无□[xã²¹³]",不过和"一+量词+不如似+一+量词+W"不同的是,"一+量词+无/无□[xã²¹³]+一+量词+W"中的"W"必须出现。例如:

(95) 一几年赚个钱一年无/无□[xã²¹³]一年多 这几年赚的钱一年没一年多。

(96) 河里个水一日无/无□[xã²¹³]一日干净 河里的水一天没一天干净。

(97) 一个学期来尔考试ᵣ是一回无/无□[xã²¹³]一回好 这个学期以来你考试成绩是一次没一次好。

相比较而言,"无/无□[xã²¹³]"构成的递比句没有"不如似"构成的递比句比常用。

16.2.4 等比句

等比句表示比较主体和比较客体比较之下在数量、属性、特征等某一方面具有相同或近似的量度。从语义上看,等比句至少包括等同和近似两个类型。因此我们根据语义标准把祁门方言的等比句分为"等同"义等比句和"近似"义等比句两种。等比句所使用的比较词主要是"跟……一样ᵣ",和普通话的"跟……一样"相同的是,祁门方言的"跟……一样ᵣ"既可以表示实际的比较,用来说明两事物相同;也可以表示修辞上的比拟,用来说明两事物类似。

16.2.4.1 "等同"义等比句

祁门方言中,"等同"义等比句主要有两种结构:"X+跟+Y+一样ᵣ+W"和"X+跟+Y+一样ᵣ个"。

"X+跟+Y+一样ᵣ+W"结构用例如下:

(98) 渠都跟渠个爸ᵣ一样ᵣ长着 他都和他爸爸一样高了。

(99) 一件衣裳跟那件衣裳一样ᵣ贵 这件衣服和那件衣服一样贵。

(100) 先读个博士再工作跟先工作再去读博士ᵣ一样ᵣ个花脑筋 先读个博士再工作和先工作再去读博士一样的费脑子。

"X+跟+Y+一样ᵣ个"结构用例如下:

(101) 尔分数跟渠一样ᵣ个 你的分数和他的一样多。

(102) 不用得争着,尔[两人]个糖子ᵣ一样ᵣ个 不用争了,你们俩的糖果一样的。

（103）尔过去跟渠过来一样儿个 你过去和他过来是一样的。

祁门方言中的"X+跟+Y+一样儿个"比"X+跟+Y+一样儿+W"句式更为简洁，但也容易引起歧义。因为这种句式中的比较结果没有出现，所以如果没有具体的语境有时候会产生理解上的歧义。如例（102），可以理解为两人的糖果一样多或是一样的包装或是别的什么方面是完全相同的。

16.2.4.2 "近似"义等比句

祁门方言中，"近似"义等比句主要有两种格式："X+跟+Y+差不多儿+（W）"，"X+有/有□[xã²¹³]+Y+（一样儿/那样儿）W"。

"X+跟+Y+差不多儿+（W）"用例如下：

（104）一个屋跟那个屋差不多儿大 这个房子和那个房子差不多大。

（105）尔篮儿里个茶叶跟渠个差不多儿多 你篮子里的茶叶和他的差不多。

（106）一登⁼离家里跟那登⁼到学堂里差不多儿远 这里离家里和那里到学校里差不多远。

这种结构中的比较结果"W"也可以不出现。例如：

（107）尔[两人]倚一起儿时候儿，我看见尔跟渠差不多儿 你们俩站一起时，我看你和他差不多。

（108）我碗里跟尔碗里差不多儿 我碗里和你碗里差不多。

（109）今年儿跟旧年儿差不多儿 哇今年和去年差不多吧。

"X+有/有□[xã²¹³]+Y+（一样儿/那样儿）W"结构中的"W"多为积极义形容词性成分，整个句子表示的也多是言说者对比较对象"X"的正面评价。

（110）一个屋有/有□[xã²¹³]那个屋大 这个房子有那个房子大。

（111）我家里有/有□[xã²¹³]渠家家里那样儿干净 我家里有他家里那样干净。

（112）渠手劲都有渠家爸儿一样儿大着 他手劲都有他爸爸这样大了。

当这个这种格式中的"有/有□[xã²¹³]"换成否定词"无/无□[xã²¹³]"时，这个句式就变成了差比句。例见上文例（37）和例（38）。

第 17 章 否定句

否定句是表示否定的句子，这个分类是以句义对立为标准分出来的。否定句具有和肯定句相对立的意义。汉语中的否定句通常以否定词语作为形式标志，从否定词的词义上看，否定句主要包括"存在有无的否定""动作行为的否定""意志的否定""是非判断的否定""动作结果或动作施行可能性的否定"等。祁门方言中的否定句大致也可以按照否定词的词义分成这五类。

17.1 对存在的否定

祁门方言中，表示存在有无的否定句所使用的否定词是动词性质的"无/无口[xã²¹³]"。这组否定词主要是对句子中的主语、宾语进行否定，这种否定多表存在属性，不表事件。从逻辑上来区分的话，可以将这种否定句称为量的否定。

先看否定主语的用例：

（1）无/无口[xã²¹³]人喜欢好哭个小鬼儿 没人喜欢好哭的孩子。
（2）现在无/无口[xã²¹³]学堂招一种个专业 现在没学校招这样的专业。
（3）无/无口[xã²¹³]何旺儿反对渠当班长儿 没有谁反对他当班长。

这种对主语的否定属于全量否定，可以将这种全量否定变换为一种质的否定，这时候整个句子就由表示存在有无的否定变为表示意志的否定。例如：

（4）不管何旺儿都不喜欢好哭个小鬼儿 不管谁都不喜欢好哭的孩子。
（5）现在每一个学堂都不招一种个专业 现在每一个学校都不招这种专业。
（6）大家都不反对渠当班长儿 大家都不反对他当班长。

以上例（1）至例（3）三个例句和例（4）至例（6）三个例句的真值条件基本是相同的。

再看对宾语的否定。祁门方言中，对宾语的否定一般用无核关系从句一类形式来表达。例如：

（7）无/无□[xã²¹³]一句话我听着舒服个没一句话我听得舒服的。

（8）无/无□[xã²¹³]一件衣裳我着得下去个没一件衣服我穿得下的。

（9）无/无□[xã²¹³]一个渠看得上眼没有一个他看得上眼。

以上这种对宾语进行否定的句子也可以在"无/无□[xã²¹³]+宾语"结构和后面主谓句之间插入判断词"是"，但用了"是"后一般会要求句末转指标记"个"共现。如我们可以将例（9）变换为：

（10）无/无□[xã²¹³]一个是渠看得上眼个没有一个是他看得上眼的。

除了以上对主语和宾语的否定，还有一种情况是位于谓语位置的否定词对存在的否定。普通话中的否定动词"没有"偶尔可以和"了₁"共现，如可以说"他没有了继续活下去的勇气"。而祁门方言中和动词"没有"相当的"无/无□[xã²¹³]"后面是不能出现相当于"了₁"的成分，一般会在句末加相当于"了₂"的成分"着"。例如：

（11）听渠学一样ⱼ讲，我也无/无□[xã²¹³]留下来个打算着听他这么说，我也没有了留下来的打算。

（12）尔是无/无□[xã²¹³]钱着，不讲尔还有□[xã²¹³]一重屋你是没有了钱，不过你还有一套房子。

（13）渠无/无□[xã²¹³]依靠着，另日生活肯定不好过他没有了依靠，以后日子肯定不好过。

以上对主语、宾语的否定属于量的否定，祁门方言中的"无/无□[xã²¹³]"属于量否定的专用否定词。除此，还有质的否定，用于质的否定的否定词大致有"没/没曾"和"不""不要""孬"等。下面我们将对这些否定词进行分析。

17.2　对动作行为的否定

祁门方言中，对动作行为是否发生进行否定的否定句所使用的否定词有"没"和"没曾"。"没"和"没曾"的使用具体可参看"10.2表

示对已然否定的副词"。用例如下:

(14) 我没/没曾听见讲过,还有一种个人_{我没听说过,还有这种人}。

(15) 都一时候儿着,渠还没/没曾来家_{都这个时候了,他还没回家}。

(16) 尔吃没吃过黄山烧饼呐/尔吃过黄山烧饼没曾_{你吃没吃过黄山烧饼啊/你吃过黄山烧饼吗}?

从上面的例句我们看到,对动作行为是否发生所进行的否定可以细分为两种:一种是对事态已然的否定,如例(15);另一种是对动作主体是否经历某种动作所进行的否定,如例(14),这一类否定可以在谓语动词后添加表示经历的"过",有时候为了强调,还可以在否定词前加时间副词"从来"。例如:

(17) 渠从来都没/没曾心痛过老子娘_{他从来不曾心疼过父母}。

(18) 那种个话我从来都没/没曾听倒过_{那种话我从来都没有听到过}。

(19) 胡必渠从来都没/没曾骂晓过_{难道他从来都没骂过我吗}?

祁门方言中,对动作主体是否经历某种动作进行否定的句子中,如果谓语动词后带宾语,那宾语和表示经历的"过"的顺序比较灵活,所构成的句式可以是"没/没曾 + V + 过 + O",如例(17),也可以是"没/没曾 + V + O + 过",如例(19)。

祁门方言中,"没/没曾"主要用于对谓语的否定,以上所举的例子也都属于质的否定。不过当否定词后面带上表示遍指的疑问代词"什物"后,整个句子不再单纯表示对过去事件是否发生的完全否定。例如:

(20) 渠没讲什物难听个话,何令⁼尔一气唉_{他没说什么难听的话,怎么你这么生气啊}?

(21) 一个菜我没放什物盐_{这个菜我没放什么盐}。

(22) 一几日尔都没困什物觉儿,快心儿去靠一下_{这几天你都没睡什么觉,快点去靠一会儿}。

以上三句话基本都可以做两种理解,一种是"全量否定",也是真正的质的否定。如例(20)表示"没说任何难听的话",例(21)表示"没放一点盐",例(22)表示"没睡过一点觉"。还有一种理解是部分否定,即"有而不多",表达"甚少"的存在量。如例(20)可以表示"没说很多难听的话",例(21)表示"只放了很少的盐",例(22)

表示"只睡了很少的觉"，具体表达哪种意思要视具体语境而定。

祁门方言中的"什物"除了和普通话的"什么"意思相当外，还有"怎么"的意思。试看下面一组例句：

（23）我昨日没买什物，何令⁼一下ᵣ钱就花掉着_{我昨天没买什么东西，怎么一下子钱就花掉了}？

（24）我昨日没什物买物，何令⁼一下ᵣ钱就花掉着_{我昨天没怎么买东西，怎么一下子钱就花掉了}？

（25）我昨日什物物都没买，白白ᵣ跑一交_{我昨天什么东西都没买，白白跑一趟}。

以上三个句子的前一分句表面看很相似，但实际上真值条件并不相同。其中，只有第三句表示的是真正的零量化，其他两句表示的都是一种模糊的量化。尤其是第二句，这里的"没"用来否定的是"什物怎么"，这其实是对程度的否定，真正表示的是"有但不多"的意思。而第一句如果没有具体语境的话可以做两种理解，一种是全量否定，表示"什么也没买"；另一种是部分否定，表示"买了但买的东西很少"。

17.3 对意志、是非判断的否定

祁门方言中，表示对意志进行否定的否定词是"不"。前文"10.1 表示单纯否定的副词"提及，"不"用在谓词性成分前面，表示对主观意愿、某种习惯、某种状态、判断等的否定，可指过去、现在和将来。例如：

（26）尔想去就去，横直我不想去_{你想去就去，反正我不想去}。

（27）渠平常ᵣ不吃烟，正月家里来人吃心把ᵣ_{他平常不抽烟，正月家里来人才抽一点}。

（28）外流不落雨着，走哇_{外面不下雨了，走吧}。

和普通话的"不"一样，祁门方言的"不"除了用在动词、形容词等前面表示意志的否定之外，偶尔还可以放在体词性成分前面，不过，这时候通常是以"不 A 不 B"的格式出现，"A"和"B"意义相对，"不 A 不 B"中的"不"主要表示对是非判断的否定。"不 A 不 B"也可以说成"A 不 A，B 不 B"。例如：

（29）一不年不节个₂个₁，买一许多菜据物事ㄦ咯这不年不节的，买这么多的菜干什么啊？

（30）看渠那打扮，不男不女个₂个₁看他那打扮，不男不女的。

（31）那兄弟两家一贯ㄦ来都是亲对不亲对，仇人不仇人个₂个₁那兄弟两家一直以来都是亲戚不亲戚，仇人不仇人的。

除了以上"不A不B""A不A，B不B"的格式之外，表示对是非判断的否定一般用的是"不是"。例如：

（32）现在不是争一些物个时候ㄦ现在不是争这些东西的时候。

（33）不是我不舍割，是尔大家做着太过着不是我不舍得，是你们做得太过分了。

（34）渠不是怪尔，是怪晓他不是怪你，是怪我。

"不是"还可以用在"不是A就是B"格式中，其中"A"和"B"为性质相同的成分，可以是同类的动词、形容词，也可以是同类的名词、代词，甚至可以是小句。"不是A就是B"中的"不是"不再表示对是非的判断，而是和"就是"组合在一起表示选择，表示"A"和"B"两项之间必有一项是事实。例如：

（35）一回去比赛个不是尔就是晓这次去比赛的不是你就是我。

（36）渠退休之后每日不是打麻将ㄦ就是出去旅游他退休后每天不是打麻将就是去旅游。

（37）不是尔供老子娘就是尔家弟呐供不是你养父母就是你弟弟养。

17.4 对动作状态或动作施行可能性的否定

对动作状态或动作施行可能性的否定指的是动补结构的否定句，这种动补结构中的补语主要是状态补语和可能补语。祁门方言中，两类补语所进入的否定句的格式是不同的。具体情况如下：

17.4.1 对动作状态的否定

祁门方言中，由状态补语构成的动补结构的否定式有两种："V+着+不+C"和"没+V+（得）+C"。其中，"V+着+不+C"是与"V+着+C"相对应的否定式，这个格式中的"不"前面有时候也可以加一些表示程度的成分。例：

(38) 我个毛笔字儿写着不好我的毛笔字写得不好。

(39) 都怪晓讲着不清楚都怪我说得不清楚。

(40) 渠衣裳洗着一心儿都不干净他衣服洗得不干净。

"V+着+不+C"格式中，也可以在"不"和状态补语之间插入"什物怎么""大"等程度副词，"V+着+不+什物/大+C"格式就不再是对动作状态的简单否定，而是对动作状态高程度的否定。例如：

(41) 渠跑着不什物快他跑得不怎么快。

(42) 今日个菜炒着不什物够今天的菜炒得不怎么够。

(43) 一几年个生活过着不大舒服这几年的生活过得不太舒服。

以上例句中，例（41）中的"不"是对"跑得很快"进行否定；例（42）中的"不"是对"炒得足够多"进行否定；例（43）中的"不"是对"过得很舒服"进行否定。

除了"V+着+不+C"可以表示对动作状态的否定之外，祁门方言中对动作状态进行否定的还有"没+V+（得）+C"式。祁门方言中，补语标记"着"和"得"基本呈有序分工状态："着"用作状态、程度、趋向补语标记，"得"用作可能补语标记。只是在对状态进行否定的"没+V+（得）+C"式中，出现在中补短语之间的标记却是"得"，不能是"着"。不过，这里的"得"也可以删除。例如：

(44) 尔一回没考（得）好，下回要用心着你这次没考好，下次要用功了。

(45) 渠一篇作文儿没写（得）好他这篇作文没写好。

(46) 今日没赶（得）上车，明日再去今天没赶上车，明天再去。

从语感上说，"没+V+（得）+C"和"V+着+不+C"的语义有细微的差别。我们以例句（44）为例，"没考（得）好"义为"没能考好"，比"考得不好"更带有说话人对这个结果的遗憾。除了这种语用方面的细微差异之外，"没+V+（得）+C"和"V+着+不+C"之间也不是都可以互相转换的。如例（44）和例（45）如果忽略语用差异，可以转化为"V+着+不+C"式（"考着不好""写着不好"）；例（46）句就不能转换为"赶着不上车"，或者虽然可以换为"赶不上车"，但会把对状态的否定改为对动作施行可能性的否定。

17.4.2 对动作施行可能性的否定

祁门方言中，表示动作施行可能性的否定句式非常丰富，按照相对应的肯定式不同基本可以分为三组："V+不+C""不+V+C"，"V+不+C+O""V+不+O+C""V+O+不+C"，"不得+V""V+不得""没+V+得"。下面分组讨论。

17.4.2.1 "V+不+C"和"不+V+C"

祁门方言中的"V+不+C"是与"V+得+C"相对应的否定式。例如：

（47）要是今年考不上尔就要读算着_{如果今年考不上你就别读算了}。

（48）渠申请不倒怪不着任何人_{他申请不到怪不了任何人}。

（49）我到处儿寻都寻不着_{我到处找都找不到}。

除了"V+不+C"这种常规能性否定式外，祁门方言中还存在"不+V+C"这种特殊的结构。不过，这个格式对动词"V"和补语"C"都有一定的限定。能进入"不+V+C"这个格式的动词很少，限于三个"观感"类动作动词，即"看""听""□[pʰəŋ²¹³]闻"；而能进入"不+V+C"这个结构的补语仅限于"倒""见"这两个表示结果的词。另外，"不+V+C"一般只存在老年人的口语中，年轻人基本不说。例如：

（50）尔担近心儿，我不看见_{你拿近一点，我看不见}。

（51）分声音开着最大，不然个话渠不听倒_{把声音开到最大，不然的话他听不见}。

（52）要是我不□[pʰəŋ²¹³]倒就算着，□[pʰəŋ²¹³]倒着何令═色都要跟尔讲下_{如果我闻不到就算了，闻到了说什么也要跟你说一下}。

17.4.2.2 "V+不+C+O""V+不+O+C""V+O+不+C"

祁门方言中，当"不"和动结式、动趋式结构组合，而后面有宾语时，有时候语序比较灵活，可以有以下三种选择："V+不+C+O""V+不+O+C""V+O+不+C"。例如：

（53）渠那大胚子，尔打不过渠/打不渠过/打渠不过个_{他那么大个子，你打不过他的}。

（54）算尔扎实，我讲不过尔/讲不尔过/讲尔不过_{算你厉害，我说不过你}。

(55) 尔要是追不上渠/追不渠上/追渠不上个话，就要去着_{你要是追不上他的话，就不要去了}。

以上三个例句中，"V+不+C+O""V+不+O+C""V+O+不+C"都可以自由替换而不影响句义，但是最常用的还是"V+不+C+O"，而且也不是所有的"V+不+C+O"都可以用"V+不+O+C"或者"V+O+不+C"来替换，这三种句式能否互相替换最关键要看结构中的"V"。一般来说，V的动作性越强，结合面就越广，比如"打""赶""叫""追"等动词都能进入以上三种格式。而非动作性动词最常见的格式是"V+不+C+O"，"V+不+O+C"和"V+O+不+C"这两种格式对非动作性动词而言都不是很自然。其次，能够互相替换的"V+不+C+O""V+不+O+C""V+O+不+C"格式中，宾语"O"一般都是单音节的，如果宾语是多音节的，一般首选还是"V+不+C+O"格式。例如：

(56a) 许多年没觑倒，我都认不出来尔着_{许多年没见到，我都认不出来你了}。

＊(56b) 许多年没觑倒，我都认不尔出来着。

＊(56c) 许多年没觑倒，我都认尔不出来着。

(57a) 一登ᵉ信号差，我打不通渠个手机_{这里信号差，我打不通他的手机}。

＊(57b) 一登ᵉ信号差，我打不渠个手机通。

＊(57c) 一登ᵉ信号差，我打渠个手机不通。

这可能是因为典型的"V不C"结构表示的意义是动作结果或趋向的可能性。无论"V不C"结构由动作到结果或趋向是否需要实际的时间，它表示的都是一个过程，非动作动词通常没有明显的起点和终点。所以，进入这种可能式述补结构要受到句法、语序上的一些限制。不过，当宾语是虚指时，似乎情况又不太一样了。例如：

(58a) 渠旺ⁿ什么时候ⁿ来我搞渠不清楚/搞不渠清楚欸_{他们什么来我搞不清楚}。

(58b) 渠旺ⁿ什么时候ⁿ来我搞不清楚_{他们什么来我搞不清楚}。

？(58c) 渠旺ⁿ什么时候ⁿ来我搞不清楚渠。

以上例(58a)中"搞渠不清楚/搞不渠清楚"中的"渠"是虚指的，虽然这里的"搞"是非动作动词，但"V+不+O+C"和"V+

O+不+C"两种格式用在这里都很自然。反而是"搞不清楚渠"接受度最弱,因为"搞不清楚渠"中的"渠"一般是实指,与这里的语境不相匹配,而一旦删除这个表示实指的"渠"之后,表达就变得自然了,如例(58b)。

总之,"V+不+C+O""V+不+O+C""V+O+不+C"三种格式都包含"主观条件不容许实现某种动作的结果或趋向"这种语义内涵,但一般情况下最常用的还是"V+不+C+O"。

第18章　祈使句和感叹句

祈使句和感叹句均是根据语气分出来的两种特殊的句类。相较于陈述句，这两种句类所表达的感情都较为强烈，一般可以通过添加语气词或感叹词来表达交际功能，或者选择使用一些特征性的标志词语或者依靠语气语调和上下文环境来表达祈使或感叹的语义。本章主要从表达手段、句型等方面来分析祁门方言的祈使句和感叹句。

18.1　祈使句

"要求对方做或不要做某事、具有祈使语气的句子叫祈使句。"[①] 祈使句所表达的都是尚未实现的行为，属于非现实情态。在汉语里，祈使句没有相应的形态标记，更多的是表达一种说话的语气，但有时候会通过一些词汇手段来将说话者的命令、禁止、请求、劝阻等意愿表达出来。祁门方言中的祈使句可以根据祈使语气表达手段的有无大体分为无标记祈使句和有标记祈使句。具体情况如下：

18.1.1　无标记祈使句

祁门方言中，无标记祈使句不用特殊的格式和语气词等其他标记词，一般仅由简单的动词或动词性词语构成。例如：

(1) 走！

(2) 过来！

(3) 做作业去！

---

① 黄伯荣、廖序东主编：《现代汉语》（增订六版）下册，高等教育出版社2017年版，第105页。

除了由简单的动词或动词性词语构成，祁门方言中的无标记祈使句有时候也可以是完整的主谓句。例如：

（4） 尔跟渠去打水_{你跟他去打水}！
（5） 尔吆渠进来看看_{你叫他进来看看}！
（6） 尔吃饱再去嬉_{你吃饱再去玩}。

以上这些无标记祈使句都可以脱离语境单独存在。除此，祁门方言中，有的无标记祈使句需要借助语境或言说者的肢体语言来表示，这种祈使句可以是由名词或者方位词等构成的独词句。例如：

（7） 衣裳！（用手指或者回答前文选择性疑问并催促对方拿来）
（8） 反手边！（用手指左边或回答前文选择性疑问并催促往左边移动等）
（9） 上流那个！（用手指上边或者回答前文选择性疑问并催促对方拿来）

和一般的祈使句明确要求对方做或不做某事不同，这类无标记祈使句所传达的意愿是隐性的，对语境或肢体语言的依赖程度很高，很少能单独表达祈使意愿。

综合来看，祁门方言中的无标记祈使句所表达的大多是命令语气，其他语气大多使用有标记的祈使句来表达。

18.1.2　有标记祈使句

除了无标记祈使句，祁门方言中更多的是使用特征性的标志词语来表达祈使语气。有的只使用一种标志词或一种手段，有的则可能综合使用多个标志词或多种表达手段。一般来说，句末语气助词的使用是祈使句语气表达的重要手段，除此之外，副词、能愿动词以及一些特殊含义的动词或特殊的格式也可以表达祈使语气。下面我们分别对这些标记词或手段进行讨论。

18.1.2.1　以副词为标记的祈使句

祁门方言中，有些祈使句借助副词来实现全句的请求、命令、禁止、劝阻等祈使功能，这样的副词主要有否定副词和语气副词等。

18.1.2.1.1　以否定副词为标记的祈使句

祁门方言中，具备祈使功能的副词最常见的就是否定副词，表达祈使意义的副词主要有由"不"参与构词的几个词，如"不要"或"不要"的合音形式"覅"以及"不消""不必""不准""不得"等。这些词大多表示的是禁止、劝阻的祈使意义，其中"不要""不准""不必"和普通话用法相同。例如：

（10）大家不要都争着去，一个一个来。

（11）一个事尔旺ㄦ不准再提，都过去着这个事你们不准再提，都过去了。

（12）尔不必事事都自家动手你不必事事都自己动手。

除了和普通话用法相同的"不要""不准""不必"外，祁门方言中还有一些具备祈使功能的否定副词用法较为特殊。其中，一般情况下可以和"不要"互相替换的是"覅"。前面第 10 章曾经提及，"覅"比"不要"语气更急切，也更常用。例见"10.3.1 不要、覅"。

下面主要讨论祁门方言中的否定副词"不消"和"不得"的祈使功能。

祁门方言中，"不消"义为"不须/无须""不用"，可以用于祈使句中表示说话人劝阻听话人去做某事。例如：

（13）一个事不消尔讲，我晓得何令ㄗ做这个事无须你说，我知道怎么做。

（14）明日尔不消来，让渠旺ㄦ自家安排明天你不用来，让他们自己安排。

（15）尔旺ㄦ不消争着，大家按人头摊你们不用争了，大家按人头摊。

"不消"还可以和"讲"组合在一起成为固定搭配，这时候的"不消"已经没有了祈使功能。"不消讲"相当于普通话的"不用说"，是一个断言话语标记，用来"表现说话人对背景事件和断言之间所具有的显而易见关系的认识"。[①] 例如：

（16）看渠那面色，不消讲，没考好看他那脸色，不用说，没考好。

（17）一个人到着渠家门口ㄦ就放火炮，不消讲，是渠家亲对上门着一个人到了他家门口就放鞭炮，不用说，是他家亲戚上门了。

（18）打渠个电话ㄦ关机，分渠发信息不回，不消讲，又生气着打他的电话关机，给他发信息不回，不用说，又生气了。

普通话中的"不得"作为祈使标记可以放在动词前，也可以放在

---

① 宗守云：《"不用说"为什么还要说？——断言话语标记"不用说"及其立场特征》，《语言科学》2022 年第 1 期，第 51 页。

动词后，不过，所表示的语气不同。"不得 VP"主要表示禁止，而"VP 不得"主要表示劝阻。祁门方言的"不得"也可以放在动词前或动词后，但是放在动词前的"不得"没有祈使功能，一般表示对客观情况的估计，也可以表示对主观意愿的表达，主要表示的是对命题真假的主观判断，不表示禁止。而放在动词后的"不得"则可以用来表示禁止或劝阻。例如：

（19）一种个事尔另日都做不得_{这种事你以后都不能做}。

（20）一是女生寝室_儿，尔进去不得_{这是女生寝室，你不得进去}。

（21）因_儿还只三岁物_儿，尔［两人］离婚不得_{孩子还只三岁，你俩不能离婚}。

从前文"10.3.2 不得"可知，祁门方言"VP 不得"中的"不得"还可以表示不具备某种条件或条件不容许实现某一动作或变化，和"VP 得"相对，这时候的"不得"相当于普通话中的"不能"。例见前文。

18.1.2.1.2　以语气副词为标记的祈使句

语气副词可以用在祈使句中帮助传达祈使和决断语气。祁门方言中，具备祈使功能的语气副词按照祈使语气的不同可以分为强调和委婉两类：强调类语气副词有"千急_{千万}""一定""必须"等，可以表示命令、劝诫等语气；委婉类语气副词有"早以_{索性、干脆}""想好_{最好}""不如似_{不如}""还是""要不"，主要表示建议。其中，"一定""必须""还是""要不"等语气副词和普通话意义及用法基本相同。例如：

（22）尔一定要吆渠跟尔一堆_儿去_{你一定要叫他和你一起去}。

（23）一些物尔旺_儿必须马上搬走_{这些东西你们必须马上搬走}。

（24）尔还是明日来好一些_{你还是明天来好一点}。

（25）要不尔也报名参加_{要不你也报名参加}？

祁门方言中"千急""早以""想好""不如似"这四个语气副词是不见于普通话的。其中，"千急""早以"这两个词的意义和用法已在前文"9.1.4 表示祈使、决断语气的副词"部分讨论过了。这里仅各举两例如下：

（26）尔千急要想清楚再买，急不得_{你千万要想清楚再买，急不得}。

（27）尔大家千急要做客气，都是自家人_{你们千万别客气，都是自己人}。

(28) 都来着了，尔干以多冷渠几日_{都已经来了，你干脆多冷他几天}。

(29) 锅里无几心儿物儿着，尔早以分渠吃失渠算数_{锅里没多少了，你索}性都吃了算了。

祁门方言中的"想好"义为"最好"，主要表示建议对方做什么，而在给出建议之前，双方认知里可能有若干个可供选择的方案，说话人希望听话人能选用他认为最理想的那个方案。这样的祈使句通常会有后续句或者前序句，后续句或者前序句主要用来说明给出这样建议的理由，属于背景信息。例如：

(30) 尔想好今日就去，明日去怕来不及_{你最好今天就去，明天去怕来不及}。

(31) 天冷得很，尔旺儿想好多带心儿厚衣裳儿去_{天气很冷，你们最好多带点儿厚衣服去}。

(32) 五一儿到处儿都是人，尔想好蛮一时候儿出门_{五一到处是人，你最好不要这时候出门}。

除了否定副词和语气副词，祁门方言还有一些其他类副词偶尔也可以帮助表达祈使语气。如情状方式副词"好好儿"、时间副词"下儿暂且"等。"好好儿"主要用于命令或叮嘱语义的祈使句中；"下儿暂且"主要用于表示劝勉语气的祈使句中。例如：

(33) 好好儿个讲，蛮乱嚼_{好好儿说，别胡说八道}。

(34) 一物好好儿个担，蛮跌下地着_{这东西好好拿，不要掉下地了}。

(35) 一个事蛮讲下儿，等晓来家再讲_{这个事暂且不说，等我回家再说}。

(36) 尔分钱借分渠下儿，其他我来想办法_{你暂且把钱借给他，其他我来想办法}。

18.1.2.2 以语气助词为标记的祈使句

前文曾提及，句末语气助词的使用是祈使句语气表达的重要手段。汉语的语气助词用途极为广泛，可表示陈述、疑问、感叹、祈使等各种语气。其中，用于祈使语气的语气助词普通话中就有"吧""啊""了"等。从前文"9.2.1.3 祈使语气词"可知，祁门方言祈使句所使用的语气助词主要有"哇[ua⁰]""啊[a²¹³]/[ã²¹³]""啰[lo⁰]"，具体用法可参看前文。用例如下：

(37) 尔走过来哇，徛那儿做物事啊_{你过来吧，站那里做什么啊}？

（38）尔大家夒讲着哇，尽讲人家不难为情个你们别说了吧，一直讲别人不难为情的？

（39）尔一下儿出去记得分门关起来啊你一会儿出去记得把门关起来哦。

（40）一个事大家都夒吱声着啊这个事大家都不要做声了啊。

（41）有什么话尔就快心儿讲啰有什么话你就快点说啊。

（42）尔读书也要稍微用心儿心啰你读书也要稍微用点儿心啊。

除此之外，祁门方言还有两个比较特殊的表示祈使语气的语气助词"着[tʂo⁰]"和"好[xo⁰]"。下面重点讨论这两个祈使语气词的用法。

18.1.2.2.1 祈使语气助词"好"

祁门方言中，"好"可以用在祈使句句末，表示希望听话人做某事，带有嘱咐、期盼的口吻，或者请求支持，或者争取对方同意，类似于"好不好"。从所表示的祈使句的语义来看，祁门方言的"好"字祈使句可以表示祈请、劝勉、命令、禁止等义。

（43）药冷着不好，尔马上吃好药冷了不好，你马上吃哦。

（44）尔要懂心儿事儿好，不能再跟老早那样儿混着你要懂点儿事哦，不能再像以前那样混了。

（45）尔旺儿都要去好，要是何旺儿不去就夒吃饭你们都要去哦，要是谁不去就别吃饭。

（46）我没吆尔大家进来何旺儿都不准进来好我没叫你们进来谁也不许进来哦。

相比较而言，祁门方言中的"好"字祈使句表示祈请语气是最为常见的，表示命令语气的则较少。而表示祈请语气是祈使语义中强度较低的一种语气，一般较为委婉；表示命令则是祈使语义强度最高的一类。这也从一个侧面说明祁门方言的"好"作为语气词虚化得还不够彻底。"好"作为祈使语气词，可以紧附在祈使句句末，也可以与前句间隔停顿较长时间，以示强调。例如：

（47）尔明日早心儿来，好你明天早点儿来，哦。

（48）尔夒又不记得着，好你别又不记得了，哦。

（49）同尔都报名，好咱们都报名，哦。

祁门方言中的"好"除了可以表示祈请、劝勉、命令、禁止等语义外，还可以表示疑问或者揣度，多用于揣测性是非问句的句末。例见前文"9.2.1.2.1 是非问语气词"。

以上例句中表示祈使语气的"好"都可以换成"啊"。祁门方言中，作为祈使语气词的"啊"至少有两种语音形式：[a²¹³] 和 [ã²¹³]，这两种语音形式在功能上没有差别。和"好"多用于祈请语气不同的是，"啊"更多的是用于禁止或命令语气。例如：

（50）尔要用心读书啊，覅打流ⱼ一样ⱼ个你要认真读书啊，不要混日子一样的。

（51）快心ⱼ担来啊，覅等晓发火ⱼ快点拿来啊，不要等我发火。

（52）不准ⱼ哭啊，再哭个话分尔两巴掌不准哭啊，再哭的话给你两巴掌。

18.1.2.2.2　祈使语气助词"着"

祁门方言中，作为语气助词，"着 [tʂo⁰]"最常用的是表示陈述语气，相当于普通话中的"了"。除此，也可以用来表示祈使语气，所传达的是说话人希望对方某种动作或状态出现并保持的命令或叮嘱，是语义强度高的一种祈使标志，主语一般是受事，偶尔也可以是施事。"着"前面一般是具有"附着"义的单音节动词。例如：

（53）地里冷，鞋着着地上冷，鞋子穿着！

（54）书□[kʰa¹¹]着，箱ⱼ我来挈书拿着，箱子我来提。

（55）一两千块钱尔担着，恐怕不够不一定嘞这两千块钱你拿着，恐怕不够也不一定哦。

从上面的例句来看，跟在"附着"义单音节动词后的"着"从分布上似乎可以分析为表示附着状态或表示结果的补语，但作补语表示附着状态或表示结果的"着"一般读[tʂʰo³³]，而且后面还可以再跟事态助词和语气助词的合音形式"[着啊][tʂa⁰]"或"[着欸][tʂe⁰]"。例如：

（56）一两千块钱尔担着[tʂʰo³³][着啊]，覅跌失好这两千块钱你拿住了啊，不要丢了哦。

（57）尔□[kʰa¹¹]着[着欸]，覅打失[着啊]你拿住了啊，别打碎了。

（58）我总算分一种个药买着[tʂʰo³³][着啊]我总算把这种药买到了。

以上三句中紧跟在动词后的"着"显然就不能分析为祈使语气助词，而只能分析为表示结果或附着状态充当补语的动词。

祁门方言中，"着"除了可以跟在单音节动词后偶尔表示祈使义之外，还可以构成"V + A + 着"格式来实现祈使功能，主要表示叮嘱语气。"V + A + 着"结构前也可出现"要""分晓"之类词语，表示语气上的强调。这种格式中的"V"都是自主动词，表示人的可控的动作行为，且多是单音节的（少数双音节动词例如"考虑""商量"也可以进入这种表示祈使义的格式中）；"A"一般多是褒义或中性形容词，在句中充当的是结果补语。用来表达祈使功能的"V + A + 着"只有肯定式，没有否定式。在实际运用中，"V + A + 着"中的"着"还会和语气词"啊""欤"等连用，从而出现"V + A + [着啊] [tṣa⁰]""V + A + [着欤] [tṣe⁰]"等形式，表示细微不同的语气。相比较而言，"[着啊]"比"[着欤]"更显语重心长一些。例如：

(59) 一回尔再要看清楚[着啊]这次你再要看清楚了啊。

(60) 尔觑准[着欤]，覅眼睛不分渠饭吃你看准了哦，不要眼睛不管事。

(61) 尔大家要商量好[着欤]，覅一下ₙ又争你们要商量好了哦，别一会儿又吵。

(62) 都分晓倚正[着啊]，歪来歪去个₂个₁，像什物唉都给我站好了哦，歪来歪去的，像什么话！

普通话中的"着"可以出现在"坐着，别动""站着，别跑"等祈使句中，这里的"着"一般被分析为持续体助词，但也可以辅助表示祈使语气。祁门方言中的"着"没有这样的用法，当动词是不及物动词，既要表示动作、状态的持续又要表示祈使语气时，一般会用"V + 着 + 指示代词"格式，这里的"着"一般分析为"在"义介词，"着"后的指示代词不能缺失，具体可以是"一ₙ这里"也可以是"那ₙ那里"，不过，这里的指示代词其指示义已经有所虚化，并不真正表示近指或远指的不同。例如：

(63) 倚着那ₙ，好好ₙ个想想站着，好好想想。

(64) 坐着一ₙ，听晓讲坐着，听我说。

(65) 覅爬起来，困着那ₙ别爬起来，睡着。

从上面的例句可知，"V + 着 + 指示代词"格式所表示的一般是命令语义的祈使语气。

18.1.2.3 其他强调标记构成的祈使句

除了可以借助部分副词或者助词来实现全句的请求、命令、禁止或劝诫等祈使功能,祁门方言中还可以借助其他强调标记来实现祈使功能。

18.1.2.3.1 以祈使义动词为标记构成的祈使句

普通话中可以用"请""麻烦"等具有祈使义的动词来实现祈使功能。祁门方言中,对应于普通话中"请""麻烦"的一般是"难为""托",这两个词所表示的主要是商请、敦促的语气,请求对方采取或不采取某种行动。"难为"一般多用于肯定式,"托"肯定式、否定式都可以用。例如:

(66) 难为尔明日过来分账结一下请你明天过来把账结算一下。

(67) 难为尔徛过去心儿,遮着晓着麻烦你站过去一点儿,遮住我了。

(68) 一个事难为尔大家再想想办法儿这个事麻烦大家再想想办法。

(69) 托尔明日帮晓买个物,照不照唉拜托你明天帮我买个东西,行不行啊?

(70) 托尔旺儿快心儿,慢慢拖拖个₂个₁,什物时候儿到哦拜托你们快一点,慢慢吞吞的,什么时候到啊!

(71) 托尔覅管许多事,管好自家就照着拜托你别管许多事,管好自己就可以了。

从以上例句可见,相比较而言,"托"比"难为"祈使语气更强烈,有时候还略带不耐烦的语气。

18.1.2.3.2 以"分晓"为标记构成的祈使句

祁门方言中的"分晓"义为"给我",一般出现在谓语动词前面,主要起加强命令语气的作用,表达说话人的主观意志,属于祈使语义很强的一种标志。"分晓"一般只用于肯定式,不用于否定式。例如:

(72) 尔分晓滚着老远去,看见尔都戳火儿你给我滚远远的,看见你就讨厌。

(73) 分晓好好儿个拖干净,不然个话都覅吃饭给我仔细地拖干净,不然的话都别吃饭。

(74) 尔旺儿分晓全部都出去,覅徛着一儿碍事你们给我全部都出去,别站在这里碍事。

当然,"分晓"也可以不用于祈使句,而表示实义"给我",一般而言,可以删除而不影响句义的"分晓"是祈使句的标记。

18.1.2.3.3 "分+NP+VP+渠"句型构成的祈使句

从前文"14.2 介词和复指代词共现型处置句"可知，祁门方言中，当句子中的"VP"是个动结式时，有时可以在句末添加一个看上去属于羡余成分的"渠"，这个"渠"表面上看好像是用来回指前面的"NP"，构成"分+NP+VP+渠"。"分+NP+VP+渠"结构多出现在祈使句句末，其中的"渠"有加强命令语气的作用。例如：

（75）尔去分衣裳洗失渠_{你去把衣服洗了。}

（76）尔分一个屋卖失渠再去买套新个_{你把这个房子卖掉再去买套新的。}

（77）锅里饭就一心儿物儿，尔[两人]分渠召掉失渠_{锅里饭就只剩一点了，你们俩把它召完了。}

以上例句中，前两句的格式都是"分+NP+VP+渠"，而最后一句的格式变为"分+渠+VP+渠"，第一个"渠"有实义，是真正的代词，代指首句中的"锅里饭"，第二个"渠"没有实义，可以删去而不影响句义。

以上分析的祈使句一般都是单用，或者和陈述句连用，陈述句一般提供背景信息。除此，部分祈使句还可以和疑问句连用，疑问句一般用的是正反问，主要用来加强商请等语气。试比较以下三个句子：

（78）尔马上过来_{你马上过来！}

（79）尔马上过来哇_{你马上过来吧！}

（80）尔马上过来，要不要得／照不照唉_{你马上过来，行不行呢？}

例（78）表示的是命令语气；例（79）用了语气词"哇"，削弱了祈使强度，表示建议；例（80）是祈使句和正反问句连用，祈使强度相较于例（78）有所减弱，主要表示的是商请，疑问句末还可以使用不同的语气词来表示细微的差别，如使用"呢[ni^0]"加强商请语气，使用"哦[o^0]"带有一点不耐烦的情绪，使用"唉[$æ^0$]"带有一点的哀求意味。

18.2 感叹句

前文"9.2.1.4 感叹语气词"中提及，感叹句是一种以直接抒发感情为主要功能的句子，可以表达说话人喜爱、赞美、高兴、惊叹、感慨、愤怒、悲哀等情感意义，或者表示说话人的不满、讽刺、鄙视等情感意义。感叹句既表达感情，同时也传递信息。感叹句一般会有一些显性标志，包括高程度副词感叹标记、感叹语气词、感叹语调。祁门方言中，表示感叹的句末语气词主要有"唉[æ⁰]""呐[næ̃⁰]"和"哦[o⁰]""哝[nõ⁰]"，具体可参见前文"9.2.1.4 感叹语气词"。本节主要讨论高程度感叹标记。

祁门方言中，高程度感叹标记主要有三类：①语气副词"真""太"；②程度疑问词"几"，以及"晓得几""蹇几"；③程度指示词"一_这_""那"。以上这些标记有的需要感叹语气词与之共现，有的则不需要。下面分别讨论。

18.2.1 真、太

祁门方言中，作为感叹标记的"真"和"太"在表达的程度以及词义、用法、语用等方面都存在不同。祁门方言的"真"和普通话中的"真"意义和用法一样，表示感叹时可以与感叹语气词共现，也可以单独表示感叹语气；可以用于肯定句，也可以用于否定句。例如：

（81）一登ⁿ个人真多，下脚个地方ᵣ都无 这里人真多，下脚的地方ᵣ都没有。

（82）那个死小鬼ᵣ真不听讲 那个熊孩子真不听话！

（83）哎呀，一个事讲起来真焦唉 哎呀，这个事说起来真气啊！

祁门方言的"太"和普通话的"太"用法不太一样，祁门方言的"太"既可以修饰褒义词，也可以修饰贬义词。但修饰褒义词时也会因为所表达的高程度超出了合适的范围从而带有言说者不满意、不认可的感情色彩。"太"作感叹标记时，句末必须出现语气词"[着啊][tʂa⁰]"，否则句子不能成立。例如：

（84）尔哪，太好讲话[着啊]，有时候ᵣ也不好 你啊，太好说话了，有时候也不好。

（85）渠太讲究[着啊]，搞着晓都不敢跟渠来去 他太讲究了，搞得我都不敢跟他来往。

（86）屋太大[着啊]，一个人住着里头空空个₂个₁ 房子太大了，一个人住在里面空荡荡的。

上面三句都是"太"用于肯定句的用例，和普通话中的"太"一样，祁门方言的"太"也可以用于否定句。例如：

（87）一个人太不懂事［着啊］，不应该一时候儿提钱个事这个人太不懂事了，不应该这个时候提钱。

（88）我讲尔也太不客气［着啊］，进门就吃饭我说你也太不客气了呀，进门就吃饭。

（89）渠那个人太不干脆［着啊］，不想跟那种个人嬉他那个人太不干脆了，不想跟那种人玩。

18.2.2　几、晓得几、蠒几

前文"6.2.1.2 用于表示感叹的程度副词"中曾提及，"几"在祁门方言中是一个疑问代词，询问的是数量和程度。当说话人不再关注具体数量和程度时，这些词也就渐渐虚化为程度副词，其实这些词本身并不表示明确的程度高低，只是结合整个句子的感叹语气来表示一种难以言说的极高的程度。"几"相当于普通话中的"多（么）"，"晓得几"和"蠒几"则是以"几"为基础构成的固定结构，"晓得几"表面意思为"知道多么"，"蠒几"表面意思是"不知道多么"。祁门方言中，"几""晓得几""蠒几"所表示的感情色彩有赞叹，也有不满意、不合心意，含有过分的意思。因此可以修饰褒义形容词，也可以修饰贬义形容词。这几个词所表示的程度略有差异，相比较而言，"晓得几"和"蠒几"比"几"所表示的程度更高。另外，"几""晓得几"一般需要和句末感叹语气词"唉［æ⁰］/呐［næ⁰］"或者"哦［o⁰］/哝［nõ⁰］"配合使用，而"蠒几"一般不需要句末感叹语气词与之共现。例如：

（90）尔家里几/晓得几干净唉/哦你家里多干净啊！

（91）渠家儿子几/晓得几聪明唉/哦他家儿子多聪明啊！

（92）一个老师儿几/晓得几不讲究儿呐/哝这个老师多不讲究啊！

（93）渠几/晓得几不清头唉/哦，当许多人个面骂自家男儿家她多不知进退啊，当许多人的面骂自己男人。

（94）一个事我没做好，一想起来蠒几难为情这个事我没做好，一想起来别提多难为情了。

(95) 我心里覅几不好过得_{我心里不知道有多不好过。}

一般来说,"几"构成的短语除了可以作谓语,还可以作定语。而"晓得几"和"覅几"构成的短语则不能充当定语。以上所举的例子都是程度副词构成的短语充当谓语的例子。"几"构成的短语充当定语的例子如下:

(96) 几好个地方_儿呐_{多好的地方啊!}

(97) 几好吃个面包_儿呐,快心_儿来吃_{多好吃的面包啊,快点来吃!}

以上两句中的"几"都不能换为"晓得几"或者"覅几"。

18.2.3 一、那

程度指示词"一""那"除了有指示的功能之外,还有表达感叹的功能,相当于普通话中的"这么""那么"。作为感叹标记,"一""那"构成的短语可以作谓语,不过作谓语时一般主句的句末需要语气词"啊"等与之共现。例如:

(98) 尔一好讲话啊_{你这么好说话啊!}

(99) 没想到,渠撸个饭一不好吃啊_{没想到,他做的饭这么不好吃啊!}

(100) 今年_儿做生意那难啊_{今年做生意那么难啊。}

(101) 渠那不客气啊_{他那么不客气啊。}

作为感叹标记,"一""那"构成的短语除了可以作谓语,还可以作定语或状语,作定、状语时,不必然要求句末语气词与之共现,但也可以添加语气词。例如:

(102) 渠一好脾气个人,尔还不知足_{他多好脾气的人,你还不知足。}

(103) 一用心个读书唉,百分之百能考个好学堂_{这么用功的读书啊,百分百能考个好学校。}

(104) 我也要去,那好嬉个地方_儿呐_{我也要去,那么好玩的地方啊。}

(105) 那无划算个花,有几多钱花得哦_{那么没节制地花,有多少钱够花啊。}

参考文献

北京大学中文系1955级、1957级语言班编　1982　《现代汉语虚词例释》，商务印书馆。

曹广顺　2014　《近代汉语助词》，商务印书馆。

曹小云　1996　《〈西游记〉中的人称代词前缀"是"》，《古汉语研究》第4期。

曹志耘　2017　《徽语严州方言研究》，北京语言大学出版社。

陈瑶、叶漩　2021　《安徽祁门方言的后附性成分"个［·ko/·ka]"》，《方言》第2期。

陈瑶、陈泽平　2018　《安徽祁门方言完成体标记"着""失""掉"》，《方言》第2期。

陈瑶、叶璇　2023　《从近义虚词叠加和分工看官话对徽语的渗透》，《中国语文》第1期。

陈瑶　2019　《福建南平官话的多功能词"同"》，《汉语学报》第2期。

陈瑶　2011　《"给予"义动词兼做处置标记和被动标记的动因》，《福建师范大学学报》（哲学社会科学版）第5期。

陈瑶　2011　《徽语祁门方言的复数标记"大家"和"旺"》，《安庆师范学院学报》（社会科学版）第6期。

陈瑶　2011　《徽语祁门方言可能式"得"字句研究》，《怀化学院学报》第4期。

陈瑶　2011　《徽语祁门方言中的名词后缀"–n"和"la⁰"》，《东方语言学》第10辑，上海教育出版社。

陈瑶　2020　《徽州方言音韵研究》，中国社会科学出版社。

陈泽平　2006　《福州方言处置介词"共"的语法化路径》,《中国语文》第 3 期。

陈泽平　2001　《福州方言的结构助词及其相关的句法结构》,《语言研究》第 2 期。

陈泽平　2020　《福州方言重叠式形容词的后缀》,《中国语文》第 4 期。

陈忠敏　1996　《论北部吴语一种代词前缀"是"》,《语言研究》第 2 期。

戴昭铭　2000　《历史音变和吴方言人称代词复数形式的来历》,《中国语文》第 3 期。

董秀芳　2005　《汉语词缀的性质与汉语词法特点》,《汉语学习》第 6 期。

董正存　2008　《情态副词"反正"的用法及相关问题研究》,《语文研究》第 2 期。

方梅　1994　《北京话句中语气词的功能研究》,《中国语文》第 2 期。

黄伯荣、廖序东主编　2017　《现代汉语》(增订六版),高等教育出版社。

黄晓雪　2011　《宿松方言中句末带"佢"的祈使句》,《语言研究》第 2 期。

江蓝生　2012　《汉语连—介词的来源及其语法化的路径和类型》,《中国语文》第 4 期。

江蓝生　2004　《跨层非短语结构"的话"的词汇化》,《中国语文》第 5 期。

江蓝生　2014　《连—介词表处所功能的来源及其非同质性》,《中国语文》第 6 期。

江蓝生　1995　《说"麽"与"们"同源》,《中国语文》第 3 期。

江蓝生　2018　《再论"们"的语源是"物"》,《中国语文》第 3 期。

李蓝、曹茜蕾　2013　《汉语方言中的处置式和"把"字句(上)》,《方言》第 1 期。

李如龙　1996　《〈动词的体〉前言》，张双庆主编《动词的体》，香港中文大学中国文化研究所吴多泰中国语文研究中心。

刘丹青　1996　《东南方言的体貌标记》，张双庆主编《动词的体》，香港中文大学中国文化研究所吴多泰中国语文研究中心。

卢今元　2007　《吕四方言研究》，上海辞书出版社。

吕叔湘主编　1999　《现代汉语八百词》（增订本），商务印书馆。

吕叔湘　1982　《中国文法要略》，商务印书馆。

罗自群　2006　《现代汉语方言持续标记的比较研究》，中央民族大学出版社。

马贝加、蔡嵘　2006　《温州方言存在动词"是"的来源》，《方言》第3期。

马真　2016　《现代汉语虚词研究方法论》（修订本），商务印书馆。

梅祖麟　1988　《汉语方言里虚词"著"字三种用法的来源》，《中国语言学报》第3期，商务印书馆。

潘悟云　1996　《温州方言的体和貌》，张双庆主编《动词的体》，香港中文大学中国文化研究所吴多泰中国语文研究中心。

［日］平田昌司、赵日新、刘丹青等　1998　《徽州方言研究》，好文出版社。

齐沪扬　2002　《语气词与语气系统》，安徽教育出版社。

齐晓燕　2014　《从〈经典释文〉看"盡"字的变声构词》，《南开语言学刊》第2期。

祁门县地方志编纂委员会　2008　《祁门县志》，黄山书社。

［日］桥本万太郎　1987　《汉语被动式的历史·区域发展》，《中国语文》第1期。

盛益民　2021　《吴语绍兴（柯桥）方言参考语法》，商务印书馆。

施其生　1996　《汕头方言的"体"》，张双庆主编《动词的体》，香港中文大学中国文化研究所吴多泰中国语文研究中心。

石毓智、王统尚　2009　《方言中处置式和被动式拥有共同标记的原因》，《汉语学报》第2期。

史金生　2011　《现代汉语副词连用顺序和同现研究》，商务印书馆。

汪国胜　1998　《可能式"得"字句的句法不对称现象》，《语言研究》第 1 期。

吴福祥　2002　《汉语能性述补结构"V 得/不 C"的语法化》，《中国语文》第 1 期。

吴福祥　2002　《南方方言几个状态补语标记的来源（二）》，《方言》第 1 期。

吴福祥　2001　《南方方言几个状态补语标记的来源（一）》，《方言》第 4 期。

伍巍　2000　《黟县方言介词》，李如龙、张双庆主编《介词》，暨南大学出版社。

谢留文、沈明　2008　《黟县宏村方言》，中国社会科学出版社。

邢福义　2011　《事实终判："来"字概数结构形义辨证》，《语言研究》第 1 期。

邢福义　2000　《说"V—V"》，《中国语文》第 5 期。

徐丹　1992　《北京话中的语法标记词"给"》，《方言》第 1 期。

杨荣祥　2005　《近代汉语副词研究》，商务印书馆。

岳俊发　1984　《"得"字句的产生和演变》，《语言研究》第 2 期。

张惠英　1994　《闽南方言常用指示词考释》，《方言》第 3 期。

张谊生　2005　《反义对立式语气副词的性质、功能和成因》，齐沪扬主编《现代汉语虚词研究与对外汉语教学》，复旦大学出版社。

张谊生　2000　《现代汉语虚词》，张斌主编，华东师范大学出版社。

赵日新　2009　《徽州方言"物/物事"的量级用法》，《中国语文》第 3 期。

赵日新　2000　《绩溪方言的介词》，李如龙、张双庆主编《介词》，暨南大学出版社。

赵日新　2015　《绩溪荆州方言研究》，安徽教育出版社。

赵日新　2013　《"做"的语法化》，《语言教学与研究》第 6 期。

郑伟　2017　《吴语虚词及其语法化研究》，上海教育出版社。

周祖瑶　1987　《广西容县方言的小称变音》,《方言》第 1 期。

朱德熙　1961　《说"的"》,《中国语文》12 月号。

朱德熙　2010　《现代汉语形容词研究》,袁毓林、郭锐编选《朱德熙文选》,北京大学出版社。

朱德熙　1982　《语法讲义》,商务印书馆。

宗守云　2022　《"不用说"为什么还要说?——断言话语标记"不用说"及其立场特征》,《语言科学》第 1 期。

后　　记

安徽省祁门县大坦乡民利组是我的出生地，这里位于祁门县境东北，距县城20余千米。祁门县内主要通行的是以县城祁山镇为中心的祁门本地话。祁门本地话内部存在一定差异，可细分为城区话、西路话、南路话三个小片。本书是以我的母语——祁门大坦话为研究对象，大坦话属于城区话，和城关通行的方言仅有个别韵母存在差异。

自攻读硕士学位开始，我一直在研究以祁门方言为代表的徽州方言。2004年机缘巧合下受祁门县地方志办公室委托负责撰写《祁门县志》的"方言志"部分，为此调查了祁门县城关以及大坦、箬坑、闪里、凫峰、安凌、溶口等乡镇的方言，对祁门境内的方言概貌有了大致的了解，感觉自己的母语非常的丰富、特别，存在诸多值得深入挖掘和探讨的研究课题。硕士学位论文《祁门境内方言对比研究》和《祁门县志·方言卷》（2009）便是我对祁门方言的初期研究成果。之后除了继续关注祁门方言，也逐渐将研究视野扩大到整个徽州方言，先后申请了"19世纪以来的徽州方音研究"（2012年立项）、"基于田野语料库的徽语虚词研究"（2018年立项）两项国家社科项目。在研究过程中，撰写了几篇讨论祁门方言语音、语法等方面的论文。其间也受邀参与中国社会科学院创新工程优势学科"语言类型学"课题组的"汉语方言语法语料库"建设，承担"安徽祁门方言语法语料库"的调查任务，并完成了22项语法调查问卷内容。这些研究使得我对祁门方言的语法体系有了较为清晰的认识，但一直没能下定决心将祁门方言语法系统整理出来，总觉得自家后院的宝藏不必急着挖出来。直到2022年10月，我非常荣幸地接到了汪国胜老师的电话，他邀请我撰写《祁门方言语法研究》，作为"汉语方言语法研究丛书"之一，这成为我创作这本书的重要契机。由衷感谢汪老师给了我这样一个系统梳理我自己母语方言的宝贵机会！

这本书写作开始于2023年，而在撰写这本书之前，我刚完成我的国家社科项目"基于田野语料库的徽语虚词研究"，并写成了《徽州方言虚词研究》的书稿。《徽州方言虚词研究》主要探讨包括祁门方言在内的徽州方言虚词的语法功能、来源与演变。这为撰写《祁门方言语法研究》奠定了坚实的基础，再加上汪老师提供的"汉语方言语法研究丛书"的语法纲目清晰了然，于是，我在2024年5月顺利完成了《祁门方言语法研究》的初稿。提交给汪老师之后，汪老师以其深厚的学术造诣和丰富的经验，给我提出了许多宝贵的修改意见，我也根据这些意见逐一进行修改和完善。只是有些问题尚待做深入的调查研究。论述中的一些观点，只是我个人的看法，提出来求教于同行专家、学者，错误缺漏之处，敬请批评指正。

感谢前辈和同行专家、学者对徽州方言所做的诸多研究，为本书的写作带来很大的启发和帮助。希望自己可以继续以我所学为家乡方言的研究尽一份绵薄之力。

陈　瑶

2024年8月18日

《汉语方言语法研究丛书》书目

安陆方言语法研究
安阳方言语法研究
长阳方言语法研究
崇阳方言语法研究
大冶方言语法研究
丹江方言语法研究
高安方言语法研究
河洛方言语法研究
衡阳方言语法研究
辉县方言语法研究
吉安方言语法研究
浚县方言语法研究
罗田方言语法研究
宁波方言语法研究
武汉方言语法研究
宿松方言语法研究
汉语方言持续体比较研究
汉语方言完成体比较研究
汉语方言差比句比较研究
汉语方言物量词比较研究
汉语方言被动范畴比较研究
汉语方言处置范畴比较研究
汉语方言否定范畴比较研究
汉语方言可能范畴比较研究
汉语方言小称范畴比较研究
汉语方言疑问范畴比较研究

石城方言语法研究
山西方言语法研究
固始方言语法研究
海盐方言语法研究
临夏方言语法研究
祁门方言语法研究
宁都方言语法研究
上高方言语法研究
襄阳方言语法研究
苏皖方言处置式比较研究